［清］莫友芝◎著
梁光華　曹源　劉金芝◎考論點校

莫友芝《宋元舊本書經眼録》復原考論

貴州出版集團
貴州人民出版社

作者簡介

◎梁光華　貴州省省管專家、貴州省政府特殊津貼專家、黔南民族師範學院二級教授、國家第六批特色專業——漢語言文學專業、貴州省重點學科——中國古典文獻學領銜教授、貴州省特色重點學科、貴州省區域一流學科——中國文學之中國古典文獻學方向負責人，2000年至2015年擔任黔南民族師範學院院長、黨委書記。

◎曹源　文學博士，黔南民族師範學院副教授、貴州省區域一流學科團隊成員。

◎劉金芝　碩士，黔南民族幼兒師範高等專科學校副教授。

國家第六批特色專業建設點——漢語言文學專業建設項目研究成果
中央財政支持地方高校發展專項資金——貴州省重點學科中國古典文獻學建設提升項目研究成果
貴州省特色重點學科中國文學建設項目研究成果
貴州省区域一流學科中國文學建設項目研究成果

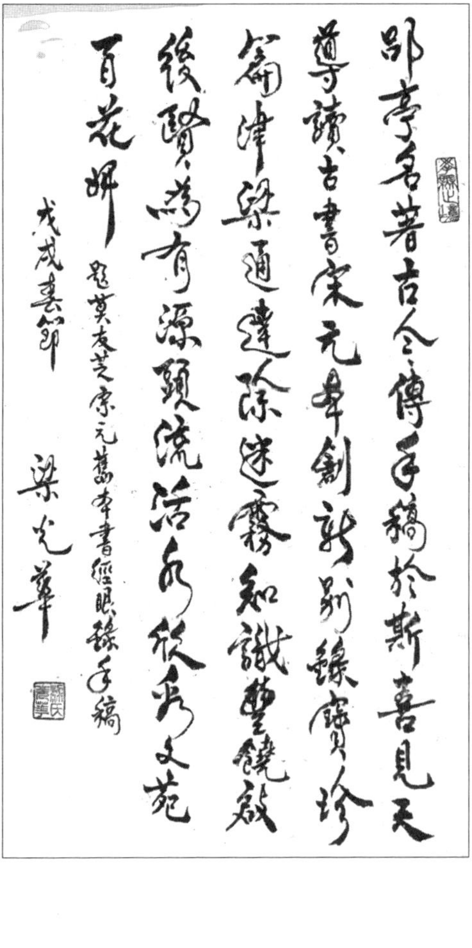

題中國國家圖書館所藏莫友芝《宋元舊本書經眼録》手稿（手書）

題中國國家圖書館所藏莫友芝《宋元舊本書經眼録》手稿

郘亭名著古今傳，手稿于斯喜見天。
導讀古書宋元本，創新别録寶珍篇。
津梁通達除迷霧，知識豐饒啓後賢。
爲有源頭流活水，欣看文苑百花妍。

目録

莫友芝《宋元舊本書經眼録》復原考論

晚清通儒、國學大師莫友芝（1811—1871），字子偲，號郘亭、眲叟，著作等身，學富五車，其學問涉及經、史、子、集四部。若實事求是考論，莫友芝在清代最有影響、最受世人稱道，堪稱學問泰斗的是目録版本學、古籍整理成就。莫友芝目録版本學傳世之代表著作主要有《宋元舊本書經眼録》《郘亭知見傳本書目》《持静齋藏書記要》《持静齋書目》《郘亭書畫經眼録》等名著。莫友芝在世之時，没有刊刻印行過目録版本學著作；其傳世的目録版本學著作，都是他辭世之後經其後人整理刊刻行世的。清代著名學者張裕釗《莫子偲墓志銘》記載莫氏著作『編訂未竟者，尚有《詩》八卷，《郘亭文》《影山詞》《郘亭經説》《古刻鈔》《書畫經眼録》《宋元舊本書經眼録》《舊本未見書經眼録》《資治通鑑索隱》《梁石記》各若干卷，藏於家』[一]。其妹夫，晚清著名外交家，著名學者黎庶昌所著《莫徵君别傳》記載莫氏撰著之書：『有《聲韻考略》四卷，《過庭碎録》十二卷，《樗繭譜注》一卷，《郘亭詩鈔》六卷，《郘亭遺詩》八卷，《宋元舊本書經眼録》三卷附録二卷，編訂未竟者有：《郘亭經説》《影山詞》《書書經眼録》《舊本未見書經眼録》《資治通鑑索隐》各若干卷。』其九弟莫祥芝《清授文林郎先兄郘亭先生行述》記載五兄著作『未編訂者，有《郘亭雜記》《郘亭金石》《書畫經眼録》《資治通鑑索隱》《梁石記》若干卷』[二]，未記載有《宋元舊本書經眼録》一書。而官方正史《清史稿·文苑傳·莫友芝傳》記載莫氏著作，與張裕釗《莫子偲墓志銘》、黎庶昌《莫徵君别傳》相同，有《宋元舊本書經眼録》一書，而且對莫友芝一生評價頗高：

友芝，字子偲。家世傳業，通漢、宋，工詩。真行篆隸書不類唐以後人，世争寶貴。友芝亦樂易近人，臞貌玉立，而介特内含。道光十一年舉人，在京師遠迹權貴。胡林翼、曾國藩皆其舊好，留居幕府，評騭書史外，榮利泊如也。咸豐時，嘗選取縣令，棄去。至是中外大臣密疏薦其學行，有詔徵至，復謝不就。卒，年六十一。著《黔詩紀略》《遵義府志》《聲韻考略》《郘亭詩鈔》《宋元舊本書經眼録》《樗繭譜注》，《唐本説文木部箋異》[三]。

《宋元舊本書經眼録》一書是《清史稿·文苑傳·莫友芝傳》唯一記載入傳的一本目録版本學著作。刊刻成書於1937年的《續遵義府志·莫友芝傳》，云莫友芝『撰著之書』亦有『《宋元舊本書經眼録》三卷附録二卷』。

莫繩孫對其父莫友芝名滿古今學問的傳播，對其父幾百萬字學術遺著的整理、刊刻行世，總的來説堪稱功臣。如果没有莫繩孫年復一年地整理刊刻傳播，莫友芝的很多學術、文學、藝術遺著就有可能亡佚失傳。在全面肯定莫繩孫整理、刊刻、傳播其父學問遺著功績與貢獻的同時，在整理、點校《莫友芝全集》的過程中，我們也發現莫繩孫在整理、刊刻其父遺著中亦存有不盡如人意的地方。例如，其父莫友芝同治十年（1871）九月十四日於揚州興化縣裏下河舟次因病發不治辭世之後，明明有《宋元舊本書經眼録》完整手稿遺存於家，而不知道莫繩孫出於何種考慮，竟把其父此書整理、刊刻爲另一種樣式，而且缺乏清楚、合理的序跋交待，所作之《序》避而不談其父《宋元舊本書經眼録》手稿完整内容。一百四十餘年來，學術界竟無人發現考證揭秘。好在莫友芝《宋元舊本書經眼録》手稿和莫繩孫整理之《宋元舊本書經眼録》手稿及其刻本，幾經坎坷流轉，至今仍然完好地收藏在中國國家圖書館之中，所以我們今天得以完整點校復原莫友芝目録版本學名著《宋元舊本書經眼録》的真正原貌，并且可以藉以對比考論揭秘其子莫繩孫整理、刊刻之《宋元舊本書經眼録》手稿和刊刻本的有關問題。2019年，上海古籍出版社出版發行筆者主編的《莫友芝全集》。由於受《全集》體例所限，不便在《全集》中深入對比考論莫友芝、莫繩孫父子《宋元舊本書經眼録》兩部手稿異同等有關問題，故而另著此書考論，妄言不當之處，祈請通人、方家是正。

一、學術界關於世傳《宋元舊本書經眼録》的評價

同治十年（1871）九月，莫友芝辭世。之後，其子莫繩孫整理其父遺稿彙編成書，在整理手稿本《宋元舊本書經眼録》（今藏于中國國家圖書館之中）書首《謹記》中介紹説：

右宋、金、元、明槧本暨舊鈔本、稿本書，凡百三十三種，悉同治乙丑迄己巳五歲中先君游蘇、浙所見者，或解題，或考其本善劣，或僅記每頁行字數目，或并録其序跋及經藏家跋語印記，皆經眼時隨筆志之，以備檢察，非有意撰述，故體例詳略時有出入，亦未及類次，罕覯者偶於目上圓圈别之。今年春，姑丈黎蓴齋先生來金陵，謂足備目録家之一，亟欲携去吴門壽梓。繩孫約依《天禄琳琅書目》例，謹類次之，釐爲三卷；其附録一卷，則鈔輯先君行篋書面筆識也。先君目録書尚有考訂金石若干則，《知見傳本書目》若干卷，待編次繕清稿續寄云。同治十二年癸酉閏六月既望，第二男繩孫謹記於江寧旅舍[四]。

此後莫繩孫又作修改，又增補附録。刻本《宋元舊本書經眼録》書首《謹志》説：

右宋、金、元明槧本暨舊鈔本、稿本書，凡百三十種，悉同治乙丑迄己巳數歲中先君客游所見者，或解題，或考其槧鈔善劣，或僅記每頁行字數目，或并録其序跋及經藏家跋語印記，皆經眼時隨筆志之，以備循覽。今年春，姑夫黎蓴齋先生自吴門來金陵，謂足備目録家之一，亟欲壽梓。繩孫謹次爲三卷，更集他書衣及碑帖題語爲二卷附焉。吾家影山草堂僻在黔南，舊藏粗備，尤多先人手澤，遭亂後散佚略盡，不可復得，今卷中僅存一二，先君少時所校也，念之泫然。同治癸酉七月丁未朔，第二男繩孫謹志於江寧旅舍[五]。

從莫繩孫整理手稿本《宋元舊本書經眼録》中所添加之天頭眉批及行間小注可知，莫繩孫多數采納了其父生前好友、著名目録版本學家張文虎以及唐翰題、劉履芬、王頌蔚等人幫助審定批注之意見，方付梓於江寧刊刻《宋元舊本書經眼録》傳世。從清同治癸酉（1873）付梓刊刻單行本以來，到光緒十二年（1886）之刻印本《影山草堂六種》（其三爲《宋元舊本書經眼録》）、民國成都茹古書局刊刻本，直至1960年揚州人民出版社《獨山莫氏郘亭叢書》、

1967年8月臺灣廣文書局影印本，1987年廣陵書社影印本，2000年國家圖書館出版社影印本，2008年2013年江蘇古籍出版社影印本，2001年上海古籍出版社《續修四庫全書》影印本，2008年上海古籍出版社點校印本，2009年中華書局點校印本，2017年中華書局《莫友芝全集》點校印本，2019年上海古籍出版社《莫友芝全集》點校整理印本，莫友芝《宋元舊本書經眼録》十餘種刊刻本、影印本、點校印本，都是依據莫繩孫整理手稿本刊刻印行的，古今以来學術界，都一致公認莫友芝《宋元舊本書經眼録》一書是中國清代以來目録版本學的代表著作之一。清宣統元年（1909）董康在莫友芝《郘亭知見傳本書目·序》（北京德興堂印字局首刻本）中評價説：『同治初，軍事甫平，曾文正督兩江，獨山莫徵君友芝領書局，承檄搜訪文宗、文匯、文瀾三閣遺籍，往來江浙間。收藏家恒出舊本相質證，又盡見上海郁氏、豐順丁氏之書，考論詳核。公子繩孫既寫刊《宋元舊本書經眼録》書衣筆識，又綴輯箋記諸條，凡十六卷，是爲《郘亭知見傳本書目》。兩家遺帙，世競傳鈔。』清末民初著名目録版本學家葉德輝1922年雨水節在《郘亭知見傳本書·序》中高度評價説：

三十年前官京曹時，……於時聊城楊氏海源閣，常熟瞿氏鐵琴銅劍樓、歸安陸氏皕宋樓、仁和丁氏善本室諸家書目或未刊出，或未通行。邵注《簡目》外，則獨山莫郘亭先生《宋元舊本書經眼録》亦家有一編，與邵書相驂駟。……先生以爲宋元舊刻傳世日稀，既已見已知，不妨詳示後人，俾他日展轉流傳，得者益知珍襲寶貴[六]。

中國現代著名目録版本學家姚名達20世紀30年代所著《中國目録學史·特種目録篇》高度評價説：

自清末京師國家圖書館成立以後，繆荃孫首撰館藏《善本書目》。……私家藏書，則以傅增湘《雙鑒樓善本書目》《藏園群書題記》，鄧邦述《群碧樓善本書録》《寒瘦山房善本書目》，張钧衡《適園藏書志》爲最精，除此種實藏目録外，亦有録其目睹，不必實藏者。清末莫友芝《宋元舊本書經眼録》即其最善者也[七]。

民國學者淩惕安在其《郘亭書畫經眼録序》中評價説：

獨山莫郘亭先生以同治辛未卒于揚州，而學者悲思，天下響慕，片言遺文，奉若球璧。其仲嗣仲武復于墨經中足成先生未經删定之書曰《宋元舊本書經眼録》，足備目録家之參訂。……誠以書畫一事，學也，而幾于道矣，非性靈、學問、道德兼而有之，不足以臻上乘而流傳于後世。亦非具斯三者，神與古會，不足以言識别。先生生平造詣既足垂致千古，而眼力復高出于一時，書畫經其品題，真乃相得益彰，若斯編是也。（民國《貴州通志·藝文志》）[八]

《宋元舊本書經眼録》在流傳中備受關注歡迎，成爲現當代大學圖書館學、目録版本學、古籍整理的經典教科書，成爲了鑒定中國珍稀善本古籍書的著名工具書。例如：（北京）商務印書館 1982 年 3 月出版武漢大學《中文工具書使用法》介紹評價説：

《宋元舊本書經眼録》，這部目録收録莫氏所見宋、金、元、明各代舊刻版本及鈔本共一百三十餘種，每書下有解題，或考訂其刊刻優劣，或記行數、字數，或録原書序跋，也有記歷代藏書家的跋語印記等，可做鑒定考查善本書的依據[九]。

評價説：

黄萬機《莫友芝評傳》（貴州人民出版社1992年9月版第三百一十三至三百一十五頁）評價説：

《宋元舊本書經眼録》三卷，收入《獨山莫氏郘亭叢書》中。……這部書以考訂弆藏流變爲主要特色。……其次，辨别版本真僞。……其三，摘鈔或全録序跋，有的序跋對全書鉤玄提要，於治學者助益不少。……《經眼録》附録兩種：一爲《書衣題識》，一爲《金石筆識》。題識内容較廣，有的考訂版本，有的校正不同版本文句異同，從而判定優劣，有的還記録購求該書的時間、地點與經過[十]。

戴顯群在《福建圖書館學刊》1997年第4期上發表《莫友芝及其在版本目録學上的成就》一文評價説：

《宋元舊本書經眼録》所著録的宋元等善本書雖然僅一百三十部，但所記版本資料之豐富，參證之精詳，是同類書目之佼佼者[十一]。

臺灣潘美月、杜潔祥主編《古典文獻研究輯刊》（初編）收入之薛雅文《莫友芝之目録版本學研究》評價説：

《宋元舊本書經眼録》爲後代學者提供寶貴研究資料，亦可藉此書目作爲判斷善本與珍稀傳本之重要依據。所録善本古籍一百三十三部，每部書下撰寫解題，大部分皆相當精詳，於行款、版式、紙質、序跋、藏書印記及流傳經過等均有著録，尤其對版本時代、真僞、優劣等考證用力最深，充分展現莫友芝在版本上之功力[十二]。

從清朝同治末年光緒初年至今，十數次刊刻、影印、點校印刷出版傳世，古今學術界對著名目録版本學家莫友芝《宋元舊本書經眼録》一書都給予了高度的評價，滋養了古今數代學者，深受廣大讀者喜愛，成爲晚清以來鑒定考查珍稀善本古籍不可多得的工具書，向無異議。

二、莫友芝《宋元舊本書經眼録》手稿考論研究

筆者偕同助手承擔全國高等學校古籍整理工作委員會課題《莫友芝全集》整理點校任務，同時承擔《遵義沙灘文化典籍·莫友芝全集》主編任務，山南海北，四處探訪搜尋莫友芝詩文書稿手迹遺墨，史海撈針，欣喜地從中國國家圖書館搜尋到兩本《宋元舊本書經眼録》手稿：一爲莫友芝《宋元舊本書經眼録》手稿；一爲莫繩孫整理之《宋元舊本書經眼録》手稿。莫氏父子這兩本手稿，學術界向無專文專書比較考論。經過認真比對研究，筆者發現莫繩孫整理之手稿，正是張文虎、唐翰題、劉履芬、王頌蔚等人幫助審定批注過的世傳各種刊刻印行本《宋元舊本書經眼録》之底本。莫繩孫這一整理之手稿底本，與其父莫友芝《宋元舊本書經眼録》手稿有重大出入，堪值關注研究。本節專題考論莫友芝《宋元舊本書經眼録》手稿，并揭秘莫繩孫整理其父手稿的有關问題。

中國國家圖書館所藏莫友芝《宋元舊本書經眼録》手稿本，[十三]每頁十二行，行大字二十一至二十三不等，小字雙行二十六至二十九不等；紅欄紙書寫，手稿本不分卷，共1册，連封帶底共計一百七十五頁。封面右側竪寫有『宋元舊本書經眼録』八字書名，手稿無目録，正文一百七十五頁中有十七頁無字，其寫有書稿内容文字者實際爲一百五十八頁，约近十二万字。莫友芝手稿有些頁之天頭寫有眉批。整本手稿均無莫友芝鈐印，但是在手稿正文第一頁第一行書名『宋元舊本書經眼録』之下，莫友芝手書『邵亭眲叟』四字之名號，確係莫友芝手筆無疑。手稿正文首頁和末頁都鈐蓋『北京圖書館藏』之朱文方印。請看莫友芝手稿正文首頁影印件：

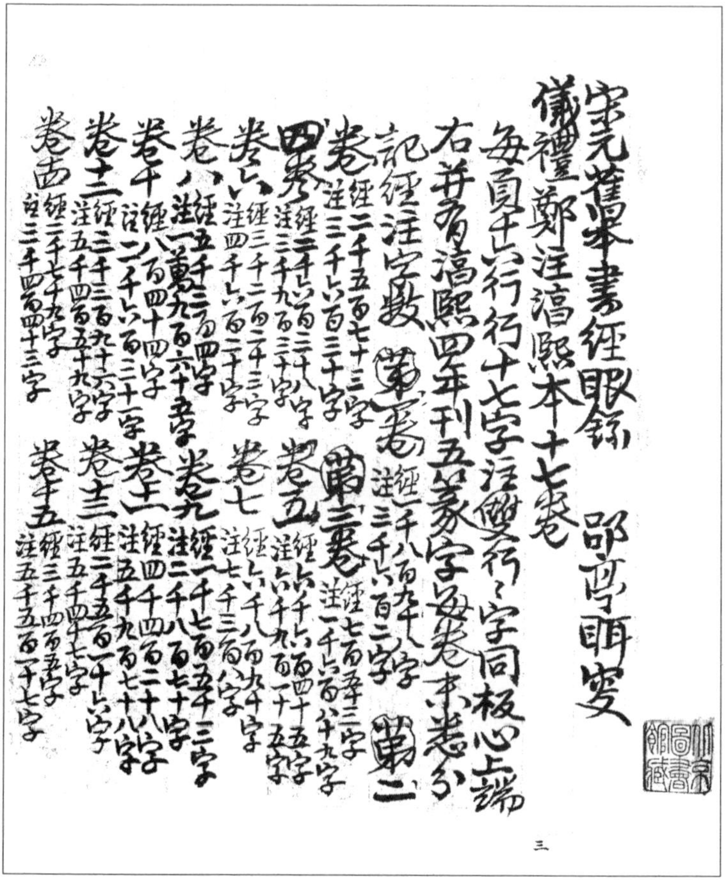
宋元舊本書經眼録　郘亭眲叟

儀禮鄭注淳熙本十七卷

每頁十六行行十七字注雙行〻字同板心上端

右并有淳熙四年刊五〻象字每卷末𢃄分

記經注字數　第一卷 經一千八百九十七字 注三千六百二字　第二

卷一 經二千五百七十三字 注三千六百三十字　第三卷 經七百五十三字 注一千六百八十九字

四卷 經二千六百三十八字 注三千九百三十字　卷五 經六千六百四十五字 注六千九百一十五字

卷六 經三千二百二十三字 注四千六百二十字　卷七 經六千八百九十字 注七千三百八字

卷八 經五千三百四字 注一萬九百六十五字　卷九 經一千七百五十三字 注二千八百七十字

卷十 經八百四十四字 注二千六百三十一字　卷十一 經四千四百二十八字 注五千九百七十八字

卷十二 經三千三百九十六字 注五千四百五十九字　卷十三 經二千五百一十六字 注五千四百七字

卷十四 經二千七十九字 注二千四百四十三字　卷十五 經三千四百五字 注五千五百一十七字

三

另外，在《郘亭日記》中，莫友芝記曰：

記瞿氏舊本書於《經眼録》。凡宋本百有五，元本八十，其影宋、影元、校宋、校元若干，尚不在此數，富矣哉！〔同治六年（1867）六月初八日〕[十四]

《郘亭日記》此記與莫友芝手稿所記瞿敬之秉淵《恬裕齋藏書目録》相吻合。可見莫氏《郘亭日記》云『記瞿氏舊本書於《經眼録》』，即是今藏於中國國家圖書館之中的莫友芝《宋元舊本書經眼録》手稿。莫氏這部《宋元舊本書經眼録》手稿，記載他同治年間經眼箋記之宋本、金本、元本、明本刻版書和手稿本、寫本、舊鈔本書，可以分爲以下四個部分：

第一部分：從手稿正文第六頁『《儀禮鄭注》淳熙本十七卷至第二十頁『宋刊米海岳《畫史》』；從第六十頁『宋紹興本《集古文韻》第三卷』至第九十八頁『《中州集》元刊本』係莫友芝經眼詳細箋記丁日昌持静齋、嘉興唐翰題藏書樓、上海瞿氏等所藏等各類古籍圖書六十二種。

第二部分：從第二十一頁『郁氏藏：元刊《通鑑考異》十一』至第五十八頁『《建康實録》影宋鈔本二十卷』，係莫友芝到上海喬家路七十七號經眼箋記藏書家郁松年（字萬枝，號泰峰，一作泰豐）宜稼堂所藏宋本、金本、元本、明本、舊鈔本等三百六十五種古書。莫友芝《郘亭日記》對此有記曰：

晨訪泰峰，觀其所藏宋元舊本書，合百數十部。東南文籍燹後，散失殆盡，而郁氏獨存，亦不易也。〔同治四年（1865）五月廿二日〕[十五]

此後十日，莫友芝致信曾國藩稟報説：

友芝此行凡得兩快事，其一見郁泰峰宜稼堂所藏宋元精本書數十種，……尤爲大快。（見《郘亭信札》）[十六]

莫友芝奉曾國藩之命到江南諸省市尋書、訪書、收書，經常到上海，與大藏書家郁松年相交甚篤。同治四年（1865）五月，郁氏不僅請莫氏鑒定其珍貴的宋元舊本藏書，而且將所刻《宜稼堂叢書》相贈莫氏。一年後，郁氏不幸過早病逝，其藏書逐漸散出，人們難以知曉郁氏究竟收藏了哪些宋元舊本精善之古書，幸賴莫友芝《宋元舊本書經眼録》手稿箋記郁氏三百六十五種珍貴藏書。從記載、保存文獻的角度看，莫友芝這一手稿所記郁氏三百六十五種宋元珍本藏書是何等的珍貴。

第三部分：從第一百頁『恬裕齋藏書目録』至第一百六十一頁『《國朝文類》七十卷元』，係莫友芝經眼記録常熟瞿秉淵（字敬之，一作鏡之）恬裕齋經史子集四部藏書二百四十九種。

莫友芝《郘亭日記》有記曰：

> 常熟今舊藏書家皆散失盡矣。唯昭文罟里村之瞿敬之秉淵家收藏尚富，經亂後所存宋元舊帙尚多。〔同治六年（1867）五月廿九日〕
>
> 記瞿氏舊本書於《經眼録》。凡宋本百有五，元本八十，其影宋、影元、校宋、校元若干，尚不在此數，富矣哉！〔同治六年（1867）六月初八日〕[十七]

瞿氏恬裕齋後來改名爲『鐵琴銅劍藏書樓』。從瞿秉淵、秉清之父瞿鏞始創斯樓就起編《恬裕齋藏書目録》，到秉淵、秉清兄弟二人續編藏書目，再至秉清之子啓文、啓科續編補作，瞿氏祖孫三代五十餘年共同編撰之藏書目，最後定名爲《鐵琴銅劍樓藏書目録》，於光緒二十四年（1898）方纔刊刻面世。莫友芝早在三十一年前就親赴常熟，即同治六年（1867）五月二十九日至六月初八日在瞿秉淵恬裕齋訪讀、手記瞿氏珍貴藏書二百四十九種於《宋元舊本書經眼録》手稿之中；另外，莫友芝於同治七年（1868）四月十七日乙未又到常熟瞿秉淵恬裕齋訪書讀書，又在其《郘亭日記》中箋記瞿氏恬裕齋另藏有王士禎評點鈔本書一種：

讀漁洋評點定宋荔裳《入蜀詩卷》有懷：『瞿塘雙闕與雲齊，巴字江迴更向西。北宋清詩餘蜀道，南明歸夢引猿啼。游踪前後誰勍敵，古誼譏彈認舊題。使我飄蓬憶强伴，望山風雨草萋萋。』漁洋評點定宋荔裳《入蜀詩卷》，此卷面題蠶尾山房鈔本，卷中評陟利病分明，於《三閭大夫廟》《北帝城》兩篇，輒舉已作律詩，謂足爲勍敵否，以俟後之攬者。卷端識略云：『康熙壬子，余與荔裳先後入蜀，不及相見。明年荔裳入覲，卒於京師。甲寅、乙卯家居，嘗得其《入蜀詩》一卷，寫留笥中，久之，失其本。庚辰秋，予官刑部尚書，荔裳之子思勃自萊陽至，投一卷，正《入蜀詩》也，亟録存之。先是辛亥歲，荔裳在京師，囑余選定其集，次爲二十卷，攜以入蜀，今此本不可復睹矣，惜哉！庚辰十一月十九日。』按：庚辰爲康熙三十九年。漁洋辛卯年卒，年七十八，則是年六十七矣。此卷虞山瞿秉淵藏。〔同治七年（1868）四月十七日乙未。〕[十八]

莫友芝《宋元舊本書經眼録》和《郘亭日記》所記瞿秉淵二百五十種藏書，比光緒年間刊刻行世的《鐵琴銅劍樓藏書目録》早出三十多年，由此可見莫友芝《宋元舊本書經眼録》手稿是何等的珍貴有價值。

第四部分：從第一百六十二頁『《讀書敏求記》逸文』至第一百六十七頁『《集犯諭》一卷』，係莫友芝經眼記録清代初年錢曾《讀書敏求記》手稿逸文古籍圖書十六種。兹耙疏簡介此《讀書敏求記》手稿逸文古籍圖書十六種的出處來源。

莫友芝在其《郘亭知見傳本書目·史部十四目録類》箋記曰：

《讀書敏求記》四卷，國朝錢曾撰。乾隆十年趙氏刊本。六十年重刊本。阮氏道光時刊本，多數條。友芝于丁禹生許見遵王手稿本，校兩刊又多十餘條。又有《述古堂書目》鈔本，未分卷[十九]。

莫氏《持靜齋藏書記要》卷下又有記曰：

《述古堂書目題詞》一册，國朝錢曾手稿，蓋即其《讀書敏求記》未編類之初本也，有可補趙、阮兩刻之遺者十許條[二十]。

據此，我們可知莫友芝《宋元舊本書經眼録》手稿所記『《讀書敏求記》逸文』十六種古籍圖書，當是從錢曾手稿『《述古堂書目題詞》一册』中録記而來。

以上四部份内容，是莫友芝《宋元舊本書經眼録》手稿本的原書原貌。從中我們可以看出，這部手稿應該僅僅是莫書之原始初稿，因爲手稿没有目録，没有分卷記寫，書目箋記解題前後繁簡不一，繁如『《文苑英華纂要》四卷宋刊本』洋洋灑灑千餘字，簡則如『郁氏藏：元刊《通鑑考異》，十一』，數字僅記其書名；版刊時代及卷數。全書編排體例不一，所箋記之書，既不按刊刻或鈔寫時代先後，又不分刊本、稿本或舊鈔本類别，也没有序跋陳説編書旨意，甚至有脱字、衍字、誤字之偶疏，僅是以上四部份經眼箋記解題書目的原始記録，所以我們判斷這本《宋元舊本書經眼録》手稿，僅僅是莫友芝在江南諸省市尋書、訪書、收書過程中隨手記録的原始初稿，是目録版本學大師莫友芝治學最真實的寫照，後世人難得一見。莫友芝晚年隨手記録的珍貴原始初稿，如有神靈護祐流傳至今，完好保存在中國國家圖書館之中，從來没有人整理點校，我們後學有幸得以拜讀，應當認真整理點校，深入研究，以使薪火相傳，發揚光大。莫友芝《宋元舊本書經眼録》手稿本之箋記研究成果，其目録版本學著録解題體例及其學術研究方法，經初步研究，點校者認爲主要體現在以下十個方面：

1. 考記每頁或每卷行字字數，以見古籍書板書寫格式，爲後世讀者、古籍版本鑒定者查考驗證提供依據。例如手稿開篇即記《儀禮鄭注》淳熙本，十七卷：『每頁十六行，行十七字，注雙行，行字同。……每卷末悉分記經、注字數。一卷經一千八百九十八字，注三千六百二字。二卷經二千五百七十三字，注三千六百三十字。……卷十七經四千七百九十字，注三千四百五十六字。』每页行數、每行經字、鄭氏注字以及十七卷經、注字數記録清楚。（見下點校稿，下同）《春秋胡傳汪德輔克寬纂疏》三十卷，至正本：『每頁二十二行，行二十一字。傳皁經一卷，大書。《纂疏》，雙行，行字同前。』《文苑英華纂要》四卷 宋刻本：『每半頁十行，行十七字。』宋本《毛詩要義》二十卷：『每頁十八行，行十八字。』莫友芝手稿有時還考計整部書的字數、册數，例如，《建康實録》影宋鈔本二十卷：『凡二十卷，總二十五万七千五百七十字，計一十册。』莫氏這些考記十分珍貴，方便後世讀者、學者、古籍圖書鑒定者查考核對。

2. 考記作者，通過對作者身份，所處時代環境，撰書動機、緣由等的考記，提供詳實資料，以加深讀者對古籍圖書撰作的認識，增强讀者對古籍圖書的可信度判斷與認同。例如：宋本《毛詩要義》二十卷，魏了翁撰。首爲《譜序》一卷，經依《箋》編。二十卷中又分子卷十有七，凡三十八卷。……宋魏鶴山先生於理宗嘉熙元年丁酉，以權工部侍郎忤時相，謫靖州，取《九經注疏》，删繁去蕪爲《要義》。……《傳》《箋》遺辭博奥，孔氏因劉炫等書爲《正義》。鶴山復擷其要領，以《經》及《傳》《箋》爲綱，以《正義》爲目，有條不紊，易於記誦，洵治經者不可少之書。』又例如：《素問六氣玄珠密語》舊鈔本十六卷，莫友芝考記曰：『書中自題曰：「啓玄子述。」即唐時注《素問》之王冰也，《宋史·藝文志》載王冰《素問六脉玄珠密語》一卷。當即此書，而「氣」訛「脉」耳。「一卷」亦有誤，《道藏目録》及焦竑《經籍志》載此書并云十七卷，此鈔當闕一卷也。』又例如：《周易集解》明嘉靖刻本，莫友芝考記曰：『明宗室朱睦㮮灌夫所刊。朱《序》謂刻自宋季，稀有存者。予得之李中麓，復用校梓以傳。鼎祚，資州人，仕唐爲秘書閣學士，以經學稱於時，嘗進《平胡論》，預察胡人叛亡日時無毫髮爽，象數精深蓋如此。及閱《唐列傳》與《蜀志》，俱不見其人，豈遺之耶？抑别有所載耶？』唐代李鼎祚確爲《周易集解》之作者，莫友芝《郘亭知見傳本書目·經部一》箋記曰：『《周易集解》十七卷，唐李鼎祚撰。』邵懿辰《四庫簡明目録標注》亦云『唐李鼎祚撰《周易集解》十七卷。』

3. 記録書板木記、文牒等標志，以考見書板刻印或經藏歷史年代。例如：莫氏判定《陳氏禮書》一百五十卷爲宋刊本，主要依據就是：『宋陳祥道撰。首載建中靖國元年正月禮部差楷書畫工人鈔祥道《禮書》牒，并及陳暘《樂書》，次祥道《進書表》，《序》中參有《樂書序》一紙，無前半，蓋當時二書并刻也。』《儀禮鄭注》淳熙本十七卷：『板心上端右并有『淳熙四年刊』五篆字。二卷末又有『謏聞齋主人』楷書木記，凡百有七字。』宋淳熙三年本《皇朝仕學規範》四十卷：『句讀有小圈，并圈發異讀字之四隅。……紙墨精潔可愛。……其卷九、卷十七、卷廿五，首并有『張廷濟印』『張叔未』『尚寶少卿袁氏忠徹印』三印及袁氏静思齋引《顔氏家訓》六十五楷字長木記。』元《禮部韻略》五卷：『五卷末有『大德丙午重刊新本平水中和軒王宅印』木記。』《讀書敏求記》逸文：『《周易》十卷，……北宋刻本。……卷首有『貞元伯雅』二圖記，知是鳳洲先生藏書也。』元至元刻本《玉海》二百卷：『行款與今通行本同，特板心稍大，……首有胡助、李桓、阿殷圖埜堂、王介四《序》，及至正三年慶元路刊行文牒。』《春秋胡傳汪德輔克寬纂疏》記：『後有木記楷字二行云：建安劉叔簡刊于日新堂。』

4. 注明《四庫全書》是否收録，以見古籍善本圖書之學術文獻價值。莫友芝從同治四年乙丑（1865）至辭世之辛未年（1871），一直奉命在做《四庫全書》散失江南各地民間的訪收工作。這是幕主曾國藩大人交托莫氏的重要任務，因而在訪書、收書過程中，莫氏特别關注、標示所經眼之珍稀古籍圖書是否爲《四庫全書》所著録。例如：宋本《毛詩要義》二十卷：『欽定《四庫全書》祇載《周易》《儀禮》，尚是全帙。《尚書》《春秋》皆非完本。近揚州阮氏復得《尚書》三卷。即《四庫》所闕之卷。魏鶴山先生《毛詩要義》爲文淵閣著録所未及，道光間儀徵相國采進遺書亦未之見。』元刻《金陵新志》十五卷：『文淵閣著録。此本郁氏宜稼堂藏。』元刻《詩集傳》附録《纂疏》二十卷《詩序辨説》附録《纂疏》一卷：『此書《四庫全書》未著録。』《書集傳》十二卷《或問》二卷，宋：『《四庫》未録《集傳》。』《爾雅新義》十卷寫本：『宋陸佃撰。此書《四庫》未著録。』明刊《農書》二十二卷本：『此書《四庫》本。』梁《江文通文集》十卷《目録》一卷，宋本：『《四庫》著録本四卷，特據明人鈔集者，猶未見此本也。』宋巾箱本《萬寶詩山》三十八卷：『《四庫》未著録，不能不爲秘函也。』《四庫全書》是具有權威性的欽定官書，清代乾隆朝以前有代表性的古籍圖書多爲所收，若能發現《四庫全書》遺漏、失收康熙乾隆朝以前有價值的古書并予以箋記解題，更能彰顯古籍圖書鑒定者的水平與功力。莫友芝既要完成曾國藩大人交辦的訪書、收書工作任務，又要彰顯古籍圖書的文獻學術價值，同時也能體顯自己鑒定古籍圖書的水平與功力，所以他自己經眼箋記古籍圖書，特别關注所箋之書是否被收入《四庫全書》之中。這本《宋元舊本書經眼録》手稿以及《郘亭知見傳本書目》《持静齋藏書記要》《持静齋書目》等目録版本學著作，莫氏均予以箋記解題。這是莫友芝目録版本學研究常用的一個重要研究方法。

5. 考訂缺筆避諱，以判定書板刻寫年代。缺筆避諱是古籍圖書寫本刊刻鈔寫年代的一個客觀印記，通過考訂缺筆避諱來判定古籍圖書寫本的刊刻鈔寫年代，是古代目録版本學家常用的一個研究方法。莫友芝十分擅長此道。例如他同治元年（1862）在安慶考鑒張廉臣所藏《説文解字木部》殘卷爲中唐穆宗時期寫本，其中鐵證之一是：此寫本殘卷中『栝，缺末筆以避德宗諱。『适』同偏旁，音嫌而避。栖，恒聲；『恒』缺（末）筆避穆宗諱。亘，古文栖。栖亦缺（末）筆。存左（旦）字，（缺筆）避睿宗諱。栝、栖諱闕，而柳、卬不省，例以《開成石經》，不避當王之昂，蓋在穆宗後人書矣。』[二十一] 莫氏這一考鑒結論，世所公認。在《宋元舊本書經眼録》手稿中，對自己經眼箋記研究之古籍圖書，莫氏成功地運用缺筆避諱之考訂法，準確判定評價古籍圖書的寫刻年代，頗能彰顯目録版本學家莫友芝深厚的學術功力。

例如，宋蜀大字本《史記集解》：『玄、敬、殷、貞、徵、讓、獂、完、桓、竟缺（今按：莫氏手稿此十字均缺末笔）；慎，不缺（末笔）』梁《江文通文集》十卷《目録》一卷，宋本：『卷中「鏡、敬」等字缺筆，（今按：莫氏又於此句天頭補寫五個缺末筆避諱字：「貞、匡、恒、殷、玄」）亦姑謂之宋本。』宋淳化本《前後漢書》：『末有「淳化五年□月奉旨校刊」字。售者以爲北宋本。細核之，蓋明時翻刻者，其避諱皆不及南宋，固北宋子本也。』莫氏判定此《前後漢書》爲『北宋子本』，主要依據就是『其避諱皆不及南宋』。《毛詩》二十卷宋：『南宋巾箱本。分卷與《唐石經》同，「匡、殷、桓、覯、慎」省筆，「敦」字不省，孝宗時刻也。』《史記集解》一百三十卷，宋：『「敬、鏡、殷、匡、恒、貞、徵」字省筆，「頊」字不省，神宗以前刊本也。』劉涓之《鬼遺方》五卷，宋：『齊龔慶宣編。有永明元年《自序》。全書無宋諱，疑五代、宋初所刻。』通過缺筆避諱以判定古籍圖書刊刻或稿本、鈔本撰寫年代的研究方法十分可靠，因而後世學者普遍繼承沿用。所以現代學者陳垣《史諱舉例·序》說：『避諱爲中國特有之風俗，其俗起於周，成於秦，盛於唐宋，其歷史垂二千年。其流弊足以淆亂古文書，然反而利用之，則可以解釋古文之疑滯，辨別古文書之真僞及時代，

識者便焉。』〔二十二〕

6. 注明所箋記解題古籍圖書板本来源，有憑據，不虚妄。例如：《儀禮鄭注》淳熙本十七卷：『同治甲子，署蘇松太道丁禹生日昌獲之上海肆中。乙丑五月三日客道署借讀。』元刻《詩集傳》附録《纂疏》二十卷《詩序辨説》附録《纂疏》一卷：『同治丙寅六月在上海，宜興周濂珂淮清持以相示。』宋淳熙三年本《皇朝仕學規範》四十卷：『同治乙丑五月，客上海，醉墨書肆持售，留觀五日。』宋嘉祐杭州本《唐書》：『同治五月，嘉興馬氏持售於上海，僅尾三卷《逆臣傳》，以湊別一舊本。謂別本爲宋刻，此三卷爲元刻。以余審之，此三卷宋刻，其別本之全，乃元、明間刻耳。』宋刊本米海岳《畫史》：『丁禹生藏。』莫友芝手稿注明從第二十一頁至第五十八頁所箋記三百六十五種古籍圖書均爲『上海郁泰峰松年都轉所藏舊本』；注明手稿第一百頁至第一百六十一頁所箋記二百四十九種古書均爲常熟瞿秉淵敬之恬裕齋經史子集四部藏書，注明手稿第一百六十二頁至第一百六十七頁所箋記十六種古書均爲錢曾《讀書敏求記》逸文書。這些均能反映莫氏經眼箋記之書有根有據，所作治學考證嚴謹而不虛妄。

7. 轉録著者或經藏家序跋，保存古籍善本珍貴的文獻資料，以見板本源流。例如：宋淳熙三年本《皇朝仕學規範》四十卷，莫友芝箋記其著者：『張功甫《自序》：「刻此書在淳熙丙申四月。」此蓋即張氏自刻初印本也。』接着，莫友芝往下轉録經藏家張廷濟尗未《跋》記：『尗未題其首曰：淳熙三年丙申原刻初印，係楊鐵崖、袁忠徹舊藏本，乾隆時武陟令查宣門所珍貯者。嘉慶時，余從宣翁之子柬庵秀才以銀十餅購得。前缺序目，後缺作文、作詩二類，八卷。余與海鹽朱春甫錦，及余次兒慶榮從宋槧覆刻本影鈔補足，授慶云珍之。道光二十五年乙巳七月二十日，嘉興竹田里七十八歲老者張廷濟尗未甫。』又如：在宋刻《東南進取輿地通鑑》三十卷箋記解題中，莫氏鈔録作者宋人趙善譽《自序》。在宋本《毛詩要義》二十卷箋記解題中，莫氏鈔録錢天樹《跋記》。在宋巾箱本《萬寶詩山》三十八卷之箋記解題中，莫氏鈔録余性初《萬寶詩山叙》。在《文苑英華纂要》四卷宋刻本箋記解題中，莫氏鈔録作者宋人高似孫《序》及元人趙彣延祐甲寅冬所作《文苑英華後序》。這些序跋都是珍貴的文獻資料。通過研讀莫氏鈔録的這些序跋，後世讀者、目録版本學研究者可以清楚地得知古書板本源流及其珍貴文獻史料傳藏脉絡走向。

8. 或直接考述古籍成書過程，或援引序跋解題，以使讀者相信古籍圖書寫作真實不僞。例如：莫友芝考述宋刻《東南進取輿地通鑑》三十卷：『宋孝節先生趙善譽撰，取三國至梁、陳東南攻守事，事爲之圖，復附以地理考及本事始末，蓋爲南渡後圖金而作，是當日極有用之書也。文淵閣未及著録，蓋逸已久矣。』莫氏考述『宋紹興本《集古文韻》第三卷，蓋夏英公《古文四聲韻》五卷之一。……黄伯思《東觀餘論》云：「政和六年冬，以夏鄭公《集古韻》及宗室克繼所廣本二書參寫，并益以三代鐘鼎彝器款識，及周鼓秦碑、古文印章、碑首，諸字書有合古者益之，以備遺忘」云云。是宋人《古文篆韻》有三，今唯英公集者有新安汪啓叔刊本，趙、黄二本則皆無傳。……此本僅《上聲》一卷，是書紹興乙丑刊，開禧乙丑印。』『莫氏考述』元至元刻本《玉海》二百卷，附刻諸種俱備，行款與今通行本同，特板心稍大。字體秀勁，近趙吴興。首有胡助、李桓、阿殷圖埜堂、王介四《序》，及至正三年慶元路刊行《文牒》，及薛元德《後序》。又有伯厚之孫厚孫《識語》。在伯厚《題跋》後，謂其先祖且未脱稿，難以示學者，故藏於家云云。浙東都事年公始建議板行，今元帥資德公既至，即命刊布。……厚孫等承命校勘唯謹，而董役者弗爲修改，遺誤俱在，觀者審焉。『莫友芝考述』《埤雅》二十卷，元、明間重刊宋本，宋陸佃撰。……天運庚口八月，京口張存性中《序》重刻緣起云：『《埤雅》書成，授其子宰，始《序》以傳之，時宣和七年矣，其後五世孫嶅由秘閣修撰來知贛州，再用刻於郡庠。歷世既久，悉毁於兵燹，人罕得聞。會奉議大夫、江西按察司僉事、古閩林公瑜字子潤巡按贛上，訪於耆民黄維，得是書，欲與四方學者共。太守陳大本克承公意，乃命鳩工刻之。其中缺簡甚多，欲求别本無得者，復有待於後之博雅君子，不敢以私智補之。』莫友芝滿腹經倫，諳熟書林掌故，其所作考述援引解題，既可以使讀者相信古籍圖書寫作真實不僞，又可以使後世目録版本學者學到鑒别古代善本圖書真僞的方法，是極有用極好的目録版本學治學方法指導。

9. 評定所箋記古籍圖書板本優劣，解題中直接寫出按斷評判語，頗見莫友芝目録版本學清代大家的睿智與學術功力。例如：丁日昌所藏《儀禮鄭注》淳熙本十七卷，莫友芝評定説：『同治甲子署蘇鬆太道丁禹生日昌獲之上海肆中。乙丑五月三日客道署借讀，審定爲實事求是齋經籍之冠。』上海郁松年所藏宋本《毛詩要義》二十卷，莫友芝考鑒評價曰：『魏了翁撰，首爲《譜序》一卷。《經》依《箋》編二十卷，中又分子卷十有七，凡三十八卷。展讀之下，古香可掬，真希世之秘笈也。其體裁與《周易》等相同，有與疏本連文，而《要義》取一、二則者，列其《次目》於眉上，不復分裂原文，隸標目之，尤爲簡當。……魏鶴山先生《毛詩要義》三十八卷，爲文淵閣著録所未及，道光年間儀徵相國采進遺書亦未之見。上海郁泰峰氏乃搜獲曹楝亭舊弆宋槧本於嘉興士家，海内更無第二本，遂卓爲宜稼堂數十宋槧之冠。友芝同治乙丑五月來滬上，珍重假讀，心神開曠，百慮盡消，斷推此游第一快事。』瞿鏞、瞿秉淵父子恬裕齋所藏《大學章句》一卷附《大學或問》二卷《中庸章句》一卷附《中庸或問》二卷《論語集注》十七卷《孟子集注》十四卷，宋：莫友芝評價說：『經文字句有與通行本不同處，俱與《唐石經》合，其注之異於今本者，足資訂謬。此朱子晚年定本。』恬裕齋所藏《書集傳》十二卷《或問》二卷，宋：莫友芝評價說：『陳大猷撰。《宋史·藝文志》不載，惟見葉氏《菉竹堂書目》及西亭王孫《萬卷樓書目》，通志堂搜訪不獲，僅刻《或問》二卷。今傳本絶稀，此猶完好如新，洵秘笈也。《四庫》未録《集傳》。』嘉興馬氏持售上海之宋嘉祐杭州本《唐書》，莫友芝不受書賈所惑，獨具慧眼鑒定評價說：『同治乙丑五月，嘉興馬氏持售於上海，僅尾三卷《逆臣傳》，以湊别一舊本，謂别本爲宋刻，此三卷爲元刻。以余審之，此三卷宋刻，其别本之全，乃元、明間刻耳。别本板心校此高、廣各一指許，每頁二十行、行二十二字，每卷題名但云「歐陽修奉敕撰」「宋祁奉敕撰」，而不具官銜，不書「臣」。此三卷則銜、臣皆具，且字體方滿，精神故也。』上海郁泰峰宜稼堂所藏宋世綵堂《韓昌黎集》五十一卷，莫友芝評價説：『相傳明東雅堂徐氏翻刊廖氏世綵堂韓文，一仍舊式，而不著其所從來。今觀此本，信然，每頁中縫下截悉有「世綵堂」字，徐氏悉以「東雅」字易之。《傳目》後有「世綵廖氏刻梓家塾」篆字木印，徐氏各卷尾亦仿之。此初印本，紙墨精好，字體在歐、褚間，徐本猶未能畢肖也。』莫友芝這些考鑒按斷評判，堪稱古籍圖書鑒定的經典，可成爲後世鑒定古籍圖書的方法與依據。

10. 詳細描録古籍圖書所鈐印記，有的還依印章原樣詳細描録鈐印款式和鈐印位置，以見古籍圖書原貌及其被歷代收藏家收藏之軌迹流向。例如：丁日昌獲之上海肆中之《儀禮鄭注》淳熙本十七卷，莫友芝描録云：『一卷首，十七卷尾并有【松雪齋】【趙孟頫印】【海上醉六經齋藏書之章】三印，首又有【竹泉珍祕圖籍】【敦淳珍藏顧氏】二印，末又有【梁氏家藏】一印。』莫氏依印章原樣描出一卷首，十七卷尾之三印：宋末元初人趙孟頫【松雪齋】爲竪向長方形三字印；【趙孟頫印】爲正方形四字印；【海上醉六經齋藏書之章】爲正方形三行（首竪行四字、後二竪行每行三字）十字印；卷首又有之【竹泉珍祕圖籍】【敦淳珍藏顧氏】二印均爲横向長方形六字（每竪行二字）印；卷末又有之【梁氏家藏】爲正方形四字印。上海宜稼堂郁松年藏宋本《毛詩要義》二十卷，莫友芝經眼描録云：『每卷首有【楝亭曹氏藏書】【長白敷槎氏堇齋昌齡圖書印】二印，卷尾有【桐鄉沈炳垣手讀書記】一印，《譜序》卷首又有【永超氏】一印，卷一下之首有【吴可驥印】一印。』莫氏依印章原樣描出【楝亭曹氏藏書】爲竪向长方形六字（每竪行三字）印；【長白敷槎氏堇齋昌齡圖書印】爲竪向长方形十二字（四竪行，每行三字）印；卷尾【桐鄉沈炳垣手讀書記】一印爲竪向長方形九字（每竪行三字）印；《譜序》卷首【永超氏】一印爲正方形三字印（『永超』二字爲一竪行，『氏』字爲另一竪行）；卷一下之首【吴可驥印】一印爲正方形四字印。殘宋本《輿地廣記》，上海市中出，即黄蕘圃據刻之本。莫友芝經眼描録其經藏家之印：『【烈文】【宋本】【汪士鐘印】【閬源真賞】。……嘉慶庚申歲春二月，黄丕烈書於士禮居。【蕘圃】。』莫氏在『上海市中出，即黄蕘圃據刻之本』次行单獨所描四印：【宋本】【烈文】爲正方形上下二字印；【汪士鐘印】【閬源專賞】二印均爲正方形四字印；在箋記語之末『黄丕烈書於士禮居』所鈐【蕘圃】印爲正方形左右二字印。宋淳熙三年本《皇朝仕學規範》四十卷，莫友芝經眼箋記、描録此書印記，説明此書刊印、流傳收藏經過軌迹：『張功甫《自序》：刻此書在淳熙丙申四月。此蓋即張氏自刻初印本也。嘉、道時藏嘉興張朩未廷濟家。……首并有【張廷濟印】（正方形四字印）、【張朩未】（正方形三字印，『張』字獨占一行）、【尚寶少卿袁氏忠徹印】（竪向长方形九字印，每竪行三字）三印。……卷卅二尾并有【楊廉夫】（正方形三字印，『楊』字獨占一行）、【清儀閣】（正方形三字印，『閣』字獨占一行）、【張朩未】（正方形三字印，『張』字獨占一行）、【廷濟】（正方形左右二字印）四印。』

莫氏在《西山真文忠公讀書記》宋刻本箋記語之末描述説：『卷端有【季振宜印】朱大、《季振宜讀書》朱、【季振宜印】朱小、【滄葦】朱數印。』莫氏所描四印，《季振宜讀書》印爲竪向长方形五字印（『季振宜』三字獨占右竪一行），另外三方均爲正方形印，且準確描述【季振宜印】一爲『朱大』印，一爲『朱小』印；其餘两方均爲朱色印。

目録版本學家、古籍圖書鑒定權威莫友芝經驗老道，他將自己鑒定古籍圖書的方法，用來仔細地描録經眼鑒定之古籍圖書所鈐印章，一可以使讀者得知所鑒古籍圖書的大致成書時間；二可以使讀者通過所鈐印章來瞭解古籍圖書原貌及其被歷代收藏家收藏的軌迹流向；三可以使讀者通过他所描録的鈐蓋印章，瞭解掌握歷代著名收藏家收藏鈐印古籍圖書的珍貴價值；四可以指導、幫助後世目録版本學者、藏書家、讀者通過古籍圖書所鈐印章款式原樣和鈐印位置來鑒定、判別、驗證古籍圖書的真僞。

以上是莫友芝《宋元舊本書經眼録》手稿箋記古籍圖書的十種主要著録體例和研治方法，其他研治方法不再一一例舉。

綜觀莫友芝《宋元舊本書經眼録》手稿，主要箋記了他晚年游幕江表尋訪收集古籍圖書過程中經眼上海郁松年宜稼堂、丁日昌實事求是齋（『持静齋』）、上海瞿氏、嘉興唐氏藏書樓、常熟瞿秉淵恬裕齋、錢曾《讀書敏求記》逸文等所藏宋本、金本、元本、明本刻板書、稿本、寫本及舊鈔本等各類古籍圖書六百九十二種，其中不少是稀世孤本，是國寶文獻，價值連城。莫友芝手稿箋記體例不一，有略有詳，其箋記略者蓋因莫氏這部手稿僅是其隨時經眼所記之原始初稿，或因在郁氏、瞿氏等藏書樓研讀箋記時間所限，或爲當時完整著書的條件所限，莫氏箋記來不及充實修補完善；其箋記詳者，則是以上十種目録版本學主要研治方法。莫氏箋記古籍圖書，不唯一法，往往駕輕就熟，多法并用。例如莫氏手稿第一、二頁對丁日昌實事求是齋（後改名爲『持静齋』）所藏《儀禮鄭注》淳熙本十七卷所記：

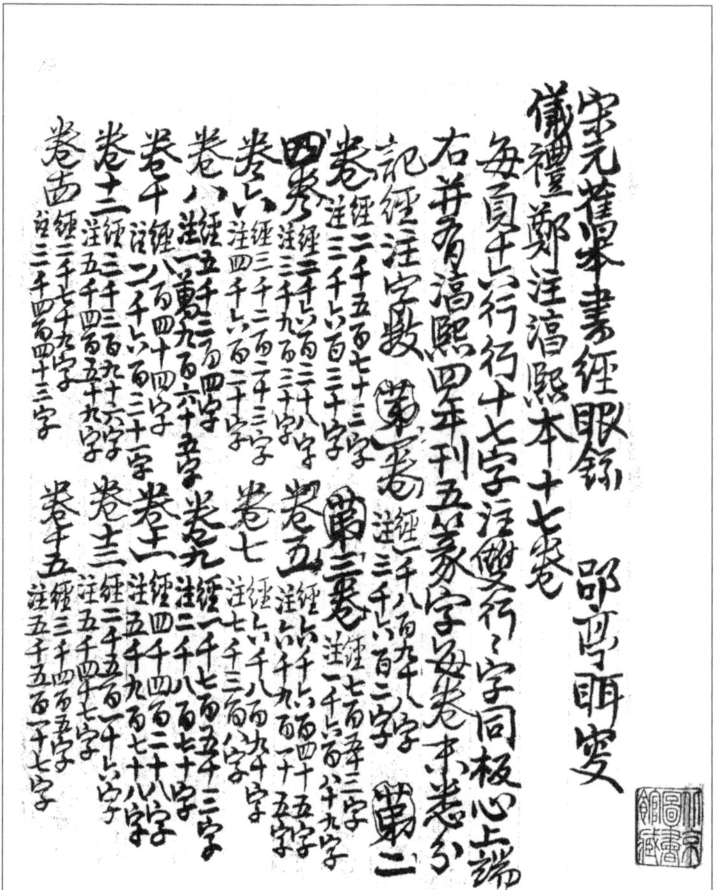

宋元舊本書經眼録　　郘亭眲叟

儀禮鄭注淳熙本十七卷

每頁十六行行十七字注雙行〻字同板心上端

右并有淳熙四年刊五大篆字每卷末悉分

記經注字數　第一卷經二千八百九十九字注三千六百三字　第二

卷經二千五百七十三字注三千六百三十字　第三卷經七百五十二字注一千六百八十九字

四卷經三千六百三十八字注三千九百三十字　卷五經六千六百四十五字注六千九百一十五字

卷六經三千二百二十三字注四千六百二十字　卷七經六千八百九十字注七千三百八字

卷八經五千二百四字注一萬九百六十五字　卷九經一千七百五十二字注二千八百七十字

卷十經八百四十四字注二千六百三十一字　卷十一經四千四百二十八字注五千九百七十八字

卷十二經三千三百九十六字注五千四百五十九字　卷十三經二千五百一十六字注五千四百七字

卷十四經三千七十九字注三千四百四十三字　卷十五經三千四百五字注五千五百一十七字

三

卷六 經二千九百七十九字 注二千七百八十七字

卷首十七卷尾並有 松雪齋 趙孟頫印 海上醉經齋藏書之章 三印 卷廿七 經四千七百九十字 注三千四百五十六字

首又有 竹泉珍秘圖籍 歆湄珍藏顧氏 二印 末又有 梁氏家藏 一印

末又有讀閑齋主人楷書木記凡百有七字前

汲公讀過者終身如新蓋以戒珍靑區 同治甲子

署蘇松太道丁禹生昌獲之上海肆中乙丑

五月三日客道署借讀留之爲寒可宋星齋

經籍之冠

莫友芝箋記解題研治方法多法并用，極爲嚴謹：第一，考記此『淳熙四年刊』板《儀禮鄭注》每頁、每卷字數、全書每卷經、注字數，以及此書書板書寫格式；第二，記録此書木記標志：『板心上端右并有「淳熙四年刊」五篆字，……二卷末又有「謏聞齋主人」楷書木記凡百有七字』；第三，依照原書鈐印原様描録此書所鈐宋末元初人『松雪齋』及其『趙孟頫』等六方印記，可見此書被宋人及後世歷代收藏家收藏之軌迹經過；第四，注明此書所獲來源和得讀之處；第五，準確審定此書爲《儀禮鄭注》淳熙本十七卷，箋記末又審定此書爲丁日昌『實事求是齋經籍之冠』。莫氏此審定按斷結論爲學術界所公認。

又例如莫氏手稿所箋記上海郁松年宜稼堂所藏宋本《毛詩要義》二十卷：

宋本毛詩要義二十卷　宜稼堂郁氏藏

魏了翁撰。二十卷（首有譜序一卷，經依小字編）中又分子卷十有七，凡三十八卷。每頁

十八行，二十八字。每卷先以一二三條為題目，低一格書之，亦

有條而有二目（題）者，若其第二題目標之眉上。又有前撥

未盡之義，亦於眉上書之。每卷首有楝亭曹氏藏書、

長白敷槎氏堇齋昌齡圖書印二印，卷尾有栢鄉沈炳垣手讀書記一印。譜序卷首又有

一印，卷下之首有吳印可鑒一印。

宋魏鶴山先生於理宗嘉熙元年丁酉以權工部侍郎忤

時相，謫靖州，取九經注疏刪繁去蕪，為要義百六十

三卷。宋史藝文志不載其書，而當時陳晁兩家著録

可稱詳博，亦不及載，則知此書已不可多見矣。　鑑

四庫全書只載周易、儀禮為是全帙，尚書、春秋、論語非完

本近揚州阮氏復得南宋書三卷即四庫所闕之卷又禮
記二十四卷前闕曲禮上下兩卷其餘四經竟無從咨訪
矣壬辰仲春遂江督不惜重值購得宋槧毛詩正義
首尾完整觸手如新為書棟所藏本首列目錄次
譜序次詩正義二十卷其一二五六十二至十七等卷分上
下子目四卷又十八十九卷分上中下子目其餘均作一卷
總子目并序計二十八卷展讀之下古香可掬真希世
之秘笈也其體裁與周易等相同有與疏本違文
而為義取一二列者列其次目於眉上不復分裂原文
隸標目之尤為簡要傳箋遺辭博奧孔氏因以
疏其書為正義於地理名物靡不旁搜曲引以資
考核故其疏較他經為密崔山復據其本欲以經及

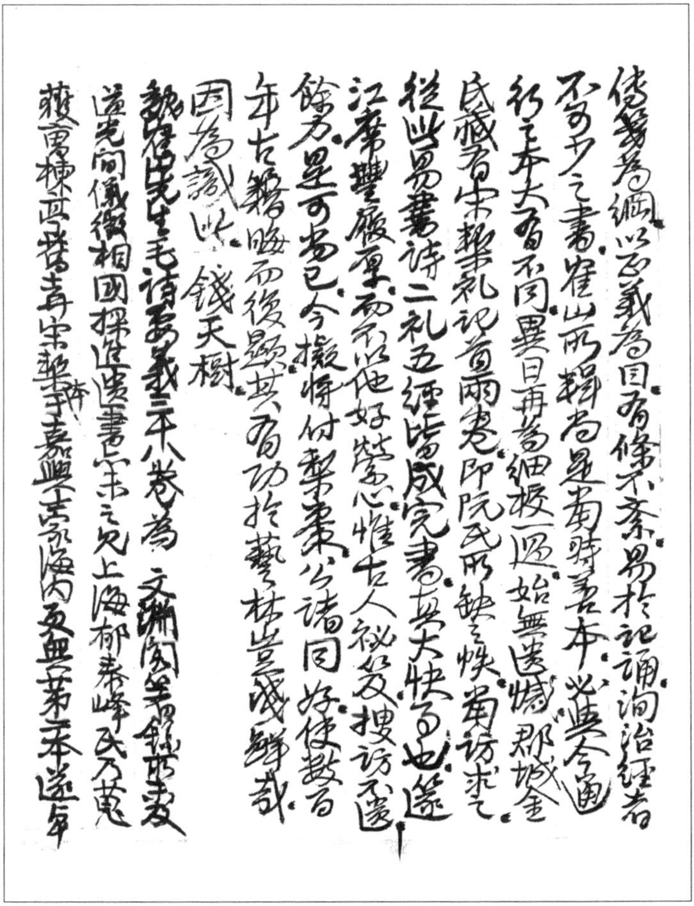
傳義爲綱，以正義爲目，有條不紊，易於記誦，洵治經者
不可少之書。崔山所摹，尚是南時善本，必與今通
行之本大有不同，異日再當細校一過，始無遺憾。郡城金
氏藏有宋槧禮記首兩卷，即阮氏所缺之帙，岡訪求之
從此易書詩二禮五經皆成完書，亦大快事也。遂
江席豐履厚，而不以他好營心，惟古人秘笈，搜訪不遺
餘力，是可尚已。今擬將付梨棗，以諸同好，使數百
年古籍晦而復顯，其有功於藝林豈淺鮮哉。
因爲識此。錢天樹
魏鶴山先生毛詩要義三十八卷，爲文瀾閣著錄所未
道光間儀徵相國採進遺書所未之見，上海郁泰峰氏乃覓
獲宋槧標題甚壽，宋槧於嘉興士家，海內更無第二本，遂命

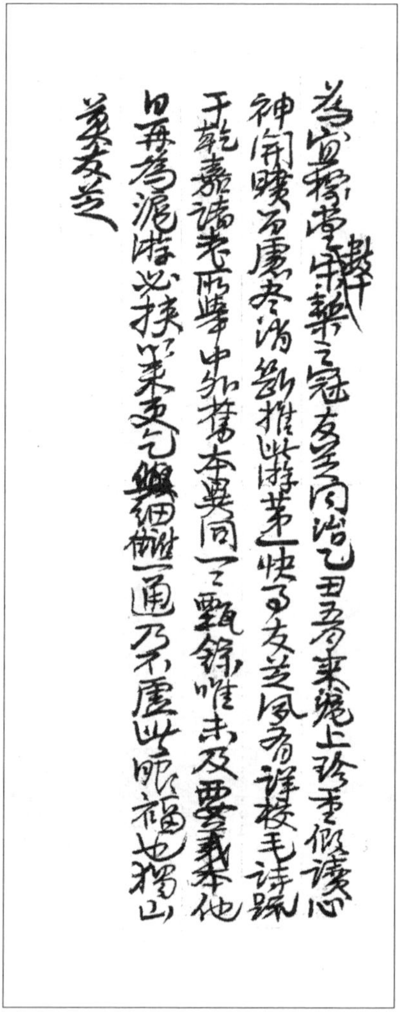
為宜稼堂宋槧之冠。友芝同治乙丑五月來滬上，珍重假讀，心神閒曠，百慮冰消，新推此為第一快事。友芝夙有詳校毛詩疏于乾嘉諸老所舉中外舊本異同一一甄錄，惟未及要義本，他日再為滬游，必挾以來，更乞與細勘一通，乃不虛此眼福也。獨山莫友芝

莫友芝箋記解題研治方法亦是多法并用，堪稱典範：第一，考記此書總卷爲二十卷，又考記其『二十卷中又分子卷，十有七，凡三十八卷』，并考記此書每頁每行字數等書寫格式；第二，依照原書鈐印原樣描録此書所鈐『楝亭曹氏藏書』『桐鄉沈炳垣手讀書記』『吴可驥』等五方印記，且注明『宜稼堂郁氏藏』，以見此書經藏之軌迹經過；第三，考證此書作者宋人魏鶴山撰著簡況；第四，詳注此書被目録版本學著作記録或失録情況，并指出《四庫全書》是否收録：『《宋史·藝文志》分載其書。當時陳、晁兩家著録可稱浩博，亦不及載，則知此書已不可多見矣。……魏鶴山先生《毛詩要義》三十八卷，爲文淵閣著録所未及。道光間儀徵相國采進遺書，亦未之見。』第五，記載此書收購經過：『壬辰仲春，蒸江聳不惜重值，購得宋槧《毛詩要義》，首尾完整，觸手如新，爲曹楝亭舊藏本。……上海郁泰峰氏乃搜獲曹楝亭舊弆宋槧本於嘉興士家』；第六，轉録此書錢天樹《識語》；第七，按斷評價此書爲『宋本《毛詩要義》二十卷』，又按斷評價此書『海内更無第二本，遂卓爲宜稼堂數十宋槧之冠』；第八，箋記研閲此書的時間，地點及心情：『友芝同治乙丑五月來滬上，珍重假讀，心神開曠，百慮盡消，斷推爲此游第一快事。』莫氏手稿箋記郁氏所藏宋本《毛詩要義》二十卷尚有其他信息，此不再一一羅列。

由上舉二例綜合分析可知，莫友芝《宋元舊本書經眼録》手稿箋記研治古籍善本圖書，多種方法并用，熟練老到，按斷評價公允，堪稱典範，很能體現其著名目録版本學家的深厚功力與造詣，所以莫友芝《宋元舊本書經眼録》手稿是經眼箋記研究他人所藏善本古書之最善者，是可以憑藉此書作爲考查鑒定判斷善本古書與珍稀傳本古書的重要依據，是與邵位西《四庫簡明目録標注》相驂駟的一本目録版本學名著，葉德輝、姚名達、凌惕安、黄萬機、薛雅文等古今學者評價信而有據。清代著名學者王鳴盛謂目録版本學是治學第一要緊事，是治學的津梁與入門的門徑。然而中國古籍文獻圖書浩如煙海，現當代人去古漸遠，古代善本圖書多藏於圖書館、博物館而離現當代讀者亦漸去漸遠，從普及推廣目録版本學知識，如何令當代以及後代讀者儘快掌握目録版本學這一讀書門徑、治學津梁知识的角度出發，莫友芝《宋元舊本書經眼録》手稿連同其《郘亭知見傳本書目》《持静齋藏書記要》《持静齋書目》《郘亭書畫經眼録》等係列目録版本學著作，還可以有這樣的作用：

第一，可以作爲清代中期以前歷代目録版本學工具書研讀；

第二，可以作爲考論、鑒定、辨識、印證清代中期以前歷代古籍善本圖書、書畫作品印製、創作、流傳、鈔藏、購買依據的目録版本學專業著作研讀；

第三，可以作爲清代中期以前古籍善本圖書版本校讎範式著作研讀；

第四，可以作爲後世讀書人如何選擇古籍圖書版本的目録學導讀著作閱讀；

第五，可以作爲清代以前書林掌故書閱讀。

三、莫繩孫鈔録整理之《宋元舊本書經眼録》手稿與刻本考論

（一）莫繩孫鈔録整理之《宋元舊本書經眼録》手稿與刻本簡介

中國國家圖書館所藏莫繩孫鈔録整理其父《宋元舊本書經眼録》手稿分爲上、下兩册，均無鈐印，但確係莫繩孫手筆無疑。上、下册共計二百七十頁，封面由莫繩孫手書『宋元舊本書經眼録上册卷一之二』。請看莫繩孫手稿封面和目録首頁影印件（莫繩孫手書字迹，風

格與其父莫友芝手書字迹、風格完全不同）：

宋元舊本書經眼録 上冊卷一之二

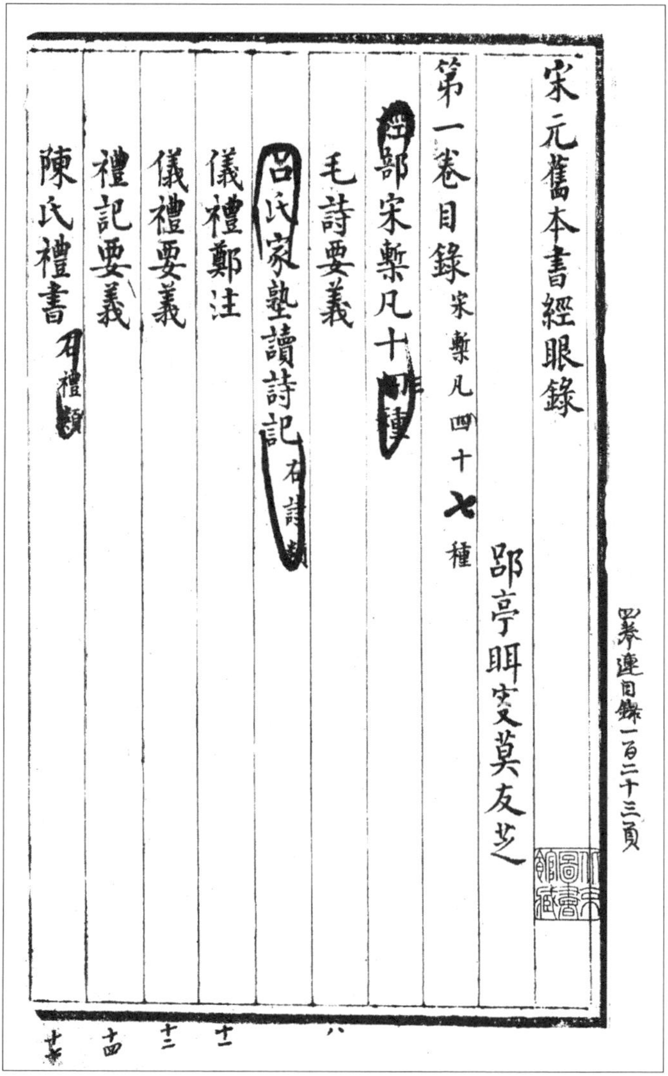
四卷連目錄一百二十三頁

宋元舊本書經眼錄

邵亭眲叟莫友芝

第一卷目錄 宋槧凡四十七種

經部宋槧凡十[illegible]種

毛詩要義 八

呂氏家塾讀詩記 右詩類

儀禮鄭注 十一

儀禮要義 十三

禮記要義 十四

陳氏禮書 右禮類 十六

從第七頁至二十三頁爲前三卷總目録并『附録書衣筆記一卷』，其中『書衣筆記』四字被朱筆圈去。總目録結束之後，是莫繩孫手稿本《謹記》語，被朱筆删去『其附録一卷則鈔輯先君行篋書面筆識也』一句，該頁左上角天頭，莫友芝好友張文虎手書眉批語：

似宜徑稱『書衣筆記』，免與末附録三條相混否，或統稱『附録』，不别立『書衣筆記』名目亦可。虎。

其實附卷目録後既有跋語，則此其附録一卷六十七字可省。又。

後來刻本果然依照張文虎所批作删除處理，又如卷二第一本書『《書傳輯録纂疏》六卷《書序》一卷　元本』箋記語之末，莫繩孫原鈔録有一篇董真卿《附識》，張文虎用墨筆删去，并於此頁天頭眉批曰：

董真卿《附識》，查通志堂刊有即删去；若《經義考》已載，亦可不存。虎。

後來刻本亦即如張文虎眉批删去董真卿《附識》。

又如，卷一正文《纂圖》附《釋文重言互注老子道德經》二卷天頭上，唐翰題眉批曰：

邵亭先生借鈔有小楷書於卷尾，當録補於此。翰題記。

此書爲嘉興唐翰題藏書，莫友芝好友向唐氏『借鈔有小楷書於卷尾』當係唐氏手批真言。莫繩孫手稿和刻本均未補録其父楷書題跋，甚憾！

卷一正文《古靈先生文集》二十五卷《附録》一卷《年譜》一卷之天頭，唐翰題眉批曰：

《文集》二十五卷後，但有《使遼語録》一卷，無《年譜》，應更正。

唐翰題用朱筆改『《附録》』爲『《使遼語録》』，并删去『《年譜》一卷』，後來刻本亦如唐翰題眉批并朱筆所删而刻。

又如卷一『《九經直音》宋本，宋廬陵孫奕撰。今《四庫》收海寧查氏藏本《九經》者……』

此上天頭莫友芝好友劉履芬朱筆眉批曰：

《提要》祇收排字本，鄙意節去此四字，如何？芬。

劉履芬用墨筆删去莫繩孫手書原稿中『今《四庫》收』四字，後来刻本亦如劉履芬眉批并墨筆所删，去掉了『今《四庫》收』四字。

莫繩孫《宋元舊本書經眼録》手稿天頭之上，張文虎、唐翰題、劉履芬等人寫有多處眉批，并用墨筆、朱筆圈删，改正繩孫手稿多處文字，後來刻本大多數依照張、唐、劉三氏眉批及圈删改正所刻印行，這些均可證明莫繩孫此手稿是經過張文虎、唐翰題、劉履芬等莫友芝生前文友、著名學者幫助審定圈删，方予付梓刻印的《宋元舊本書經眼録》底本。今藏於中國國家圖書館，亦十分珍貴。

莫繩孫手稿每頁十行，行大字二十一字，行之雙行注語小字亦爲二十一字，上、下册各卷均同此。手稿原來『約依《天禄琳琅書目》例，謹類次之』，故而目録和正文亦依次寫出『經史子集』四部及其小類標目。後來張文虎審定書稿，致信莫繩孫：全書『卷帙無多，不必依《天祿琳琅》例層層插目，并不必標「經史子集」字樣，祇依《四庫》次序暗分之，其附録亦然。』（見中國社會科學院所藏《影山草堂雜稿》）在莫繩孫手稿中，可以看到張文虎依次圈刪『經部宋槧凡十三種』『史部宋槧凡十五種』『子部宋槧凡十三種』『集部宋槧凡六種』等各卷『經史子集』四部及其小類標目。所以刻本全書各卷編排果然如同張文虎之言所删，不再明分『經史子集』四部編排，『祇依《四庫》次序暗分之』。這是莫繩孫手稿和刻本體例修改的由來經過。

莫繩孫手稿上册一百五十九頁，其封面手書『《宋元舊本書經眼録》上册卷一之二』，内容爲書稿之卷一和卷二。

手稿卷一原來箋記宋槧四十九種，後來删去『《呂氏家塾讀詩記》《棠陰比事》』兩篇，實有四十七種；刻本又删去其中的『《樂書》』一種，實有四十六種。莫繩孫手稿和刻本卷一實際祇鈔録、刻印其父莫友芝手稿箋記之二十二種書。

手稿卷二原來箋記五十種書（元槧三十三種、明板十七種），後來刻本將『《指南録》

宋本』移到卷一，又删去『明板《六家注文選》』，故刻本實有四十八種書（元槧三十二種，明板十六種）。莫繩孫手稿和刻本卷二實際衹鈔録、刻印其父莫友芝手稿箋記之二十八種書。

莫繩孫手稿上册封底之後，又有十頁手記書目：『明人《中庸合注》《蓮洋詩選》《王守溪文集》《尹和靖遺書》、陳簡齋《詩箋注》三十卷附《無住詞箋注》一卷，鈔本陳簡齋《詩注》《魏忠節公集》、鈔本《曹子建集注》、收古本《宋史》一頁、鈔本《老子》、興文署《資治通鑑》』，共計十一種書。其中有『興文署《資治通鑑》』、『明人《中庸合注》《尹合靖遺書》《王守溪文集》《陳簡齋詩箋注》』等五種書目後來收入卷二；《魏忠節公集》收入附録卷一。莫繩孫手稿對『鈔本《陳簡齋詩注》』有完整箋記鈔録，但是未予收入《宋元舊本書經眼録》刻本之中。

莫繩孫手稿下册共計一百二十一頁，封面手書：『《宋元舊本書經眼録》下册卷之三止。附《書衣筆記》一卷』。此下册内容爲書稿卷三和附録卷一。

手稿卷三目録原爲：『第三卷目録　稿本影鈔本寫本凡三十六種』，而實際有目録三十九種，删去其中『《静齋至正直記》四卷　舊寫本』一種，實爲三十八種。而刻本卷三未删『《静齋至正直記》四卷 舊寫本』，所以實際有三十九種書。莫繩孫手稿和刻本實際衹鈔録、刻印其父莫友芝手稿箋記之二十二種書。

下册手稿附録目録之上一行，莫繩孫手稿原有『書衣筆記』四字卷名。張文虎在此天頭上眉批曰：

鄙意徑統稱『附録』不別立名屬得。虎。若統稱『附録』則此『書衣筆記』五字宜删。虎。

刻本後來刻爲『附録卷一書衣筆識』，没有采納張文虎的眉批意見。

手稿附録卷一箋記書目原爲七十種，又圈删『《焚椒録》、元《國朝文類》《郘亭詩鈔校樣本》《郘亭雜文燹餘録》《影山草堂學吟草》附《影山詞》』五種，實有六十五種。

刻本附録卷一箋記之書實爲五十三種。附録卷一手稿與刻本附録卷一实際刊刻箋記之書差異較多，今統計對比如下：

手稿附録卷一	刻本附録卷一
有元至正刻《春秋胡傳》附録《纂疏》	無
有《資治通鑑》	無
有《國語補音》	無
原有《焚椒録》一卷，後圈删	無
無	有《金石萃編補目》三卷附《元碑存目》一卷
有《夢溪筆談》	無
原有《録異記》，後圈删	無
有《老子河上公注》明刊中都四子本	無
有《老子翼》	無
有《曹子建集》	無

續表

手稿附錄卷一	刻本附錄卷一
有《江文通集》徐傳星刊本	無
有《山谷内集》	無
有《張子野詩詞》一卷	無
有《虞道園詩集》	無
無	有《潘氏八世詩集》
無	有《山水移集》
有《海峰文集》	無
有《王雨楓集杜五言律》	無
無	有《蓮洋詩選》
有《國朝文類》元刊本，後刪	無

續表

手稿附録卷一	刻本附録卷一
有《宋名家詞》殘帙	無
有《郘亭詩鈔校樣》	無
有《郘亭雜文燹餘録》	無
有《影山草堂學吟草》附《影山詞》	無
附録終，書衣筆記終	附録卷第一終孫小農校字

莫繩孫手稿書首目録後《謹記》曰：『繩孫約依《天禄琳琅書目》例，謹類次之，釐爲三卷，具附録一卷，則鈔輯先君行篋書面筆識也。先君目録書尚有《考訂金石》若干則，《知見傳本書目》若干卷，待編次繕清稿續寄云。』而刻本《謹志》則改動爲：『繩孫謹次爲三卷，更集他書衣及碑帖題語爲二卷附焉。吾家影山草堂僻在黔南，舊藏粗備，尤多先人手澤，遭亂後散佚略盡，不可復得，今卷中僅存一二，先君少時所校也，念之泫然。』今藏於中國

國家圖書館的莫繩孫整理之《宋元舊本書經眼録》手稿，沒有『附録卷二』，而刻本刊印有『附録卷二金石筆識』。刻本『附録卷二金石筆識』一共箋記金石碑拓五十一種。可以肯定，张文虎、唐翰題、刘履芬等人也没有见过刻本『附録卷二金石筆識』的内容。莫繩孫《宋元舊本書經眼録》附録卷二金石筆識的内容，在其父莫友芝《宋元舊本書經眼録》手稿中則完全不存在。

（二）莫繩孫手稿和刻本與其父莫友芝手稿相同書目箋記之比較研究舉隅

莫繩孫手稿和刻本改寫、衍增其父莫友芝手稿的地方，就其相同書目箋記而言，也遍布書中。茲謹舉三例以管窺豹：

例一：

> 宋刊米海岳《畫史》，丁禹生藏。明葉文莊舊藏。康熙癸巳蔣子範以贈何義門。卷尾有義門朱筆字。子笣，名棟，其門人也。首有顧武保咸豐四年題署曰『玊臺』。（莫友芝《宋元舊本書經眼録》手稿）

米海岳《畫史》一卷，宋本。豐順丁氏藏。每半頁十一行，行二十字。卷末有朱筆書『康熙癸巳蔣生子範所贈』一行。前有咸豐四年顧武保題識，謂是册宋槧初印。『購、貞、殷、徵』等字（今按：缺末笔）避諱。首頁有『葉氏藏書』印，蓋即文莊故物。末朱字一行，何義門手筆：子範，蔣棟字。長州人，何太史弟子。（莫繩孫《宋元舊本書經眼録》卷一手稿與刻本）

試比較莫友芝、莫繩孫父子二人『宋刊米海岳《畫史》』這兩段箋記語，莫繩孫没有鈔録其父原稿，所改寫之箋記語雖然增補了新的内容信息，但是已經不是其父手稿原文，幾乎等於兒子重寫這段箋記語。

例二：

試比較莫友芝、莫繩孫父子二人手稿對『宋景祐本《漢書》顔注』的箋記：

宋景祐本漢書顔注（莫友芝手稿）：

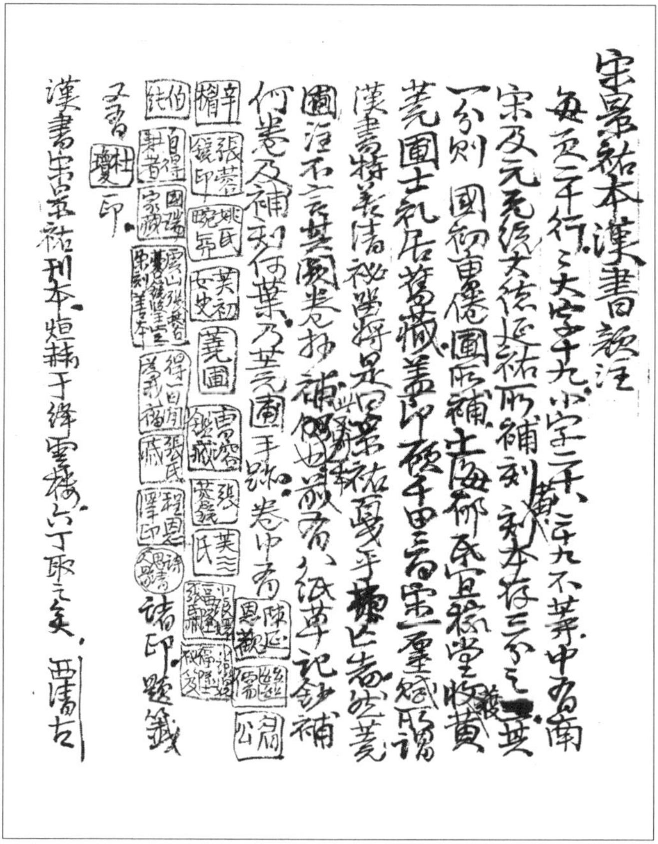

宋景祐本漢書顔注
每頁二十行，行大字十九，小字二十五、廿九不等。中有南
宋及元元統大德延祐所補刻，新刻本存三分之二，其
一分則　國初胡儀圖所補。上海郁氏宜稼堂收黄
蕘圃士禮居舊藏，蓋即顧千里百宋一廛賦所謂
漢書特善精秘[illegible]是以景祐[illegible]乎標已爲蕘
圃注不言其闕卷已抄補[illegible]最爲舊，紙草記鈔補
何卷及補刻何葉，乃蕘圃手跡。卷中有辛楣、伯鈞、張蓉鏡印、姚氏畹真、芙初女史、蕘圃、張蓉鏡藏、陳廷恩觀、國瑞家藏、虞山張蓉鏡鑒藏宋刻善本、張氏藏、程恩澤印諸印，題籤
又有杜[illegible]印。
漢書宋景祐刊本，炬燬于絳雲樓，亦可取之矣。西[illegible]

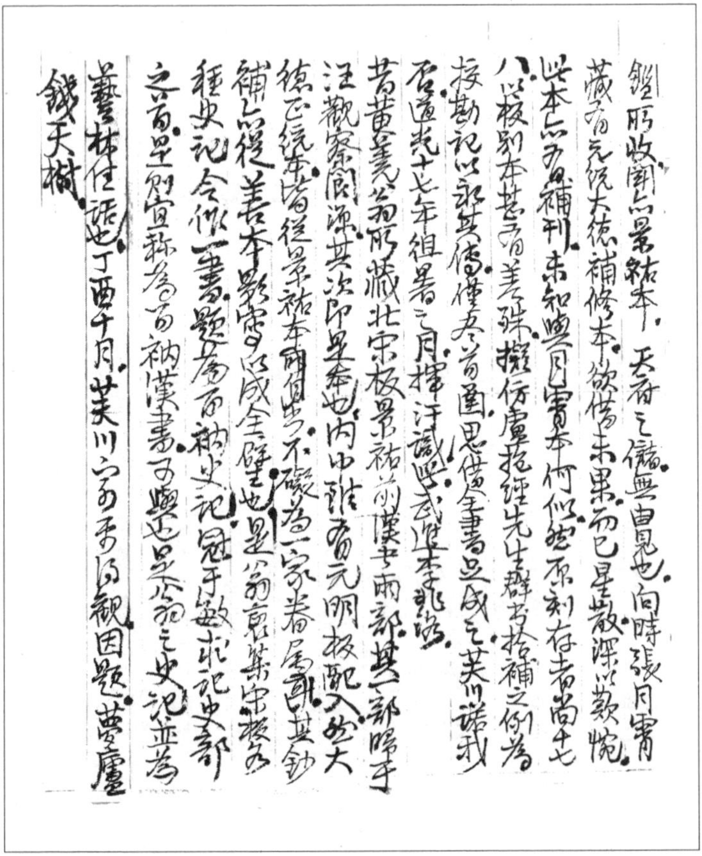
劉氏收閣景祐本，天府之儲，無由見也。向時張月霄
藏有元統大德補修本，欲借未果，而已星散，深以爲憾。
此本亦有補刊，未知與月霄本何似。然原刻存者尚十七
八，以校别本，甚有差殊。擬仿盧抱經先生群書拾補之例，爲
校勘記，以彰其佳，僅存首函，思借全書足成之。芙川諾我
否？道光十七年徂暑之月，揮汗識。武進李兆洛。
昔黄蕘翁所藏北宋板景祐前漢書兩部，其一部歸于
汪觀察閬源，其次即是本也。内中雖有元明板配入，然大
較元統本皆從景祐本翻出，不礙爲一家眷屬。且其鈔
補亦從善本影寫，以成全璧也。是蕘翁最喜宋板之
種，史記合作一書，題爲百衲史記，冠于敏求記史部
之首，是則宜稱爲百衲漢書，可與蕘翁之史記並爲
藝林佳話也。丁酉十月，芙川六兄出以觀，因題其簏。
錢天樹

莫友芝宋景祐本《漢書顔注》手稿點校：

每頁二十行，行大字十九，小字二十八、二十九不等，中有南宋及元元統、大德、延祐所補刻者，刻本存三分之二，其一分則國初曹倦圃所補。上海郁氏宜稼堂收獲黄蕘圃士禮居舊藏，蓋即顧千里《百宋一廛賦》所謂《漢書》特善，清祕，留將是日景祐戛乎弗亡者。然蕘圃注不言其闕卷。鈔補此又别一本也。前有八紙草記鈔補何卷及補刻何頁，乃蕘圃手迹。卷中有【陳延恩觀】【鑑儒】【眉公】【辛楣】【張蓉鏡印】【姚氏畹真】【芙初女史】【蕘圃】【曹溶鑒藏】【張蓉鏡】【芙川氏】【小琅環𠪚墜張氏藏】【小琅環𠪚墜祕笈】【伯純】【自得耕者】【國瑞家藏】【虞山張蓉鏡鑒定宋刻善本】【得一日閒爲我福】【張氏藏】【程恩澤印】【詩思清人骨】諸印。題籤又有【杜瓊】一印。

《漢書》宋景祐刊本，煊赫于絳雲樓，六丁取之矣。《西清古鑑》所收，聞亦景祐本，天府之儲，無由見也。向時張月霄藏有元統、大德補修本，欲借未果，而巳星散，深以嘆惋。此本亦有補刊，未知與月霄本何似？然原刻存者尚十七、八，以校别本，甚有差殊。擬仿盧抱經先生《群書拾補》之例，爲《校勘記》，以永其傳。僅盡首函，思借全書足成之，芙川諾我否？道光十七年徂暑之月，揮汗識此。武進李兆洛。

昔黄蕘翁所藏北宋板景祐《前漢書》兩部，其一部歸于汪觀察閬源。其次即是本也。内中雖有元、明板配入，然大德、正統本，皆從景祐本出，不礙爲一家眷屬。其鈔補亦從善本影寫，以成全璧。也是翁裒集宋板各種《史記》，令作一書。題爲《百衲史記》，冠于《敏求記·史部》之首，是則宜稱爲《百衲漢書》，可與也是翁之《史記》并爲藝林佳話也。丁酉十月，芙川寓平得觀。因題，夢盧錢天樹。

《漢書》一百卷景祐本（莫繩孫手稿）：

宋景祐本漢書一百卷 宋景祐本

影鈔補者目録、帝紀一上下、表七上下、傳三十二至三十四上數卷。其實為景祐原刻合得七十餘卷。餘者以元人覆本補之。其中元統、大德修補之頁。黃蕘圃誌記其目、卷端抄補數卷，則本自曹倦圃。蕘圃有此書為倪雲林凝香閣舊藏者，見百宋一廛賦注，後歸汪閬源。此其次也。卷中有眉公、鑑儒、曹溶鑒藏、虞山張蓉鏡鑒定宋刻善本、姚氏婉真、芙初女史諸印。首有李申耆識云：漢書宋景祐刊本烜赫於絳雲樓，六丁取之矣。西清古鑑所收亦景祐本，天府之儲，無由見也。向時張月霄藏有元統大德補修本，欲借未果，而已星散，深以歎惋。此本亦有補刊，未知與月霄本何似。然原刻存者尚十七八，以校別本，甚有差殊。擬仿盧抱經先生群書拾補之例，為校勘記以永其傳。僅盡首函，思借全書足成之。芙川諸我否。道光十七年徂暑之月揮汗識此。武進李兆洛。後歸張氏、郁氏，今歸豐順丁氏。

莫繩孫宋景祐本《漢書》一百卷手稿点校：

影鈔補者，《目録》《帝紀一》上下、《表七》上下、《傳》三十二至三十四。上數卷，其實爲景祐原刊，合得七十餘卷，餘者以元人覆本補之。其中元統、大德修補之頁，黃蕘圃悉記其目于卷端。鈔補數卷，則本自曹倦圃。蕘圃有此書，爲倪云林凝香閣舊藏者，見《百宋一廛賦注》。後歸汪閬源。此其次也。卷中有【眉公】【醫儒】【曹溶鑒藏】【虞山張蓉鏡鑒定宋刻善本】【姚氏婉貞】【芙初女史】諸印。首有李申耆識云：《漢書》宋景祐刊本，烜赫於絳雲樓，六丁取之矣。《西清古鑑》所收亦景祐本，天府之儲，無由見也。向時張月霄藏有元統、大德補修本，欲借未果，而已星散，深以嘆惋。此本亦有補刊，未知與月霄本何似？然原刻存者尚十七、八，以校别本，甚有差殊。擬仿盧抱經先生《群書拾補》之例爲《校勘記》，以永其傳。僅盡首函，思借全書足成之，芙川諾我否？道光十七年徂暑之月，揮汗識此。武進李兆洛。後歸張氏、郁氏，今歸豐順丁氏。

莫氏父子手稿两相比較，莫繩孫手稿和刻本均改變了此書名稱，描録此書印章缺漏不全，脱漏錢天樹題跋；最嚴重的是，不鈔録其父箋記語原文，憑己意重寫箋記語，造成與其父手稿原文出入大，衍脱多，面目全非，已經不見其父手稿原文原貌的嚴重後果。

例三：

請看莫友芝、莫繩孫父子兩人關於《春秋胡傳汪德輔克寛纂疏》三十卷至正本的箋記手稿：

莫友芝手稿

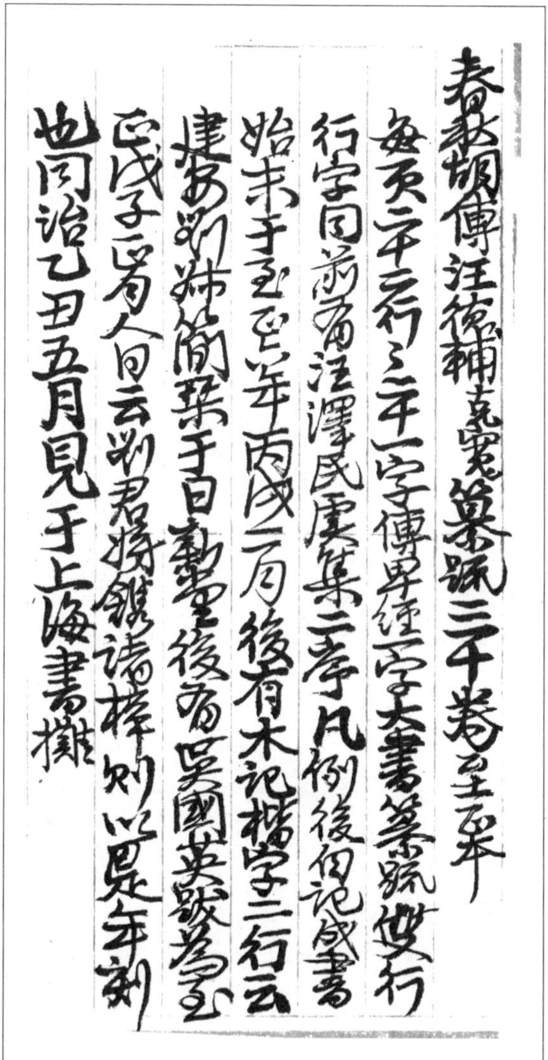
春秋胡傳汪德輔克寬纂疏三十卷 元至正本
每頁二十行行二十一字傳與經字大書纂疏雙行
行字同前有汪澤民虞集二序凡例後有記成書
始末自至正六年丙戌二月後有木記楷字二行云
建安劉叔簡刊于日新堂後有吳國英跋爲至
正戊子蜀人曰云劉君將鋟諸梓則以是年刻
也同治乙丑五月見于上海書攤

莫友芝手稿點校：

春秋胡傳汪德輔克寬纂疏三十卷至正本

每页二十二行，行二十一字。傳卑經一字，大書。《纂疏》，雙行，行字同前，有汪澤民，虞集二《序》《凡例》後自記成書始末，于至正六年丙戌二月。後有木記楷字二行云：『建安劉叔簡刊于日新堂。』後有吴國英《跋》，爲至正戊子正月人日，云：『劉君將鎸諸梓，則以是年刻也。』同治乙丑五月見于上海書攤。

莫繩孫手稿

元板春秋胡氏傳纂疏三十卷 元本

元汪克寬撰。每半頁十行，行二十一字，傳畢一格。有至正戊寅汪澤民、至正辛巳虞集兩序，至正戊子刊于建安。跋云：國英叢從環谷先生受讀春秋于郡齋。先生手編胡氏傳纂疏，雖壹以胡氏為主，而凡三傳注疏之要語，暨諸儒傳注之精義，悉附著之。且胡傳博極群經子史，非博洽者不能知其援據之所自，與音讀之所當，先生詳究精考，一一附注於是。讀是經者，不惟足以知胡氏作傳之意，而且溯流尋源，亦可知聖人作經之大旨矣。書甫成編，國英宦遊四方，越十五年，始觀同志鈔勝善本，而建安劉君叔簡將發諸梓，以廣其傳，則不惟諸生獲春秋經學之階梯，而凡學者開卷之餘，不待旁通遠證，事義咸在。是則先生纂疏之有切於遺經，而有助於後學，豈曰小補之哉。至正八年歲在戊子正月人日，紫陽吳國英再拜書。克寬至明初猶被徵，此著已先刻二十餘年。

通志堂刊經解未及此書，而傳本尚不乏。乙丑丙寅于滬上各見一本，今又見丁禹生氏此本，而三矣。紙墨則此本為差勝。

莫繩孫手稿点校：

春秋胡氏傳纂疏三十卷元本

元汪克寬撰。每半頁十行，行二十一字。《傳》卑一格。有至正戊寅汪澤民、至正辛巳虞集兩《序》。至正戊子刊于建安。《跋》云：『國英曩從環谷先生受讀《春秋》于郡齋。先生手編《胡氏傳纂疏》雖壹以胡氏爲主，而凡《三傳》注疏之要語，暨諸儒傳注之精義，悉附著之。且《胡傳》博極群經子史，非博洽者不能知其援據之所自與音讀之所當。先生詳究精考，一一附注。於是讀是經者，不惟足以知胡氏作傳之意，而且溯流尋源，亦可知聖人作經之大旨矣。書甫成編，國英宦游四方。越十五年，始睹同志鈔謄善本。而建安劉君叔簡將鋟諸梓以廣其傳，則不惟諸生獲春秋經學之階梯，而凡學者開卷之餘，不待旁通遠證，事義咸在。是則先生纂疏之述，有功於遺經，而有助於後學，豈曰小補之哉！至正八年歲在戊子，正月人日紫陽吴國英再拜書。』克寬至明初猶被徵，此著已先刻二十餘年。通志堂刊《經解》未及此書，而傳本尚不乏。乙丑丙寅于滬上各見一本，今又見丁禹生氏此本而三矣。紙墨則此本爲差勝。

試比較莫友芝、莫繩孫父子二人對『《春秋胡傳汪德輔克寬纂疏》三十卷至正本』的箋記：莫繩孫不鈔録其父原文箋記，憑己意改寫，衍鈔吴國英跋語，但是删脱其父以下箋記内容：『《凡例》後自記成書始末，於至正六年丙戌二月，後有木記楷字二行云：「建安劉叔簡刊於日新堂」。後有吴國英《跋》，爲至正戊子正月人日，云劉君將鐫諸梓，則以是年刻也。』最後，其父莫友芝記録自己見讀此書的時間、地點是：『同治乙丑五月見於上海書攤』。而莫繩孫則把自己所見及所作判斷加給其父：『乙丑丙寅於滬上各見一本，今又見丁禹生此本而三矣。紙墨則此本爲差勝。』

兒子整理、鈔録父親的遺作，基本原則是忠實於父親遺作手稿的原文原貌，除非父親遺作原文有科學性的硬傷錯誤確須訂正勘誤，一般不應憑兒子之見去隨意改動。若需補充資料或删除冗餘重復文字，也應以校勘記之形式出校説明。這是人所共知的基本原則，不能隨意突破。莫友芝是晚清目録版本學大師，學人共仰。莫繩孫憑兒子之見，如此隨意改寫增删父親《宋元舊本書經眼録》名著手稿原文，這是其整理手稿和刻本的一個硬傷。

（三）莫繩孫手稿和刻本衍增之書

莫繩孫《宋元舊本書經眼録》手稿《謹記》説：『右宋、金、元、明槧本暨舊鈔本、稿本書，凡百三十三種，悉同治乙丑迄己巳五歲中先君游蘇、浙所見者。……繩孫約依《天禄琳琅書目》例，謹類次之，釐爲三卷，其附録一卷，則鈔録先君行篋書面筆識也。』其刻本《謹志》亦如此説，略作修改云：『繩孫謹次爲三卷，更集他書衣及碑帖題語爲二卷附焉。』今對比研究莫友芝、莫繩孫父子《宋元舊本書經眼録》手稿，頗覺莫繩孫《謹記》《謹志》所言含混，不具體不清楚。原因是：其父莫友芝《宋元舊本書經眼録》明明有完整的手稿，手稿箋記了郁松年、丁日昌、唐翰題、瞿秉淵、錢曾等藏書家六百九十二種宋本、金本、元本、明本和稿本、舊鈔本書，可是不知道莫繩孫爲什麽衹鈔録其父手稿中的七十二種書，偏偏另要從其父其他遺雜稿中衍增六十一種書，擠入《宋元舊本書經眼録》一書正編前三卷之中，茲對莫友芝《宋元舊本書經眼録》手稿所無，而莫繩孫却衍增之書作一簡要考證。莫繩孫手稿和刻本卷一衍增之書：

《春秋經傳集解》巾箱本、《春秋經傳集解》淳熙小字本、《九經直音》《四書集注》、張子韶《孟子傳》《大廣益會玉篇》《史記集解》蜀大字本、《漢書》湖北提舉茶鹽司小字本、《漢書》鷺州書院大字殘本、《晉書》《唐書》《唐書》《資治通鑑綱目》乾道本、《新刊名臣碑傳琬琰集》《西漢會要》《東漢會要》《鹽鐵論》《文場資用分門近思録後録》《白虎通》嘉興唐氏藏、《太平御覽》殘帙湖州徐氏藏、《纂圖附釋文重言互注老子道德經》巾箱本嘉興唐氏藏、《古靈先生文集》二十五卷《使遼語録》一卷宋本　嘉興唐氏藏、《山谷外集》淳祐閩憲本、《指南録》景炎本　嘉興唐氏藏，共計二十四種。

今考莫繩孫手稿和刻本卷一衍增書摘録其父莫友芝其他遺稿出處：

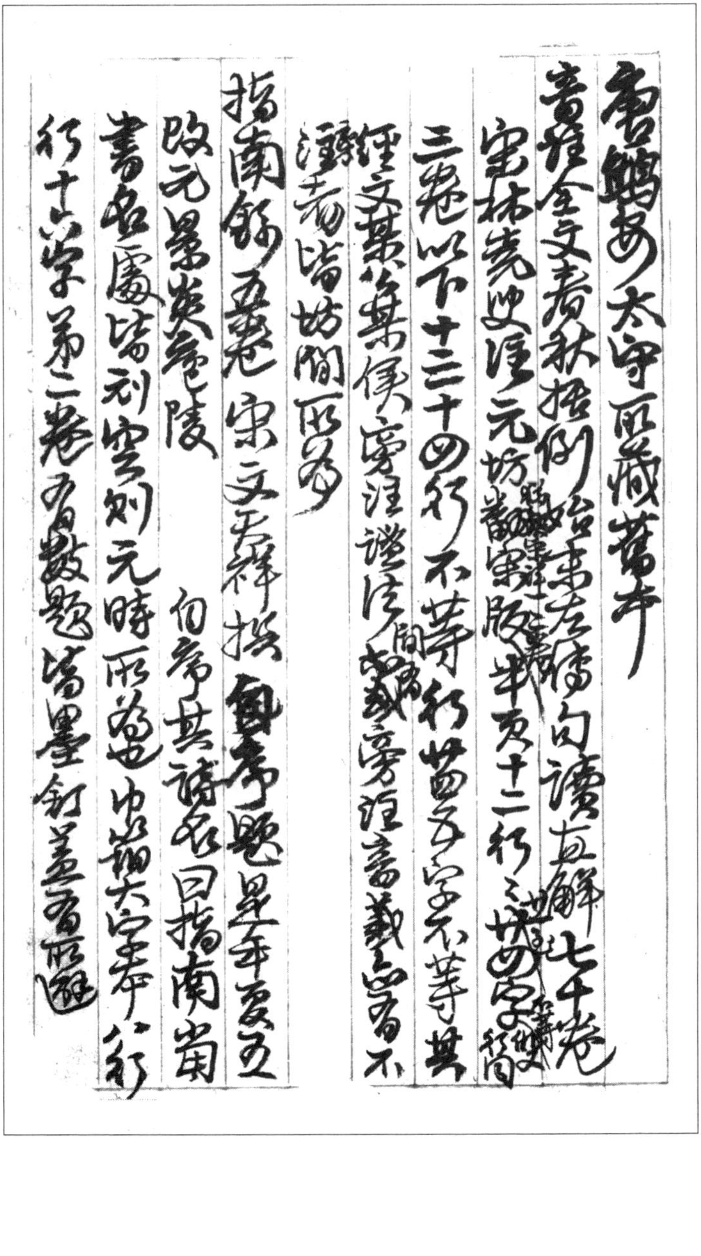

袁鶴安太守所藏舊本

音注全文春秋括例始末左傳句讀直解七十卷

宋林堯叟注元坊刻[illegible]宋版半頁十二行行廿四字[illegible]

三卷以下十二十四行不等行廿五字至廿六字不等其

經文某公某年傍注謚法附載傍注音義亦當不

[illegible]諸坊間所為

指南録五卷 宋文天祥撰 自序題景炎元年夏五

改元景炎金陵 自序其請名曰指南當

書名處皆刻空則元時所爲也[illegible]大字本八行

行十八字第二卷有[illegible]題[illegible]

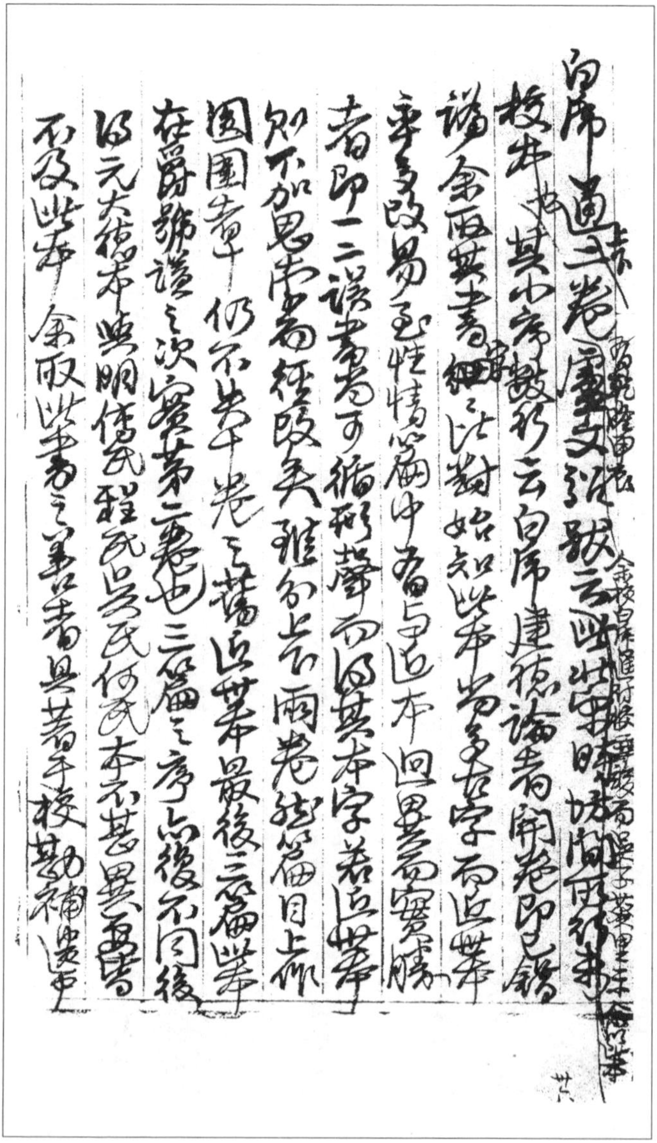

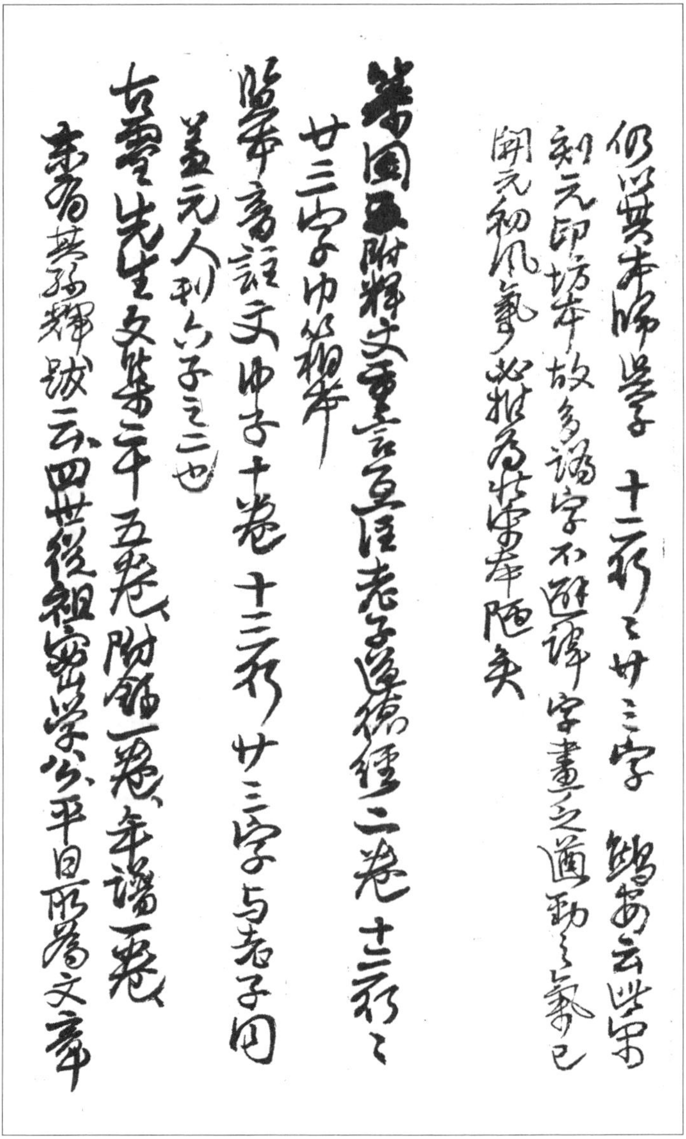
似從其本傳學　十二行、廿三字　總而云此宋
刻元印坊本故多譌字不避諱字畫之圓勁之氣已
開元初風氣必推為北宋本陋矣
纂圖互附釋文重言互注老子道德經二卷　十二行、
廿三字中箱本
監本音註文中子十卷　十二行、廿三字與老子同
蓋元人刊六子之二也
古靈先生文集二十五卷、附錄一卷、年譜一卷、
末有其孫輝跋云四世從祖密學公平日所爲文章

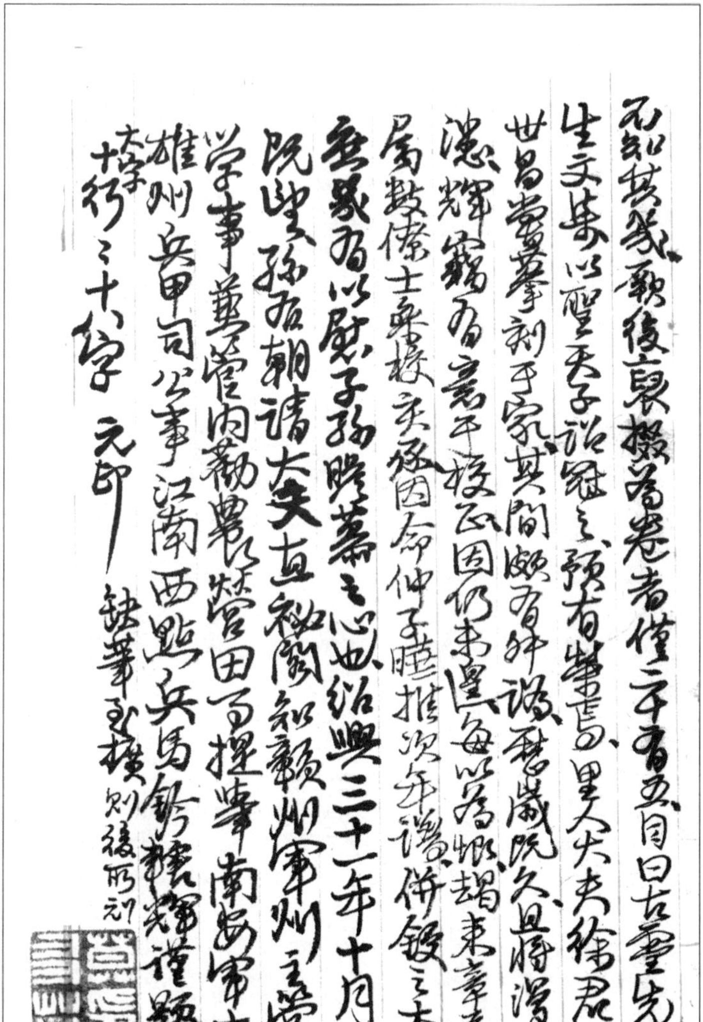

不知其幾，歎後裒掇為卷者僅二千有五，目曰古靈先生文集，以聖天子詔館之，預有聞焉。里人大夫徐君世昌嘗舉刻于家，其間缺有訛誤，碧巖既久，且將漫滅，輝竊有意於校正，因仍舊貫，每以為慨，暇求章夷甫數條士遍校，求孫因命仲子瞻推次年譜，併鋟之木，庶幾有以慰子孫瞻慕之心也。紹興三十一年十月既望，孫左朝請大夫直秘閣知贛州軍州兼管學事兼管內勸農使營田司提舉南安軍大雄州兵甲司公事江南西路兵馬鈐轄陳輝謹題

大字十行，行二十字。元印。

鈍華所摸，別後所記

莫友芝手稿点校：

唐鵪安太守所藏舊本

《音注全文春秋括例始末》《左傳句讀直解》七十卷。宋林蕘叟注，元坊翻宋版，猶缺宋注一二卷；半頁十二行，行廿一至廿四字不等，雙行同。三卷以下十三、十四行不等；行廿四、五字不等，其經文某公、某侯旁注謚法、間有旁注音義，亦有不旁注者，皆坊間所爲。

《指南録》五卷，宋文天祥撰。自序題是年夏五改元景炎。廬陵《自序》其詩名曰《指南》，當書名處皆刓空，則元時所爲也。巾箱大字本，八行，行十六字。第二卷有數題皆墨釘，蓋有所避。

《白虎通》上下二卷，有乾隆甲辰盧文弨跋云：余校《白虎通》付校垂竣，而吴子葵里示余以此本，此北宋時坊間所行未校本也。其小序字數行云《白虎建德論》者，開卷即已错訛，余取其書，字字比對，始知此本當多古字，而近世本率多改易，至《性情篇》中有與近本迴異而實勝者；即一二誤書，尚可循形聲而得其本字。若近世本，則不加思索而徑改矣。雖分上下两卷，然篇目上作圓圍者十，仍不失十卷之舊。近世本最後三篇，此本在『爵號謚』之次，實第二卷也。三篇之序亦復不同，後得元大德本與明傅氏、程氏、吴氏、何氏本不甚異，要皆不及此本。余取此書之善者，具著于校勘、补遺中，仍以其本歸吴子。十一行，行廿三字。鶡安云：此宋刻元印坊本，故多訛字，不避諱。字畫乏遒勁之氣，已開元初風氣，必推爲北宋本，陋矣。

《纂圖附釋文重言互注老子道德經》二卷，十一行，行廿三字。巾箱本。

監本《音注文中子》十卷。十三行，行廿三字。與《老子》同，蓋元人刊《六子》之一也。

《古靈先生文集》二十五卷，《附録》一卷，《年譜》一卷。末有其孫輝跋云：四世從祖密學公，平日所爲文章不知其幾，厥後裒掇爲卷者僅二十有五。目曰《古靈先生文集》，以聖天子詔冠之，預有榮焉。里人大夫徐君世昌嘗摹刻于家，其間頗有舛訛。歷歲既久，且將漫漶，輝竊有意於校正，因仍未遑，每以爲恨。朅來章貢，屬數僚士參校亥豕。因命仲子曄推次《年譜》并録之木，庶幾有以慰子孙瞻慕之心也。紹興三十一年十月既望，孫右朝請大夫直秘閣、知贛州軍州主管學事、兼管内勸農營田事提舉南安軍、大雄州兵甲司公事、江南西點兵馬鈐轄輝謹題。大字十行，行十八字。元印。缺筆至『擴』，則後所刓。莫友芝印（白文方印）。

A.《白虎通》嘉興唐氏藏、《纂圖附釋文重言互注老子道德經》巾箱本 嘉興唐氏藏、《古靈先生文集》二十五卷《使遼語録》一卷宋本 嘉興唐氏藏、《指南録》景炎本 嘉興唐氏藏，以及以下卷三衍增之《音注全文春秋括例始末》《左傳句讀直解》七十卷 嘉興唐氏藏、《音注文中子》十卷 監本 嘉興唐氏藏。

以上六種書之箋記語，莫繩孫均鈔録自其父所撰《唐鷦安太守所藏舊本》，其父手稿今藏於中國國家圖書館《莫友芝詩文稿書跋》第四册之中，請看：

莫繩孫手稿和刻本所稱之『嘉興唐氏』，即指唐翰題（1816—1875），字蕉庵、鷦安，號子冰，浙江嘉興人，藏書家，曾國藩爲唐氏藏書樓題署『百宋千元之居』。莫友芝與唐氏同治年間同在曾國藩幕府之中，相交篤好，因而莫氏得讀唐氏宋元舊本藏書。同治八年（1869）

三月十二日《郘亭日記》曰：『行至唐鷦安許小憩，觀其宋本《古靈集》等若干種。』三月十七日：『遂過鷦安晚飯，仍觀收藏宋元十餘事。』此所附莫友芝手稿，正是莫氏觀唐氏『宋本《古靈先生文集》等若干種』之親筆箋記。因唐鷦安曾官任南通知府、通州知州等職，所以，莫友芝箋記其藏書稱《唐鷦安太守所藏舊本》。莫友芝在此手稿中有一誤筆：『《古靈先生文集》二十五卷、《附録》一卷、《年譜》一卷』，莫繩孫將其父此誤筆鈔入卷一。唐翰題幫助審定莫繩孫《宋元舊本書經眼録》手稿，便在此書目天頭上眉批曰：『《文集》二十五卷後，但有《使遼語録》手稿一卷，無《年譜》，應更正。翰題記。』所以後來刻本依唐氏所批，將《附録》一卷《年譜》一卷改正爲『《使遼語録》一卷。』唐翰題還在莫繩孫手稿卷一《纂圖附釋文重言互注老子道德經》二卷天頭有眉批：『郘亭先生借鈔有小楷書於卷尾，當録補於此。翰題記。』蓋因莫友芝手稿未録『借鈔有小楷書』跋記，故莫繩孫手稿和刻本亦未録補，甚憾！

B.《漢書》鷺州書院大字殘本、《漢書》湖北提舉茶鹽司小字本、《鹽鐵論》《晋書》《唐書》《唐書》《資治通鑑綱目》乾道本、張子韶《孟子傳》，以上八種書之箋記語，莫繩孫鈔録整理之《宋元舊本書經眼録》，均從其父《郘亭知見傳本書目》《持静齋藏書記要》相同書目箋記語中摘鈔，然後稍作調整增補。

試比較：

《漢書》宋鷺州書院大字殘本，半頁八行，行正文十六字，注文雙行二十一字。……始刊於南宋末，畢工於元至正間……較景祐本尤爽目。……海寧吴兔床騫有宋刊《漢書》殘本《列傳》十四卷，每頁十六行，行十六字。（莫繩孫鈔録整理之《宋元舊本書經眼録》手稿和刻本）

《漢書》……鷺州書院大字本，始刊於南宋，畢工於元至正間。半頁八行，行大字十六，小字二十一，較景祐本尤爽目。……吴騫有不全宋本《列傳》十四卷，每頁十六行，行十六字。（莫友芝《郘亭知見傳本書目·史部一正史類》）

莫繩孫手稿《謹記》有言在先：『先君目録書尚有改訂金石若干則，《知見傳本書目》若干卷，待編次繕清稿續寄云。』其父《郘亭知見傳本書目》（稿本今藏於上海圖書館）十六卷也是由莫繩孫整理傳出刊刻行世的。筆者據今藏於中國國家圖書館的莫繩孫《郘亭知見傳本書目》稿鈔本整理點校，將莫繩孫稿鈔本影印件和筆者點校稿同時在貴州大學出版社

2017年6月出版發行（一百四十八万字）。以上所引《漢書》宋鷺州書院大字殘本箋記語何其相似乃爾？蓋出自莫友芝之手，莫繩孫從其父《郘亭知見傳本書目·史部一正史類》鈔録于《宋元舊本書經眼録》而使然。

仿此再比較：

《漢書》宋湖北提舉茶鹽司小字本，半頁十四行，行二十七字或二十六、二十八、二十九字不等，注行三十四字或三十三、三十五字不等，其避諱至『慎』字止，蓋孝宗時刊。（莫繩孫鈔録整理之《宋元舊本書經眼録》手稿和刻本）

《漢書》宋湖北提舉茶鹽司小字本，每半頁十四行，行二十七至二十九字不等，注行三十三至三十五字不等，避諱至『慎』字，蓋孝宗時刊本。（莫友芝《郘亭知見傳本書目·史部一正史類》）

莫繩孫鈔録其父《郘亭知見傳本書目》箋記進入《宋元舊本書經眼録》，十分明顯。

《資治通鑑綱目》五十九卷，乾道壬辰四月刊，綿紙精印。每半頁八行，行十七字，雙行亦行十七字。有弘治初人題識，謂在當時已難得如此善本。季蒼葦舊藏，有名字印。後爲

郁泰峰宜稼堂所收，今歸豐順丁禹生氏。（莫繩孫鈔録整理之《宋元舊本書經眼録》手稿和刻本）

《資治通鑑綱目》五十九卷，有乾道壬辰四月刊本。潔紙初印。每半頁八行，行十七字，雙行注同。……季振宜舊藏，後歸郁松年，今歸豐順丁日昌禹生。（莫友芝《郘亭知見傳本書目·史部二編年類》）

《資治通鑑綱目》五十九卷，乾道壬辰四月刊，綿紙精印，半頁八行，行十七字，注雙行，亦十七字。季振宜、郁松年經藏。有明弘治初題識。（莫友芝《持静齋藏書記要·卷之上》）

《晋書》，宋本，每半頁十四行，行二十五字。明王弇洲舊藏，今歸錢塘丁氏。商丘宋犖收藏善本。（莫繩孫鈔録整理之《宋元舊本書經眼録》手稿和刻本）

《晋書》，宋本，每半頁十四行，行二十五字。明王弇州舊藏，後歸商丘宋犖，今歸錢塘丁丙。（莫友芝《郘亭知見傳本書目·史部一正史類》）

《唐書》，北宋本，每半頁十四行，行二十五字，其爲原刻者半，修換者半。蘇門市中物。有『汪士鐘』印。（莫繩孫鈔録整理之《宋元舊本書經眼録》手稿和刻本）

《唐書》，歐宋《唐書》北宋本，每半頁十四行，行二十五字，修換者半，汪士鐘藏，

今在蘇肆。（莫友芝《郘亭知見傳本書目·史部一正史類》）

《鹽鐵論》十卷，宋本，漢桓寬撰。每半頁九行，行十八字。第十卷末頁有『淳熙改元，錦溪張監税宅善本』二行楷書木記。紙墨亦精雅。卷首有馮武題識。（莫繩孫《宋元舊本書經眼録》手稿和刻本）

《鹽鐵論》，丁禹生有宋刊《鹽鐵論》十卷，半頁九行，行十八字，第十卷末頁有『淳熙改元，錦溪張監税宅善本』二行楷書木記，前有國初人馮武題識，刊印頗精雅。（莫友芝《郘亭知見傳本書目·子部一儒家類》）

《鹽鐵論》十卷，漢桓寬撰。宋刊本，每半頁九行，行十八字。末卷尾有『淳熙改元，錦溪張監税宅善本』二行楷書木記。前有己巳孟春河漢馮武題識。（莫友芝《持静齋藏書記要·卷之上》）

以上同名諸書箋記語比較，莫繩孫從其父《郘亭知見傳本書目》或《持静齋藏書記要》二書鈔録，略加改動，進入《宋元舊本書經眼録》之中，亦十分明顯。

C.《大廣益會玉篇》宋本，莫繩孫手稿和刻本首段箋記語鈔録自中國國家圖書館所藏《莫友芝詩文稿書跋》第五册《大廣益會玉篇》：『此本校今張、曹兩刻多此八頁，蓋南宋書肆所意增，其用心良善，唯部目本以領所從諸字，而「一、玉」乃用「弌、玊」者不少，則何以訓乎？』這段話在其父手稿中是最末總結語，莫繩孫改爲開頭語；而莫繩孫『録如左』之下箋記語内容，則與其父手稿内容完全不同。其父近六百字箋記語不見了，而莫繩孫所寫近三百五十字的箋記語，不知鈔録至何處。

D.《西漢會要》七十卷宋嘉定乙亥刊本、《東漢會要》四十卷宋寶慶丙戌刊本。莫繩孫鈔録整理之《宋元舊本書經眼録》卷一在《西漢會要》七十卷宋本箋記語中鈔録戴溪、李訦、樓大防三人所作之序，然後在其下《東漢會要》四十卷宋本箋記語中曰：

二書皆上海市出，《西漢》紙黄色，稍短，襯接成大册。《東漢》則白綿紙，甚高闊。二書皆歸武源馬玉堂笏齋明經。乃合裝之。有道光壬辰識語，今爲應敏齋方伯所購。《東漢會要》，《四庫》據傳鈔宋本，缺三十七、三十八兩卷，又三十六、三十九兩卷各佚其半，此本此四卷皆全，洵奇寶也。

此語當鈔録自其父同治八年（1869）三月十八日《郘亭日記》，然後稍作修改：

> 東裝，應方伯相看，以新收宋本《兩漢會要》來審定，并徐仲翔氏進書後初刊之板。《東漢》一種，《四庫》著録者，據天一閣影宋鈔，當闕三十七、三十八兩卷；其三十六、三十九兩卷又各佚其半，此本此四卷完備無闕，真稀世奇珍也。乃武原馬玉堂所藏，有道光壬辰識語。南來時當借鈔以補聚珍板本之遺。

另外莫友芝《郘亭知見傳本書目·史部十三政書類》也有記：

> 《西漢會要》七十卷、《東漢會要》四十卷，宋徐天麟撰。《四庫》據傳鈔宋本，闕三十七、三十八兩卷，又三十六、三十九兩卷各佚其半。宋寶慶丙戌刊本，半頁十一行，行二十字，《四庫》所闕四卷，此本皆全，亦滬市出。

可見，莫繩孫鈔録整理之《宋元舊本書經眼録》所鈔所録所改其父其他文稿，痕迹十分明显；其多録之《西漢會要》戴溪、李訦、樓大防三人序，當係其父《郘亭日記》所云『南來時當借鈔以補聚珍板本之遺』的文字。

莫繩孫手稿和刻本卷二衍增之書：

《書傳輯録纂疏》六卷《書序》一卷、《音注全文春秋括例始末》《左傳句讀直解》嘉興唐氏藏、《史記集解》附《索隱》中統本、《漢書》金元間刊本 湘鄉曾氏藏、《資治通鑑》興文署本、《資治通鑑綱目》《音注文中子》監本 嘉興唐氏藏、《圖解校正地理新書》全本、《書法鉤玄》《事文類聚》《東萊吕太史文集》并《外集》《劉静修先生文集》《伯生詩續編》《周易本義》大字注本、《書經纂言》《書傳集解》殘本、《禮記集説》《韓文考異音釋》《管子注》元本、《迂齋先生崇古文訣》

共計二十種。

今考莫繩孫手稿和刻本卷二衍增書摘録其父莫友芝其他遺稿出處：

A.《音注全文春秋括例始末》《左傳句讀直解》嘉興唐氏藏、《音注文中子》監本 嘉興唐氏藏，此二種書之箋記語，莫繩孫均鈔録其父莫友芝所撰《唐鷦安太守所藏舊本》，見上卷一考證所印莫友芝手稿復印本。

B.《書法鈎玄》《管子注》《圖解校正地理新書》《書傳輯録纂疏》六卷《書序》一卷，此四種書之箋記語，莫繩孫摘鈔自其父莫友芝《持静齋藏書記要》，并略作調整修改。試比較：

《書法鈎玄》四卷，元本，元朱方蘇子啓纂輯。《四庫》存其目，明趙宧光寒山精舍藏本。豐順丁禹生氏所收。卷中批抹多用草篆。四卷末記一行，云『萬曆壬子仲春二日胡蝶寢閣』，皆凡夫手迹也。一卷首册有印曰『梁鴻墓下』。凡夫寒山，當去鴻墓不遠。聞昔梁方伯治吴，訪求鴻墓未得，禹公曷不依寒山舊址一更尋之？（莫繩孫《宋元舊本書經眼録》手稿和刻本）

《書法鈎玄》四卷，元蘇子啓撰。《四庫》存目。此明趙宧光寒山精舍所藏元刊本。卷中批抹多用草篆。四卷末記一行，云『萬曆壬子仲春二日胡蝶寢閣』，皆凡夫手迹也。一卷首册有印曰『梁鴻墓下』。凡夫寒山，當去鴻墓不遠，聞昔梁方伯莅吴，訪求鴻墓不得，正可依寒山舊址一更尋之。（莫友芝《持静齋藏書記要·卷之上元刊本》）

《管子注》二十四卷，元本，每半頁九行，行二十字，王愓甫芑孫舊藏，中朱筆校過。首題識云：『芸臺先生至杭，停泊胥江，過鷗波舫，因出《管子》一書相贈。後同年黄蕘圃見之，定是元板。市中不可多得，因重裝之。鐵夫記。』今歸豐順丁氏。（莫繩孫《宋元舊本書經眼録》

手稿和刻本）

《管子》二十四卷，刊印不工。王芑孫舊藏，以朱筆校過，以爲元板。九行，行二十字。首題識云：『芸臺先生至杭，停泊胥江，過鷗波舫，出是書相贈。同年黄蕘圃見之，定是元板。市中不可多得，因重裝之。鐵夫記。』（莫友芝《持静斋藏書記要·卷之上元刊本》）

《圖解校正地理新書》十五卷，金本，宋初，因唐吕才《陰陽書》中之《地理》八篇，分類增輯爲《乾坤寶典》。景祐初又命修正舛盭，别成三十五篇，賜名《地理新書》。皇祐三年，復詔王洙等勾管删修，事具洙《進書序》。……（莫繩孫《宋元舊本書經眼録》手稿和刻本）

《圖解校正地理新書》十五卷，宋官撰。金刊本。宋初因唐吕才《陰陽書》中《地理》八篇，增輯爲《乾坤寶典》。景祐初命修正舛盭，别成三十五篇，賜名《地理新書》。皇祐三年，復詔王洙等勾管删修，勒成三十二篇。事具洙《進書序》。（莫友芝《持静齋藏書記要·卷之上宋刊本金刊附》）

《書傳輯録纂疏》六卷《書序》一卷，元本，元董鼎撰。至大戊申十二月自序，延祐戊午，其子真卿於閩坊刊行。其《綱領》末後半頁有篆文二行木記云：『建安余氏勤有堂刊。』

每半頁十行，行大字二十，小二十四。……唯知爲曝書亭舊藏，今歸豐順丁氏。全書首尾皆朱筆句讀，注及輯纂綱要處朱墨抹。……（莫繩孫《宋元舊本書經眼録》手稿和刻本）

莫繩孫此所鈔録之莫友芝《持静齋藏書記要·卷之上元刊本》，稱此書名爲『《尚書蔡氏傳輯録纂注》六卷《書序纂注》一卷』，箋記語小有不同，請對比：

元董鼎撰。其子真卿以延祐戊午十月刊於閩坊，其卷首《綱領》，末頁有『建安余氏勤有堂刊』篆文二行木記。全書皆朱筆句讀，注及輯纂并朱墨筆抹其綱要。……每半頁十行，行大字二十，小二十四。……曝書亭舊藏。（莫友芝《持静齋藏書記要·卷之上元刊本》）

另查閲莫友芝《郘亭知見傳本書目·經部二書類》：

《尚書傳輯録纂注》六卷，元董鼎撰。元建安余氏勤有堂刊本。半頁十行，行大字二十，小字二十四。多《書序纂注》一卷。

可見莫繩孫所鈔，在其父莫友芝的其他遺稿中皆可見其原文影子。

C.《資治通鑑綱目》元本，莫繩孫從其父《郘亭知見傳本書目·史部二編年類》鈔録其箋記語，略作修改。試比較：

《資治通鑑綱目》，元本，每半頁十行，行大十六字，小二十二字。遇宋諱或省或不省，蓋元覆宋板也。其結行字體極似震澤王氏所刊《史記》，善印亦佳，本不易得者。是書自明正德福州刊七家注，攙入《書法》《考異》《發明》《質實》諸间文，甚爲礙目，宋、元人本猶無之，猶已可貴。閶門市出，惜闕後半。（莫繩孫《宋元舊本書經眼録》手稿和刻本）

《資治通鑑綱目》，……元翻宋本《通鑑綱目》，每半頁十行，行大十六字，小二十四字，遇宋諱或省或不省，字體書式極似明人王柯《史記》，而字較流美。是書自明人刊本以七家注羼入，甚爲礙目，惟宋、元舊本無之，故可貴。此閶門肆出，惜闕後半。（莫友芝《郘亭知见傳本書目·史部二編年類》）

D.《史記集解》附《索隱》中統本。此本藏於復旦大學圖書館善本部，有書名，但未找到此書。筆者於此找到莫友芝批校之《史記索隱》三十卷曰：『同治壬戌六月，皖口行營姚聲澄士贈此本。約略檢勘，足補正現行官私諸本條以千記，而毛氏刊誤亦自不少。七月五日重裝，散標所見於卷端，時摘取中統爲左證。三日粗粗一過，未得細讎，期以他暇日也。獨山莫友芝記。』這是莫友芝用所藏《史記索隱》元中統本以校明本《史記索隱》的批校。莫繩孫鈔録整理之《宋元舊本書經眼録》所鈔的《史記集解》附《索隱》中統本箋記，當係其父手批藏本上之文字。莫友芝批校《史記索隱》全文，詳見筆者主編《莫友芝全集》第十一册第一三九〇至一千四百頁，上海古籍出版社 2019 年 11 月版。

莫繩孫手稿和刻本卷三衍增之書：

《易學》舊鈔本、《周易觀象補義略》寫本、《吉金古文釋》稿本、《通鑑紀事本末補後編》稿本、《元和郡縣圖志》舊鈔本、《元豐九域志》寫本、《新定元豐九域志》影宋鈔本、《天下郡國利病書》稿本、《太常因革禮》寫本、《宋政和五禮精義注》舊鈔本、《鄭堂讀書日記》稿本、《舊館壇碑考》稿本、《乾象通鑑》寫本 孫氏祠堂舊藏、《古今集論字學新書》舊鈔本、《東坡先生物類相感志》寫本、《醉翁談録》鈔本、《桂苑筆耕集》寫本

共計十七種。

今考莫繩孫手稿和刻本卷三衍增書摘録其父莫友芝其他遺稿出處：

A.《通鑑紀事本末補後編》《乾象通鑑》《古今集論字學新書》《東坡先生物類相感志》

《桂苑筆耕集》，此五種書之箋記語，莫繩孫摘鈔其父莫友芝《持静齋藏書記要》，并略作調整修改。試比較：

《通鑑紀事本末補後編》五十卷稿本，國朝仁和張星曜撰，以袁氏《本末》未有專紀崇信釋老之亂國亡家爲篇者，乃雜引正史所載，附以稗官雜記及諸儒明辨之語，條分類集，以爲此書。其紀歷代佛氏之亂，曰《歷代君臣奉佛之禍》四卷；曰《佛教事理之謬》十卷；曰《佛徒縱惡之禍》五卷；曰《儒釋異同之辨》五卷；曰《儒學雜禪之非》十卷；曰《歷代聖賢君臣闢佛之正》七卷；紀歷代老氏之亂，曰《歷代君臣求仙奉道之禍》三卷；曰《道教事理之謬》二卷；曰《道士縱惡之禍》一卷；曰《儒老異同之辨》二卷附《釋老異同》；曰《歷代君臣聖賢闢老之正》一卷；學者欲知異教流失，得此總彙，亦易爲明晰。星曜字紫臣，成書《自序》在康熙庚午，尚未刊行，此其手稿。（莫繩孫《宋元舊本書經眼録》手稿和刻本）

《通鑑紀事本末補後編》五十卷，國朝張星曜撰。字紫臣，仁和人。以袁氏《本末》未有專紀崇信釋老之亂國亡家爲篇者，乃雜引正史所載，附以稗官雜記及諸儒明辨之語，條分類集，以爲此書。其紀歷代佛氏之亂，曰《歷代君臣奉佛之禍》四卷；曰《佛教事理之謬》

十卷；曰《佛徒縱惡之禍》五卷；曰《儒釋異同之辨》五卷；曰《儒學雜禪之非》十卷；曰《歷代聖賢君臣闢佛之正》七卷；紀歷代老氏之亂，曰《歷代君臣求仙奉道之禍》三卷；曰《道教事理之謬》二卷；曰《道士縱惡之禍》一卷；曰《儒老異同佛老異同之辨》二卷；曰《歷代君臣聖賢闢老之正》一卷。古之闢異端者多矣，未有如此之專心致志者，得此總彙，亦易爲明晰。《自序》題『康熙庚午』，此其手稿也。（莫友芝《持靜齋藏書記要·卷之下鈔本》）

《乾象通鑑》一百卷，宋免解進士李季奉旨撰進。建炎二年高宗賜《序》。多引古占書，蓋《開元占經》之亞也。此本孫氏鈔藏於忠愍侯祠堂，後歸上海郁松年。道光乙巳，蕉林逸史楊振藩爲檢史志細校，以朱筆識，增損其旁及上下端，將刊行未果。唐、宋人引書，取大意不失，易舊文太多亦非也。今歸豐順丁氏。此書次序體例，按之《玉海》所載《景祐乾象新書御製序》，大概相同。此書惟見《玉海》，其《目》載《讀書敏求記》，各家書目不載。（今注：莫繩孫下引《五鬆居士記》、李季進《乾象通鑑疏》《高宗御製序》，文字篇幅長，此略。）（莫繩孫《宋元舊本書經眼録》手稿和刻本）

《乾象通鑑》一百卷，宋河間免解進士李季奉旨撰進。高宗賜《序》，其書自天地列宿變異，雜引古占最備。……其次序體例，按之《玉海》所載，楊維德等撰《景祐乾象新書》，大概相同。蓋即據爲增損，亦《開元占經》之次也。……自《玉海》外，各家書目不著録，惟見《讀書敏求記》《四庫》未收。此本孫馮翼依孫星衍吴門所收舊鈔録藏祠堂者。後歸上海郁氏宜稼堂。道光乙巳，楊振藩爲檢史志校過，以朱筆增損，將刊行未果。唐、宋人引書，取大意不失，振藩增損，亦不盡可憑也。（今注：下附李季《進乾象通鑑疏》，文字篇幅長，此略。又，莫繩孫鈔録其父箋記語，略有删節，此用省略號標示。）（莫友芝《持静齋藏書記要·卷之下鈔本》）

《古今集論字學新書》七卷，元武夷劉惟志編集。《四庫存目》有惟志《字學新書摘鈔》一卷，而七卷之本未著於録，亦元人書待傳之一也。此册尾有此書摘鈔《目録》，後附正德癸酉衡州知府通海喬瑛刊《序》，殆是《序》摘本耳。豐順丁禹生氏所收。（莫繩孫《宋元舊本書經眼録》手稿和刻本）

《古今集論字學新書》七卷，元劉惟志編。士禮居舊藏徐氏鐵硯齋鈔本，《四庫存目》僅有惟志《字學新書摘鈔》一卷，謂其簡略殊甚。殆先有《新書》而摘鈔之，則未見此本。

亦元人書待傳之一也。册尾有此書摘鈔《目録》，後附正德癸酉衡州知府通海喬瑛刊《序》，殆是《序》摘鈔刊本。（莫友芝《持静齋藏書記要·卷之下鈔本》）

《東坡先生物類相感志》十八卷，陳鱣依不足齋藏明嘉靖時姚咨鈔本過録，舊題『兩府僧統、法戒都監選練、明義宗文大師贊寧編次』。《四庫》以其題『東坡先生』爲僞托，僅於《子部·雜編》中存其目。鱣則謂贊寧宋初人，在蘇氏前，安知不號『東坡』？其撰此書，書證詳明，不似僞作，爲《跋》詳之，今其本歸豐順丁氏。十八卷末《跋》云：……（今注：文字篇幅長，此略。）（莫繩孫《宋元舊本書經眼録》手稿和刻本）

《東坡先生物類相感志》十八卷，宋釋贊寧撰。海寧陳鱣據知不足齋藏明嘉靖己亥姚氏寫本過鈔。其卷首結銜云：『兩府僧統、法戒都監選練、明義宗文大師贊寧編次』。舊以書題『東坡』，或混爲蘇軾。《四庫提要》以爲僞，而僅存其目。然其書證詳明，有條不紊。晁氏《讀書志》，馬氏《通考》皆載之。晁氏《志》謂『贊寧，吴人，以博物稱。柳如京、徐騎省與之游。』則遠在東坡前。陳鱣曰：『安知贊寧不亦號「東坡」乎？』其説甚是。（莫友芝《持静齋藏書記要·卷之下鈔本》。又，莫繩孫鈔録其父箋記語有删節，又衍增陳鱣《跋》記於後，未作任何説明。）

B.『《吉金古文釋》稿本』一文，貴州省博物館今藏有莫友芝手稿云：平湖朱右甫先生《吉金古文》四册，其哲嗣建卿善旂同歲以先生手稿裝存者也。阮太傅文達公萃一時同好十二家吉金拓本及所自藏，拓集爲一書，以續薛尚功書後，有《積古齋鐘彝器款識》，朱右甫先生即十二家之一。文達又謂，右甫酷嗜吉金文字，以各拓本屬之編釋，訂成十卷。是《款識》屬稿皆出先生，太傅特審定而已。其一册有『阮氏編録卷一』書題及文達與朱筆改題書面，面題《鋤經堂金石跋》、文達朱改《積古齋鐘鼎款識》。一册，器後跋多補填元字。是三册蓋即編《款識》時初稿本。其一册首有先生癸亥仲秋自記，在刻《款識》先一年，謂『手摹積古齋藏揚州江秋史侍御德量摹三十六種』，詮釋皆題己名，則本先生自著；中亦有數條塗去己名改定，蓋後編《款識》擬摭入者，此更其先河也。同治戊辰開正，建卿從子竹石司馬過金陵持示，謂其從伯裝存時，從故紙中搜出，散帙已三之二。蓋將援太傅以歐陽《集古録》手寫殘頁刻石之例，略存十一而未就。今得竹石斤斤奉持，不敢失墜，知必能竟其緒，以張家學，以快海内好古之先睹也，豈不懿哉！五月戊寅長至，獨山年家子莫〇〇謹識於吴門書局。

莫繩孫據其父親手稿鈔録進入《宋元舊本書經眼録》卷三，有少許異文。改動增删，對比即知。《郘亭日記》有兩處記録記寫自己曾作此《跋》，亦可爲證：

同治七年正月十六日，朱竹石司馬之榛相訪，是北榜同歲建卿善旂助教之從子也。去歲在蘇未叙及。竹石此來乃言之，以其叔祖菽堂先生爲弼《吉金古文粹》手稿四册屬題識，是先生未第時，在紀文達幕中爲編《積古齋鍾鼎款識》殘稿也。中有文達乙改處。

五月初一日丁丑晴，爲朱竹石《跋》其叔祖右甫先生爲弼《吉金古文粹》手稿，蓋其在阮文達幕中時，爲編《積古齋鐘鼎款識》之初稿也。

莫友芝正月接受朱竹石之囑托，直到五月初一方始跋就《吉金古文粹》，莫繩孫鈔其父親跋文手稿進入《宋元舊本書經眼録》卷三。

《舊館壇碑考》稿本，此《跋》拾補。

《郘亭日記》對此有記曰：

『同治八年二月初九辛亥，翁次儒樂爲摹梁磚十五件成，將行，索還。其尊甫叔均大年所撰《舊館壇碑考》，方命僕過録未畢也。』此記與莫氏所作之《舊館壇碑考·跋》相吻合：『因假觀，得校正顧刻筆異若干字；并録其《考》一通，藏影山，書元本後歸之。次儒講訂金石有家法，他日當精書善刻，若汪退谷《鶴銘考》卷，以惠海内好古之士，亦善述之一端也。同治己巳歲二月既望，獨山莫友芝。』莫繩孫將其父所作之《舊館壇碑考》跋文鈔録進入《宋元舊本書經眼録》卷三。

（四）莫繩孫手稿和刻本衍增之附録卷一、卷二簡考

莫繩孫鈔録整理之《宋元舊本書經眼録》手稿和刻本附録卷一《書衣筆識》所箋記之書，其父莫友芝《宋元舊本書經眼録》手稿則完全不存在，純粹是莫繩孫從其父其他遺著文稿中鈔録而來的衍增之書。莫繩孫手稿《謹記》説『附録一卷，則鈔録先君行篋書面筆識也。』莫繩孫手稿附録卷一《書衣筆識》，张文虎、唐翰題、刘履芬等前輩曾幫助审校過，但是與刻本附録卷一箋記之書又不完全相同。手稿附録卷一共箋記六十八種書，比刻本附録卷一多

出二十種；但是刻本另有五種書，則是手稿所無之書，手稿附録卷一目録如下：

《吕氏家塾讀詩記》《周禮注疏》《禮記釋文》《春秋公羊傳注疏》《元至正刻春秋胡傳纂疏》《樂通》《説文解字》《説文引經考》《四聲篇海五音集韻》《復古篇》《附釋文互注禮部韻略》《續古篆韻》《史記題評》《史記索隱》《南史》《資治通鑑》《通鑑注商》《國語補音》《焚椒録》《讀史兵略》《吴越春秋》《通典》《欽定天禄琳朗書目》《授經圖》《秦漢瓦當圖記四卷附補遺》《養生類纂》《普濟方》《太玄經範注》《封氏聞見記》《夢溪筆談》《迴溪史韻》《新編事文類聚翰墨全書》《穆天子傳注疏》《録異記》《老子河上公注》《道德經唐玄宗注》《老子翼》《孤忠小史》《楚辭集注》《曹子建集》《陶淵明集》《江文通集》《元次山集》《翰苑集》《孟東野集》《傳家集》《山谷内集》《辛稼軒集》《張子野詩詞》《元遺山詩集》《虞道園詩集》《潛溪集》《願學集》《學孔精舍詩鈔》《魏忠節公集》《漁洋山人精華録》《河岳英靈集》《海峰文集》《王雨楓集杜五律》《宋文鑒》《國朝文類》《皇元風雅》《初白菴詩評》《唐五代詞》《宋名家詞殘帙》《邵亭詩鈔校樣》《邵亭雜文叕餘録》《影山草堂學吟草附影山詞》。

莫繩孫《宋元舊本書經眼録》刻本附録卷一《書衣筆識》實際比手稿少刻印二十種書，又多刻印五種書，一共箋記刻印五十三種書。少刻印書之目録如下：

《春秋胡傳纂疏》《資治通鑑》《國語補音》《焚椒録》《夢溪筆談》《録異記》《老子河上公注》《老子翼》《曹子建集》《江文通集》《山谷内集》《張子野詩詞》《虞道園詩集》《海峰文集》《王雨楓集杜五律》《國朝文類》《宋名家詞殘帙》《郘亭詩鈔校樣》《郘亭雜文叕餘録》《影山草堂學吟草附影山詞》，一共二十種。

莫繩孫刻本附録卷一比手稿本多刻印書之目録如下：

《易箋》《金石粹編補目三卷附元碑存目》《潘氏八世詩集》《山水移集》《蓮洋詩選》，一共五種。

今考莫繩孫《宋元舊本書經眼録》手稿附録卷一（含刻本相同之書）衍增之六十八種書之箋記語，有六十二種見於中國國家圖書館今藏之莫友芝《郘亭詩文稿書跋》手稿第五册，莫繩孫從其父親手稿鈔録作爲『附録卷一』。因莫友芝手稿所箋記此六十二種書之文字篇幅較長，故將中國國家圖書館今藏之莫友芝《郘亭詩文稿書跋》手稿第五册影印於本文之末，可參見附録影印件一。

莫繩孫手稿和刻本附録卷一《書衣筆識》衍增之《易箋》《吕氏家塾讀詩記》《潘氏八世詩集》《山水移集》《蓮洋詩選》，見於其父《郘亭雜文叕餘録》之中，莫友芝手書曰：

《郘亭雜文叕餘録》，咸豐甲寅八月，命門人輩搜家篋，尚有别稿者録爲此册，略具十之二三，以待改正云爾。乙卯人日題。郘亭寓公。（白文正方印）

臺灣『國立中央圖書館』所藏《郘亭雜文叕餘録》稿鈔本正文鈔録者，正是莫繩孫手筆。莫繩孫鈔録其父《郘亭雜文叕餘録》中的上述五篇文稿進入《宋元舊本書經眼録》附録卷一《書衣筆識》之中。參見本文之末所附臺灣『國立中央圖書館』所藏莫友芝《郘亭雜文叕餘録》稿鈔本影印件二。又可見上海古籍出版社2019年版《莫友芝全集》第二册《郘亭雜文叕餘録》。

另外，莫繩孫《宋元舊本經眼録》手稿和刻本附録卷一《書衣筆識》中，《唐五代詞》《元次山集》《樂通》《讀史兵略》《説文解字》《續古篆韻》《史記索隱》共七種原書實物，筆者均已查到。其中《唐五代詞》《元次山集》《樂通》《讀史兵略》四種莫友芝手批本原書，在其《郘亭行篋書目》中均有書目收藏記録。世事滄桑，上述四種莫友芝手批古書今藏於上海圖書館中；《説文解字》《續古篆韻》《史記索隱》三種莫友芝手批原書，在其《郘亭行篋書目》中亦有收藏書目記録，今藏於上海復旦大學圖書館之中。莫繩孫當年將其父對上述七種古書所作之批校文字鈔録進入《宋元舊本書經眼録》附録卷一，未説明具體出處。筆者整理莫友芝著作，已將莫友芝對上述七種書之手書批校語整理進入上海古籍出版社2019年版《莫友芝全集·郘亭散見著述彙編》（第十册，第十一册）之中，讀者可參見，此不重録。

莫繩孫《宋元舊本書經眼録》手稿没有附録卷二，其《謹記》也僅言説『附録一卷，則鈔録先君行篋書面筆識也』；然而刻本《謹志》則改爲了『更集他書衣及碑帖題語爲二卷附焉』，於是刻本就有了『附録卷二《金石筆識》』。這『附録卷二《金石筆識》』的内容，莫友芝《宋元舊本書經眼録》手稿亦完全不存在。

莫繩孫《宋元舊本書經眼録》附録卷二《金石筆識》一共箋記了五十四種書。今簡考莫繩孫鈔録出處如下。

附録卷二之《元祐黨籍碑》一文，係莫友芝道光癸卯（1843）春三月所作之文。莫繩孫鈔録自其父《郘亭雜文叕餘録》一書。詳見本文之末所附臺灣『國立中央圖書館』所藏莫友芝《郘亭雜文叕餘録》稿鈔本影印件二。又可见上海古籍出版社 2019 年 11 月版《莫友芝全集》第二册第三十九至四十頁。

刻本附録卷二之《隋欽江縣正議大夫寧贙碑》《隋馬興墓志銘》《吴禹陵窆石題字》《唐□夫人程氏塔銘》和《唐開祝衡岳銅簡文》五篇金石題跋，莫繩孫鈔録其父莫友芝《郘亭校碑記》手稿，鈔録文字與其父手稿略有改動衍增。莫友芝《郘亭校碑記》手稿今藏於中國國家圖書館之中。參見本文末所附影印件三。又可见上海古籍出版社 2019 年 11 月版《莫友芝全集》第十一册第一千五百一十一至一七六百〇七頁。下段《漢三公碑》同此。

刻本附録卷二之《漢三公碑》是莫友芝辭世之年(1871)辛未初夏所作題跋。莫氏跋云：『此碑是隸非篆』，『故命繩兒依録』。在中國國家圖書館所藏《郘亭校碑記》手稿中，我們看到莫氏摹寫有《三公山神碑》陽面十九行、陰面十四行碑文，以及考釋文字，比附録卷二《漢三公碑》文字更爲翔·實。莫繩孫衹將其父一部分題跋文字鈔録進入《宋元舊本書經眼録》附録卷二之中。

刻本附録卷二之《漢麃孝禹碑》題跋文，係莫友芝辭世之年，即同治辛未（1871）於淮南書局中所撰之稿。《郘亭遺詩》卷八之末收有《既跋〈麃孝禹碑〉，復係一律》云：『寰中落落西京石，中殿煇連太子池。那知濟北河平日，更有防門《孝禹碑》。秘書天禄歸讎校，謁者輶軒訪逸遺。不識爾時麃處士，消揺庞里竟何爲。』莫繩孫鈔録其父所跋《漢麃孝禹碑》之文進入《宋元舊本書經眼録》附録卷二，而將其父所題之詩刻入《郘亭遺詩》卷八之末。筆者撰有《莫友芝辭世之年遺墨考》一文，可參。

附録卷二之《漢伏生授經圖》云：『此石道光二十五年（1845）四月，日照許印林瀚獲於沂州府治西北古北大寺西廢圃中，移置琅琊書院。同治四年（1865）十一月，訪丁儉卿丈於淮安，留晚飯，印林之子逢吉適持此石拓三紙贈丁丈，遂乞一以歸。郘亭是日辛未頤志齋中。』《郘亭日記》同治四年（1851）十一月『初十日辛未，行三十里過淮安府，入城訪丁儉卿。……儉老不許余即行，留晚飯。適日照許印林瀚之子至，以沂州《伏羲授經畫象漢石》拓本致儉老，因乞得一紙，劇談至二更乃還舟。』莫繩孫鈔録其父《跋》語進入《宋元舊本書經眼録》附録卷二。莫友芝《漢伏生授經圖·跋》鈔本今存於臺灣『國立中央圖書館』所藏《獨山莫氏遺稿》之中。

附録卷二《漢曹全碑》云：『此舍弟善徵祁門所收。『乾』字左端直未穿，尚是舊拓，惜紙墨不精，且無碑陰。此碑陰字尤自然可愛也。同治丙寅春，重貼過，留餘紙以待。伏日寓上海城中也是園，酷暑無可逃，假書肆《景完碑陰》録一過。』《郘亭日記》同治五年（1866）六月十一日有記：『晨往肆中，見《曹全》剪裱本有碑陰者，尚可收。蒯虎臣光華相看。』兩相互應，莫繩孫鈔録其父所作《漢曹全碑》跋語進入《宋元舊本書經眼録》附録卷二。

莫友芝道光丁未年（1847）在北京會試落第，曾買得《秦泰山石刻十殘字拓本》，寫有一《跋》，莫繩孫將父親此《跋》收入《郘亭遺文》卷一。同治五年八月在上海，莫友芝又得觀《秦之罘刻石摹本》《秦泰山刻石摹本》，遂簡《跋》之。《郘亭日記》同治五年（1866）八月初五有記曰：『幼節、叔堅、子振及其弟詞仙先後至，子振以其六叔舊收《泰山秦刻廿九字本》來審定，是孫白淵贈嚴鐵橋稿物，有「橋」「鐵」篆書題記。』秦代泰山李斯篆書石刻是中國最早的石刻摩崖。莫友芝考證這份《秦泰山刻石摹本》僅存『斯、臣、去、疾』一行四字，及『昧死臣請矣，臣』三行六字两小石。其拓本流傳，『猶如快劍斷生蛟鼉，决非後來所能仿佛，』因而極其珍貴。莫繩孫鈔録其父《跋》文進入《宋元舊本書經眼録》附録卷二。

同治甲子（1864）秋，莫祥芝從祁門收得《唐李含光碑》拓片交給其五兄莫友芝。此碑由唐代大書法家顔真卿（魯公）書寫刻石，極其珍貴。莫友芝考鑒《唐李含光碑》拓片所寫《跋記》有兩點極有價值：其一，此碑是『魯公年六十九歲所書也。』人老書更精！莫氏獨具慧眼考鑒顔魯公書法特色與價值：『融会篆分隸爲一家，無意於工，工乃獨絶。』顔魯公『其俊偉軒豁處，人所激賞，追摹善矣。』世人一般都竟相追學顔魯公『俊偉軒豁』的善美書法，但是却不懂得顔魯公『拙澀天真』『尤超詣不可等倫』的書法價值。其二，乾隆年間錢辛楣囑托汪稼門搜訪《唐李含光碑》拓片，汪氏僅收得『纔一千四十餘』字的殘拓。莫祥芝此次收得的《唐李含光碑》拓片，比汪氏所收殘拓『多二百許字』。莫友芝在《跋記》中評價説：『今完拓既不可得，此拓既校稼門所收多二百許字，亦足珍矣。』莫繩孫鈔録其父《跋記》進入《宋元舊本書經眼録》附録卷二。又，莫友芝熟諳顔魯公書法精髓，所以後來在上元縣考拓梁碑，能够鑒别其地下忠貞墓石刻文字真僞：『俗傳顔魯公書者，殊不似，蓋宋人題刻耳。』（見《邵亭日記》同治七年（1865）八月十八日。）

咸豐庚申（1860）初秋莫友芝最後一次会試落第，候補『截取』無望，出都南下，經過比干廟，得觀《魏孝文帝吊比干文》。莫友芝拓而《跋》云：『每經比干廟，此石獨精彩動人，徘徊不忍捨去。咸豐庚申初秋，受拓此紙。』莫氏手拓多張，并作《跋》記。次年（辛酉）三月廿八日，莫友芝於湖北巡撫胡林翼多桂園『作書寄王壬秋，附以《魏孝文帝比干廟碑拓本》。』（《郘亭日記》咸豐十一年（1861）三月廿八日）辛酉初夏，莫友芝『乃剪貼於湖北撫署多桂園，書示繩兒。』莫繩孫將其父親所作之《跋》鈔入《宋元舊本書經眼録》附録卷二。

附録卷二之《吴禹陵窆石題字》，是莫友芝爲王拯，字定甫，號少鶴（也作：『崔』）所藏拓片所作之《題記》。莫繩孫將此《題記》鈔寫進入附録卷二。臺灣『國立中央圖書館』所藏《獨山莫氏遺稿》中有此《題記》鈔本。又見文末所附影印件三。

附録卷二之《隋龍藏寺碑》是莫友芝爲唐鷦庵所藏拓片而作之《跋》，手稿今藏貴州省博物館，可參見貴州人民出版社2014年7月版葛明義編《莫友芝書法集》二百三十三頁。

莫繩孫鈔録其父所作之《跋》進入《宋元舊本書經眼録》附録卷二。在此之前，《郘亭日記》咸豐十一年（1861）七月廿一日記：『（姚）慕庭以《龍藏寺碑》乞爲跋尾。』莫友芝是鑒賞行家，故能在《跋》中評價：『碑在正定城中大佛寺，額字猶完好如新，其結體即開《伊闕佛龕》，其精悍奪人，又與《張猛龍碑》額分道揚鑣。鷗庵此本，校近拓多完七十餘字，尤可寶貴，當別求精拓額字合之。同治己巳（1869）三秋持示，命署其首，因識。郘亭眲叟。』莫友芝此《跋》行楷手書，堪稱晚年極品。

附録卷二之《唐惠山石床題字》，莫友芝作於同治丙寅（1866）九月十三日，《郘亭日記》是日有記：『行二十五里無錫縣北門外泊。泛舟西出七八里，惠山下泊，登岸訪惠山寺，飲惠泉，見李少温篆書『聽鬆』石床在寺中道右老槐下，有亭覆之，摩挲久之，使僕方永脱一紙，其右之宋張回仲題字，……。行，墨浸不可識，然兩篆字六七寸許者固分明也，篆與小字題名并在床之一端，床之面亦有題字大書，近涪翁體，已剥數字云：嘉熙己亥歲□□□□，趙希衮携家過此，與嘩侍行。』莫氏此日記文字與《跋》文『極似涪翁筆勢』完全相吻合。莫繩孫鈔録其父所作《唐惠山石床題字》進入《宋元舊本書經眼録》附録卷二。

清代中晚期學人喜談金石。莫友芝是著名金石學家，一生經眼鑒賞題跋之金石器物、摩崖碑帖拓片不計其數。由於莫友芝在世時没有集結刊刻印行，所以所作金石題跋考釋文稿散見各處。同治十年十一月六日，曾國藩致信潘伯寅云：『莫子偲於九月遽歸道山，江表遂無好事者搜羅金石，尋究古書，供朋游之玩索。人琴之感，想閣下亦增悵悒。』曾氏此感嘆，是莫氏善作金石鑒賞題跋之證。莫繩孫『更集他書衣及碑帖題語爲二卷附焉』。也就是説，將其父親散見于各處之金石碑帖拓片題跋相對集中地鈔録進入《宋元舊本書經眼録》附録《書衣筆識》和《金石筆識》之中。其中附録卷二之《梁建陵闕》《梁安成康王蕭秀東碑》《梁安成康王蕭秀西碑》《梁始興忠武王蕭憺碑》《梁吴平忠侯蕭景神道石柱題額》《梁臨川惠王蕭宏神道二石柱題額》《梁南康簡王蕭績神道二石柱題額》《梁建安敏侯蕭正立石柱二》《梁新渝寬侯蕭映西闕》《梁瘞鶴銘》等十種梁碑跋記，是莫友芝同治七年（1868）秋季親自到栖霞山考拓的成果。這些梁碑跋記鈔本，今存於臺灣『國立中央圖書館』所藏之《獨山莫氏遺稿》中，也可以在《郘亭日記》中看到莫氏考拓的過程及其日記記録：

同治七年（1868）七月廿六日辛丑，晴。定明日游栖霞，藉訪梁碑。

廿七日壬寅，半陰晴。出太平門折東行二里許，經徐中山王達、李（武靖）王文忠兩墓，又十三里出姚坊門，經花林村上下六里許，得梁吴平忠侯蕭景石柱，卓立村道左田中。柱高可丈餘，上覆方石蓋，蓋上伏小石獸，蓋下柱二尺許，即刻反文方石，高可二尺，廣可三尺，題云：『梁故侍中中撫將軍開府儀同三司吴平忠侯蕭公之神道』，八行，行三字，若别石横置柱上將盡之前半者，其實方石與上下圓柱同一石鑿成，惟蓋爲别石耳。柱爲二十四棱，棱縫皆仰瓦形，其趺當别方石，大如蓋，没土中不見。柱之前二丈許石獸左右相對，右獸已闕其半，柱之後當有碑，不可尋矣。

又東二里許黄城村，土人呼城村，其知爲黄城者，惟有年人耳。得蕭憺墓碑，高丈三、四尺許，有穿，龜趺亦在道左田中，西向額題：『梁故侍中司徒驃騎將軍始興忠武王之碑』，徐勉撰，貝義淵書。其文損失者三之一，其西四丈許亦有龜趺與此趺相對，蓋當必有兩碑，自宋人記載已不之及，則其亡久矣。直兩碑之南，兩石獸東西對立，其東又有二石獸，不與此碑相應，蓋别一墓物，今不可考。《六朝事迹》直謂此墓有石麒麟四者，未核也。

又東三里許甘家巷得蕭秀墓二碑、一石柱。碑東西對立，龜趺額上有穿，相距四丈許。東碑額略可識，題云：『梁贈侍中司空安成康王之碑』，兩面具漫漶，嚴觀《江寧金石記》所謂碑文剥落已盡，其中隱約有『孝綽』數字可辨，蓋即《復齋碑録》所載故州民前廷尉彭城劉孝綽撰，吴興貝義淵正書之碑，碑陰正書分六列，［今按：此上眉批曰：『其所謂六列三十九人，蘭泉所録皆有之，次序略同，唯列數不合，恐觀誤，則是下碑，非此碑也。』］紀故吏人名，今止三十九人姓氏可辨者也。西碑額及正面皆模糊，若拓出，亦可識百餘字。而碑陰小楷書，載立碑人二十一人列，可識者殆百餘人，及王昶《金石粹編》所録（録誤爲蕭憺碑陰，謂二千列，幾千四百人）者也。西碑之側之南有石柱嵌承方額，若蕭景石柱之制，唯柱作二十柧，小異。其蓋已失，其方趺露出，可見其額，仰視略見『梁故』二字，似亦反文。從《六朝事迹》云蕭秀墓石柱一題云：『梁故散騎常侍司空安成康王之神道』，謂此柱也。直此柱之東，東碑側之南猶有方石柱趺，當時必駢立兩柱，兩柱之南各存一龜趺，爲上二碑東西對向，又南乃二石獸東西對向。史稱秀天監十七年薨，於竟陵歸喪，京師故吏夏侯亶表請立碑，詔許之。於是名士游王門者王僧儒、陸倕、劉孝綽、裴子野各製其文，欲擇用之，而或稱實録，遂四碑并建，從古所未有也。今兩碑之外復有兩趺，則四碑之迹猶隱然具存也。

又東五里至攝山栖霞寺，寺經燹毁，爾時殿宇參錯千數間，又行宫間之，今無一間存者。山僧結茅纔有三間小屋，又汛官分據之，僧出求食未還也。入山即見明徵君碑矗立於草中。唐高宗御製文，高正臣奉敕行書者，唯末行『上元三年四月』數字已剥，餘皆完好。少憩，觀寺旁石塔，《六朝事迹》所謂寺有舍利塔，乃隋文帝葬舍利處，南唐高越、林仁肇建塔，徐鉉書額曰『妙音寺』者也。

今額不存，唯第二級八柱各刻字一行或二行曰『佛翹一足贊』，曰『《楞嚴經》贊佛四句偈』，曰『《金剛經》四句偈』，餘五柱皆雜引佛經數語，嚴觀乃謂是《陀羅尼經》殘字，隋時刊，一何誣也！且隋時尚未有《陀羅尼經》也。塔左即千佛嶺，其大佛三，猶自明僧紹子仲璋創造，齊文惠太子同僧琢，梁臨川靖惠王采飾者。《六朝事迹》載寺側有碑額云：『齊故侍中尚書令丞相巴東獻公之墓』；又云：『齊侍中尚書令巴東獻武公碑』，在黄城村，梁普通三年造。前人久無及之者。又聞陳江總《栖霞寺碑》有宋重刻者，今并尋不得。薄晚，就寺下田家宿。

廿八日癸卯，半陰晴。晨起登寺右高處，略憑眺，道茀，脚力又弱，遂還。重尋蕭氏三人五石。又記《六朝事迹》載《梁永陽昭王墓志銘》，徐勉造，在清風鄉居民井側，今在上元縣。及《梁永陽敬太妃墓志銘》，徐勉造，在清風鄉路傍者。并訪之，不得。遂取西北道至觀音門外燕子磯上宿。

廿九日甲辰，半陰晴。行十二里許，入神策門。……還寓即往見（曾相），爲述三日游踪及尋諸梁碑始末，許資拓若干紙，以拓之不易，世上傳本甚稀也。與存之同登署後之東山。

八月十一日乙卯，雨。携拓工往花林東北，酉拓諸梁刻，行至甘家巷前，上元遣役爲棚者尚未至也。作字寄城中，索更遣人來。

十二日丙辰，晴。食後試拓蕭秀二碑一石柱。東碑惟額存，西碑亦漫若無字，惟額略可識，其陰千四百許人，則三之一猶在。

十三日丁巳，晴。兩漫碑各全拓一紙。陰字存者拓二紙，石柱額拓二紙，審視柱額，僅存『故散』兩半字，兩碑實僅兩額一陰有字耳。夜雨。

十四日戊午，雨自晨及未，冒雨南出十二里許北城鄉之張庫村，尋梁靖惠王蕭宏石柱，獲之。其石柱二，較秀、景兩柱尤高大，額題『梁故假黄鉞侍中大將軍揚州牧臨川靖惠王之神道』二十一字，正書五行，行五字，東柱順讀，西柱逆讀。有碑一在東柱北西向，蓋其東碑。遣僕人往視，云兩面俱無字，其額高視不明，不知有字否。其西猶有龜趺，而碑亡矣。雨不能少留，還西行五里宣化門，腹痛嘔水，尋茶肆少卧，服薑糖飲，半時差可。

十八日壬戌，晴。答方元徵，不值，遂往龍蟠里觀去年出土之真武像，其左袖有『元狩甲子年造』六字，正書；似唐以後人，疑五代或宋初鑄者，漫用漢武元號以惑人耳。又登清涼山翠微亭騁望，還謁卞忠貞墓，觀舊石二行，俗傳顔魯公書者，殊不似，蓋宋人題刻耳。

廿四日戊辰，雨。食後以新拓梁碑四種、唐碑一種呈様於湘鄉公，遂答廉卿。又就存之談。出訪彤陔，不直；遂過少崖，問宋人記載梁建安侯蕭正立墓道石柱其所係地，曰『淳化鎮西宋墅石柱塘』，又曰『鳳城鄉』者。少崖謂宋墅即其所居，正在鎮西，屬鳳城鄉，唯無『石柱塘』之名，而田中實有舊石柱，若有兩耳者。似當是，俟歸，當洗刷觀之。

今按：在此之前，莫友芝曾爲好友吴云兩罍軒所收《梁始興忠武王蕭憺碑》拓片寫過一篇《跋》（見上海古籍出版社2019年版梁光華主編《莫友芝全集》第十册第一百二十八頁），此同治戊辰（1868）四月四日所寫之《跋》手稿，今藏於貴州省博物館，可與附録卷二之《梁始興忠武王蕭憺碑》互參研究。莫友芝很在意他到栖霞山考拓梁碑的成果，曾在《舊館壇碑考》中説：

今金石家言前五代碑刻，唯蕭梁一代略能指數，餘蓋罕聞，戊辰秋於金陵搜獲，在孫泊淵氏《訪碑録》外更七、八事，亦是梁物，擬彙爲《梁石記》以傳之。其石無存而孤拓在世，有重刻若《舊館壇》者，亦從編入。已據顧湘舟刻翁叔均雙鈎本鈔諸卷中。（見莫繩孫《宋元舊本經眼録》卷三，上海古籍出版社版《莫友芝全集》第四册第四百五十七頁。）

同治八年（1869）三日莫氏致潘祖蔭書亦言擬作《梁石記》一書：

去秋偶以暇晨搜討梁石劖，獲臨川二柱未顯之迹，始興東碑，增識千字；安成西陰，溢出一横。宋墅敏侯之石，曲阿文帝之陵，已有所聞，定無虛訪。自餘怡悦入手，烽燹未傷者，無巨細完剥，并録存之，題曰《梁石記》。（見上海古籍出版社版2019年版梁光華主編《莫友芝全集》第三册第二百四十七頁。）

莫友芝在世之時親自考拓，最想寫而又未能如願完成的金石學專著就是《梁石記》。張裕釗《莫子偲墓志銘》，其九弟莫祥芝《清授文林郎先兄郘亭先生行述》、官方正史《清史稿·文苑傳·莫友芝傳》都記載莫友芝寫有未刊刻行世的金石學著作《梁石記》，然而後世人都没有見到過莫氏的《梁石記》一書；我們收集、整理、點校，在上海古籍出版社出版《莫友芝全集》，收集到許多珍貴的莫友芝手稿、鈔本、刻本等文獻，但是也没有看到《梁石記》一書。今從莫繩孫整理鈔録其父的《宋元舊本書經眼録》附録二卷《書衣筆識》《金石筆識》和《郘亭雜文燹餘録》，以及中國國家圖書館藏莫友芝《郘亭校碑記》《金石影》《郘亭詩文稿書跋》手稿等文獻書稿中輯録、整理、考證莫氏金石學研究成果，我們仿佛看到了莫友芝晚年最想寫而又未能如願完成的《梁石記》遺稿之内容。本書對此進行耙疏、整理、考證，使後世讀者得以窺見莫氏金石學研究成果及其可能是《梁石記》遺稿的内容，也是對莫友芝遺著、莫友芝研究一項空白的填補。

四、莫友芝、莫繩孫父子《宋元舊本書經眼録》比較考論揭秘結語

莫友芝少承庭訓，翰林家學淵源深厚，自幼好學，手不釋卷；青年中舉，經倫滿腹。《清史稿》謂友芝『臞貌玉立』，『樂易近人』，善與天下名儒俊彦接交，文名遠播大江南北。道光二十七年（1847）曾國藩以翰林院侍講學士、禮部侍郎之身份主動與會試下第之莫友芝在北京虎坊橋締結金蘭，稱譽『不意黔中有此宿學耶』！咸豐末年以後莫友芝進入曾國藩幕府，評騭書史，訪書收書，編書刊書；一介宿儒似書蟲，榮利泊如，一生未入仕途。莫友芝是譽滿天下的目録學家、古籍版本鑒定泰斗，他考鑒古籍版本有什么特徵，有什么價值，由何人撰著，古書有什么文字避諱，古書在什么地方什么年代首刻、再刻、傳流，其序跋者爲誰，藏傳者鈐印題記真僞，唐、宋、金、元、明善本、鈔本、刻本紙質如何，書籍藏品在中

國文化史上的地位和影響，古籍售易流傳收藏過程，等等，莫友芝的鑒定就是權威的鑒定結論。學術中人、社會各界人士，無人不服。因而家有古籍藏本者、販書者、購書者、藏書者，都紛紛争請莫友芝鑒賞古籍版本書。晚清時人均以能够慕名禮請莫氏爲己鑒定審校家藏古籍版本書并整理編目爲榮。例如葉德輝在其《郘亭知見傳本書目序》中記説：『丁禹生中丞喜藏書，每得一書，必請先生鑒别，故《經眼録》中所載，大半丁氏藏書[二十三]。』高官兼藏書家之丁日昌禮請莫友芝爲其持静齋鑒書并整理編目，其成果有著名的《持静齋藏書記要》《持静齋書目》刊刻行世。同治年間，曾國藩、李鴻章委派莫友芝到江南各省收訪燹後《四庫全書》散失民間之書以及江南各省進呈朝廷遺漏之書，還兼查各儒學、各書院官書戰火後留存情况，所以莫友芝在訪書收書過程中更得以飽覽江南各省各地官私藏書和珍稀古籍藏本，成为名滿天下的古籍鑒定、目録版本學泰斗。《宋元舊本書經眼録》手稿就是莫友芝在訪書中經眼鑒賞上海郁松年宜稼堂、丁日昌持静齋、嘉興唐翰題藏書樓、常熟瞿秉淵恬裕齋、常熟錢曾《讀書敏求記》逸文等著名私家藏書、書肆售書的隨手原始箋記。莫友芝《宋元舊本書經眼録》的重大價值，就是如實記録這些晚清著名私家藏書樓及書肆售賣之宋本、金本、元本、明本和稿本、舊鈔本六百九十二種珍貴古籍圖書的書目信息，不可多得；其重大學術文獻價值就是通過《宋元舊本書經眼録》手稿的鑒賞箋記解題，莫氏把研治目録版本學的科學方法及其結論（見上文第二部分考論）流傳後世。迄今爲止，莫友芝這份珍貴手稿研究郁松年宜稼堂、瞿秉淵恬裕齋、丁日昌持静齋、錢曾《讀書敏求記》逸文、唐翰題藏書樓等珍稀宋、金、元、明本藏書所作的書目文獻評價與學術價值按斷，仍然令人信服；所用的科學研治方法，後學仍然在學習傳承使用。所以清末民初著名目録版本學家葉德輝評價『獨山莫郘亭先生《宋元舊本書經眼録》亦家有一編，與邵書（《四庫簡明目録標注》）相驂駟。』於是『訪書者視爲津梁，售書者挾此目爲軒輊』（莫棠語）。姚名達在《中國目録學史》中評價：『録其目睹，不必實藏者，清末莫友芝《宋元舊本書經眼録》即其最善者。』學術界公認莫友芝《宋元舊本書經眼録》是鑒定考查善本與珍稀傳本古籍的重要依據。莫友芝《宋元舊本書經眼録》是晚清以來當之無愧的目録版本學名著。本文就是第一篇全面、深入研究中國國家圖書館所藏莫友芝《宋元舊本書經眼録》手稿的專論，而且是第一次將其與莫繩孫鈔録整理之《宋元舊本書經眼録》手稿和刻本作對比考論揭秘的專論。筆者研究認爲：莫友芝《宋元舊本書經眼録》手稿完整存在，一共箋記了郁松年、瞿秉淵、秉清、錢曾、丁日昌等藏書家所藏宋本、金本、元本、明本刻版書和稿本、舊鈔本書六百九十二種。如果莫繩孫忠實于父親原著手稿，祇需按照宋、元、金、明刊刻或寫鈔時代先後，按照『經、史、子、集』四部分類法整理編排其父《宋元舊本書經眼録》手稿，即可完成鈔録整理任務。如果莫繩孫認爲父親《宋元舊本書經眼録》手稿所經眼箋記的書過少，確需增補，則可以如實附録自己從父亲其他遺稿中鈔録增補的書目箋記；如果莫繩孫認爲父親《宋元舊本書經眼録》手稿對上海郁松年宜稼堂、常熟瞿秉淵恬裕齋、錢曾《讀書敏求記》逸文、丁日昌持静齋、嘉興唐翰題藏書樓藏書等所作箋記有的過於簡略，擬作删除，這些都可以一并用序跋或校記等形式，逐一注明鈔録增補書目的來源出處，逐一注明交待删除父親手稿箋記的書目内容。這樣既能保持父親原著原貌，也符合忠實整理先輩古籍遺著的基本原則。但是綜觀莫繩孫《宋元舊本書經眼録》手稿和刻本，莫繩孫并没有按照這一通行的基本原則去鈔録整理其父的原著手稿。將莫繩孫《宋元舊本書經眼録》手稿和刻本與其父莫友芝《宋元舊本書經眼録》手稿作對比考論，我們發現有以下重大的、令人遺憾的出入：

第一，莫繩孫删脱其父原著手稿内容接近百分之八十九，而未加任何序跋校記説明，令人不可思議。莫繩孫手稿和刊刻面世之刻本，其卷一箋記四十六種書，其中衹有二十二種書是其父手稿箋記之書，衍增了二十四種書；其卷二箋記了四十八種書，其中二十八種書是其父手稿箋記之書，衍增了二十種書；其卷三箋記了三十九種書，其中二十二種書是其父手稿箋記之書，衍增了十七種書。在全書正編三卷箋記之一百三十三種書中，其父手稿箋記之書共爲七十二種，衍增之書多達六十一種。莫友芝《宋元舊本書經眼録》手稿一共經眼箋記宋本、金本、元本、明本及稿本、舊鈔本書六百九十二種，莫繩孫衹將其中的七十二種書之箋記鈔録進入自己整理編寫的《宋元舊本書經眼録》書中，活生生删脱其父手稿六百二十種書之箋記；瞿秉淵恬裕齋二百四十九種書，錢曾《讀書敏求記》十六種逸文書之箋記全部删脱，上海郁松年宜稼堂三百六十五種書之箋記，大部分删脱，使得全書面目全非。莫繩孫既未加任何删除理由的説明，但又仍然使用其父《宋元舊本書經眼録》之書名，衹在其手稿兩則《謹記》和刻本一則《謹志》中説：

右宋、金、元、明槧本暨舊鈔本、稿本書，凡百三十三種，悉同治乙丑迄己巳五歲中先君游蘇、浙所見者，或解題，或考其本善劣，或謹記每頁行字數目，或并録其序跋及經藏家跋語印記，皆經眼時隨筆志之，以備檢察，非有意撰述，故體例詳略時有出入，亦未及類次，罕覯者偶於目上作圓圈别之。今年春，姑丈黎蒓齋先生來金陵，謂足備目録家之一，亟欲携去吴門壽梓。繩孫約依《天禄琳琅書目》例，謹類次之，厘爲三卷；其附録一卷，則鈔輯先君行篋書面筆識也。先君目録書尚有考訂金石若干則，《知見傳本書目》若干卷，待編次繕清稿續寄云。同治十二年癸酉閏六月既望，第二男繩孫謹記於江寧旅舍。

先君子每獲善本書，喜手自裝訂，筆志其端，類多考證目録家言。黎蒓齋先生將刊《宋元舊本書經眼録》，復命繩孫鈔集各書面手迹附諸卷末。謹輯六十餘則，次爲一卷曰《書衣筆記》。然僅就咸豐己未及同治庚午十二年中先君客京都、客鄂皖金陵蘇浙淮揚行篋所收弆録之。

右宋、金、元明槧本暨舊鈔本、稿本書，凡百三十種，悉同治乙丑迄己巳數歲中先君客游所見者，或解題，或考其槧鈔善劣，或僅記每頁行字數目，或并録其序跋及經藏家跋語印記，皆經眼時隨筆志之，以備循覽。今年春，姑夫黎蒓齋先生自吴門來金陵，謂足備目録家之一，亟欲壽梓。繩孫謹次爲三卷，更集他書衣及碑帖題語爲二卷附焉。吾家影山草堂僻在黔南，舊藏粗備，尤多先人手澤，遭亂後散佚略盡，不可復得，今卷中僅存一二，先君少時

所校也，念之泫然。同治癸酉七月丁未朔，第二男繩孫謹志於江寧旅舍。[二十四]

莫繩孫這种含混不清的交待解説，筆者認爲是在有意迴避其父箋記六百九十二種書的原著手稿。説到莫繩孫有意迴避其父原著手稿，這里順説一事：在正式刊印《宋元舊本書經眼録》之前，莫繩孫既請其父生前好友、著名目録版本學家張文虎（號嘯山）審定自己鈔録整理的《宋元舊本書經眼録》手稿，又不把其父原著手稿給張氏看。張氏審閲中有疑惑，便寫條給莫繩孫：

此書尊公既未定名，不可以子名父書，且『宋元』兩字亦不能包括。故僭易其名，而見之跋中。[二十五]

莫繩孫致信其姑父黎庶昌申説辯解此事：

蒓齋姑父大人侍右：……先君《舊本書經眼録》，侄編爲三卷，附録一卷，繕成清稿二册寄上。請姑丈細閲删訂後爲作一序，再行付梓。侄有小跋二，亦請删改。昨已將此書請張嘯山先生閲過，其簽示各條，已照删去。唯其云『不可以子名父書』，而此書之名乃先君原稿所題，未及告之也。……又嘯翁所校誤字各條，其未改者，原稿亦誤。已於旁加抹，第未改耳，請酌之。〔二十六〕

令人遺憾的是，至今未見黎庶昌先生對莫繩孫這些整理處置有何意見！莫繩孫請求姑父黎庶昌爲他整理的《宋元舊本書經眼録》所作之《序》，至今亦未見到（或許黎氏根本就没有爲此書寫過《序》）！試想如果当時莫繩孫把其父《宋元舊本書經眼録》原著手稿送給張文虎先生看，張先生肯定會對宿儒老友莫郘亭原著手稿、留當、補當删當整理之處提出己見，肯定不會對郘亭所題書名産生疑惑，當然也就不会如此嚴厲地批評莫繩孫『不可以子名父書……故僭易其名，而見之跋中。』莫繩孫整理鈔録父親遺著，令人不可思議地隨意删脱其父手稿大部分内容，而未作任何具体删除説明交代，導致其父原著許多具有重大文獻價值和學術價值的書稿内容被删脱不存，導致自己整理刊印的《宋元舊本書經眼録》一書與父親原著手稿面目大變樣。不够尊重、不够忠實于父亲遺著手稿，不能不是莫繩孫整理刊刻所存在的一个令人遺憾的重大瑕疵。

第二，莫繩孫整理刊刻的《宋元舊本書經眼録》衍增之書太多，又未注明鈔録整理其父其他遺稿的來源出處，亦令人不可思議。莫繩孫整理刊刻的《宋元舊本書經眼録》卷一衍增二十四種書，卷二衍增二十種書，卷三衍增十七種書，全書正編三卷一共衍增六十一种書。莫繩孫在刻本《謹志》中僅用『謹次爲三卷，更集他書衣及碑帖題語爲二卷附焉』作説明，這一説明交待是含混不清的。莫繩孫没有逐一注明校記這六十一种衍增書鈔録自父親的何種遺稿，就直接進入《宋元舊本書經眼録》一書正編之中，讓讀者認爲正編一百三十三种書之箋記全是莫友芝《宋元舊本書經眼録》原書原稿内容；又加上其父手稿原來没有的附録卷一、卷二一百〇四种書的箋記，故而莫繩孫整理的《宋元舊本書經眼録》手稿和刻本所衍增之書，確有喧賓奪主的客觀效果。這樣整理刊刻出來的《宋元舊本書經眼録》，同樣是不够尊重、不够忠實于其父原著手稿的一个令人遺憾的重大瑕疵。

第三，莫繩孫整理刊刻的《宋元舊本書經眼録》增删改動其父手稿原有箋記解題語過多。莫繩孫以兒子整理之見解直接代替父親名家之説，使得其父手稿有些原有箋記解題不爲後世讀者所知。這既是重大的損失，又是莫繩孫《宋元舊本書經眼録》整理中不應當出現的一个軟肋硬傷，在此之前世人無從知曉，無人論及。

莫友芝是國學通儒大師，精通經史子集，一生手不釋卷，學富五車，著作等身。莫繩孫緊隨其父走遍大江南北，幼承庭訓，朝夕問學，深得家學真傳。莫友芝《黔詩紀略》三十三卷（約一百四十万字），《郘亭知見傳本書目》十六卷（約一百万字）、《郘亭遺詩》八卷（約十五万字）、《郘亭遺文》八卷（約十六万字）、《郘亭書畫經眼録》四卷（約十六万字）、《影山草堂學吟稿》四卷（約十八万字）、《郘亭雜文叕餘録》三卷（約十六万字）、《影山詞》三卷（約十万字）、《莫友芝正草隸篆墨迹》《莫友芝篆書三種》等，莫郘亭同治辛未（1871）九月辭世之後，都由其子莫繩孫收集整理，多方籌措資金刊刻傳世。所以説莫繩孫是其父莫友芝學問和遺著整理刊刻傳播的功臣，具有突出的貢獻，衹是在整理、刊刻《宋元舊本書經眼録》一書時存有瑕疵。

以上復原考論揭秘，旨在通過復原莫友芝原著手稿，并與莫繩孫鈔録整理手稿作對比考論，還原歷史文化的原貌，復原莫友芝《宋元舊本書經眼録》手稿這部著名目録版本學珍本著作的原貌，旨在研究總結莫友芝《宋元舊本書經眼録》所采用的目録版本學主要研究方法，旨在第一次考論、揭秘莫繩孫鈔録整理《宋元舊本書經眼録》不加任何説明就任意删除其父原著手稿中六百二十种書的箋記解題内容，同時考論指出莫繩孫整理、刊刻、傳播其父學問、遺著有突出功績與貢獻的同時，亦存有不够尊重、不够忠實于其父原著手稿的瑕疵。這一復原莫友芝《宋元舊本書經眼録》手稿原著原貌的考論揭秘研究，是學術界一百四十餘年以來無人所知、無人所論之創新研究發現，可以填補莫友芝遺著、莫友芝研究的一項空白，在莫友芝研究史上具有重要意義，故而筆者傾注莫學研究數十年之心血功力予以第一次深入考論揭秘，以期在中國古籍整理、文獻傳承中奉獻綿薄之力。筆者此考論揭秘節縮稿，曾在《貴州民族大學學報》2019 年第一期上發表過，可參見。

著名學者顧久教授審讀作者這一研究之後評價説：『光華先生考論世傳一百多年的《宋元舊本書經眼録》一書，并非莫友芝之原書原貌，而是其子莫繩孫捨弃原書手稿約百分之九十，再將莫友芝其他大量遺稿整理録入其中，再刊刻行世。光華先生對此作嚴謹考論，復原莫友芝原著面目，很有説服力，必將使學者重新認識《宋元舊本書經眼録》一書的價值。』

如何重新認識，正確評價《宋元舊本經眼録》莫友芝手稿和莫繩孫鈔録整理手稿及刊刻行世本？我們綜合深入研究認爲：

在中國古籍傳播、文獻整理傳承、目録版本學研究等領域，莫繩孫整理、鈔録他父親莫友芝《宋元舊本書經眼録》手稿以及其他遺著而成的刻本《宋元舊本書經眼録》一書，自晚清刊刻傳世以来一百四十餘年間，成爲了中國目録版本學的一部名著，古今若干次在海内外刊刻、影印、點校再版傳播，進入了中國最著名的《續修四庫全書》影印本之中（見上海古籍出版社 2002—2013 年影印版《續修四庫全書》第零九二六册），滋养了一代又一代的學人，成爲了鑒定中國珍稀善本古籍的重要依據工具書，成爲了中國現当代目録版本學的傳統經典教科書，在古今都有巨大的影響，其文獻價值和學術價值不可估量；再者莫繩孫所整理鈔録進入《宋元舊本書經眼録》一書的其他古籍善本圖書箋記解題内容，也都是其父莫友芝一生治學、辛勤筆耕的遺著文稿，難得一見，十分珍貴，所以我们仍認爲：莫繩孫整理、張文虎、唐翰題、劉履芬等晚清著名學者幫助審定批注的《宋元舊本書經眼録》與其父手稿衹有約百分之十一的相同，而約有百分之八十九的内容不同，差異很大，但是同爲莫友芝目録版本學著作，故可視爲與莫友芝《宋元舊本書經眼録》手稿同名的另一本書，仍然可以獨立存傳于世。用這種實事求是、尊重歷史文化存在的態度來對待珍貴的古代文化遺産，既不全盤否定莫繩孫鈔録整理其父當年散存於不同書篋、批校目録版本學珍貴遺著的辛勤工作，又在客觀上豐富了莫友芝目録版本學著作的内容。莫友芝两本同名《宋元舊本書經眼録》著作，并傳於世，保存了莫友芝更多目録版本學研究成果，對中國古籍圖書鑒定，對傳承中國優秀傳統文化有百利而無一害。本書之所以要單獨點校莫友芝《宋元舊本書經眼録》手稿并對其文獻價值、學術價值及其研究方法作研究評介，主要是因爲莫友芝這一珍貴手稿不爲世人所知所見，故而單獨點校；而莫繩孫鈔録整理之《宋元舊本書經眼録》從晚清刊刻流傳於世已近一百五十年，古今已有十餘次刊刻影印或整理點校本，故而不再點校。本書之所以要對莫友芝手稿、莫繩孫鈔録整理本作復原對比揭秘考論，比較詳盡地考論莫繩孫鈔録整理本删脱其父手稿内容，以及衍增書目箋記的出處，目的是旨在還原歷史，向廣大讀者揭橥莫友芝手稿本來存在，而莫繩孫鈔録整理本是如何另外輯録其父其它散見遺稿而鈔録整理爲《宋元舊本書經眼録》這一不爲世人所知的文化秘密。作此文化揭秘考論，奉獻給方家讀者，謹向方家讀者請教。

這就是百花齊放，百家争鳴的學術研究，這也是我們多年来黄卷青燈爬梳整理莫友芝文獻史料，深入獨到研究莫友芝的獨有心血結晶，也是本書單獨成書出版的價值所在。筆者拙見，姑妄言之，恭请通人方家讀者指謬是正。

注釋

［一］見清光緒年金陵刻本《郘亭遺詩》卷首所刻張裕釗《莫子偲墓志銘》。

［二］黎庶昌《莫徵君别傳》和莫祥芝《清授文琳郎先兄郘亭先生行述》均見貴州省博物館藏1937年遵義趙愷編印本《鄭莫黎三先生事實徵輯》。

［三］見上海古籍出版社、上海書店1986年12月版《二十五史·清史稿·文苑傳·莫友芝傳》第一万〇三百二十八頁。

［四］［二十四］見粱光華主編，上海古籍出版社2019年版《莫友芝全集》第四册第三百六十六頁。本文所引之莫繩孫手稿，均同此版本，不再一一出注。

另外，需要特別指出的是，臺灣《『國立中央圖書館』館刊》新十卷第一期刊載《獨山莫氏遺稿》一文，記『國立中央圖書館』藏有：

《宋元舊本書經眼録》不分卷四册，附録不分卷二册。清莫友芝撰，稿本。所記皆宋元舊本書目録，每書記行款，或記鈐印、題跋，書眉有批校及浮簽，分别爲《宋元舊本書經眼録》、唐翰題、王頌蔚手筆。鈐印：『郘亭』白文方印；『友芝』白文方印；『其名曰友』朱文方印；『素心人』朱文長方印；『莫五』朱文方印；『獨山莫氏圖書』朱文小長方印。

按：這部『《宋元舊本書經眼録》不分卷四册，附録不分卷二册』，題名『清莫友芝撰，稿本』，恐有誤。中國國家圖書館所藏莫友芝《宋元舊本書經眼録》手稿没有附録卷二。此當爲莫繩孫整理本之另一稿鈔本藏於臺灣。

［五］見同治癸酉（1873）金陵刻本《宋元舊本書經眼録》；本文以下所引之莫繩孫此刻本内容，均同此，不再一一出注。

［六］［十九］［二十三］見貴州大學出版社 2017 年 3 月版粱光華、歐陽大霖影印整理《郘亭知見傳本書目》莫繩孫稿鈔本（點校本）；以下所引《郘亭知見傳本書目》箋記，均同此版本，不再一一出注。

［七］見中國書店 1984 年 6 月版姚名達《中國目録學史·特種書目篇》。

［八］見民國《貴州通志·藝文志》。

［九］見商務印書館 1982 年出版之武漢大學教科書《中文工具書使用法》第七十四頁。

［十］見貴州人民出版社 1992 年 9 月版黄萬機《莫友芝評傳》第三百一十三至三百一十五頁。

［十一］見《福建圖書館學刊》1997 年第 4 期上發表的戴顯群《莫友芝及其在版本目録學上的成就》一文。

［十二］見臺灣花木蘭文化工作坊 2005 年 12 月版薛雅文《莫友芝之目録版本學研究》第八十五頁。

［十三］見中國國家圖書館藏莫友芝《宋元舊本書經眼録》手稿，古籍善本部索書号一三〇二八。

［十四］［十五］［十六］［十七］［十八］見上海古籍出版社 2019 年 11 月版《莫友芝全集》之《郘亭信札》《郘亭日記》。本文以下所引之莫友芝《郘亭日記》《郘亭信札》，均同此版本，不再一一出注。

［二十］見民國十三年蘇州文學山房活字本莫友芝《持静齋藏書記要》。

［二十一］見上海古籍出版社2016年8月版梁光華《唐寫本〈説文解字〉木部箋異注評》莫友芝關於『隩、案、梪』等字箋異語及附録一：莫友芝《唐寫本〈説文解字〉箋異引言》。

［二十二］見中華書局2004年5月版陳垣《史諱舉例》書首《序》。

［二十五］見中國社會科學院文學研究所善本室藏張文虎手書致莫繩孫箋條。

［二十六］見中國國家圖書館藏莫繩孫致其姑父黎純齋信函手稿。

附録

一、中國國家圖書館藏莫友芝《郘亭詩文稿書跋》手稿第五册影印件。（文見考論之第一〇三、一〇四～一〇五頁）

二、臺灣『國立中央圖書館』藏莫友芝《郘亭雜文叕餘録》稿鈔本影印件二：《易箋》《吕氏家塾讀詩記》《潘氏八世詩集》《山水移集》《蓮洋詩選》《宋元祐黨籍碑》（文見考論之第一〇五～一〇六頁）。

三、中國國家圖書館藏莫友芝《郘亭校碑記》中：『隋欽江縣正議大夫寧贙碑》《隋馬興墓志銘》《唐□夫人程氏塔銘》《唐開祝衡岳銅簡文》（文見考論之第一〇六、一〇七、一一〇頁）。

附録一　中國國家圖書館所藏莫友芝《郘亭詩文稿書跋》

第五册影印件

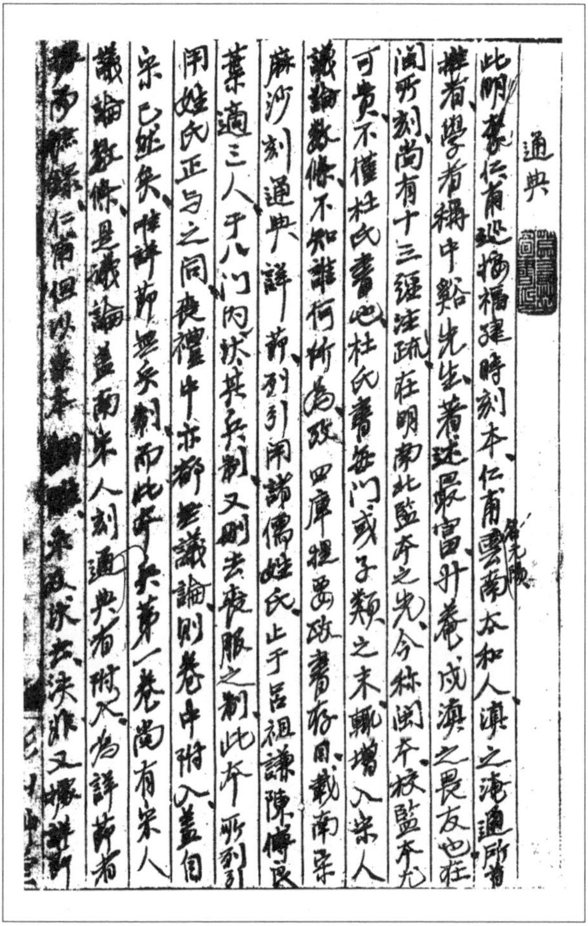

十二

目錄家

所附增亂本書也且所附當紙一格書、尚無大礙壬戌中秋節

亭記、

史記索隱 汲古閣仿宋刊單行本

同治壬戌六月皖口行營姚彥士贈此本約略檢勘旦補

現行官私諸本條以千計、而毛氏刊誤亦自不少、七月五日重裝、

散標所見于卷端、時摘取中統本為左證、三日[illegible]粗一過、未

得學細讎、期以他暇日也、獨山莫友芝記、

授經圖

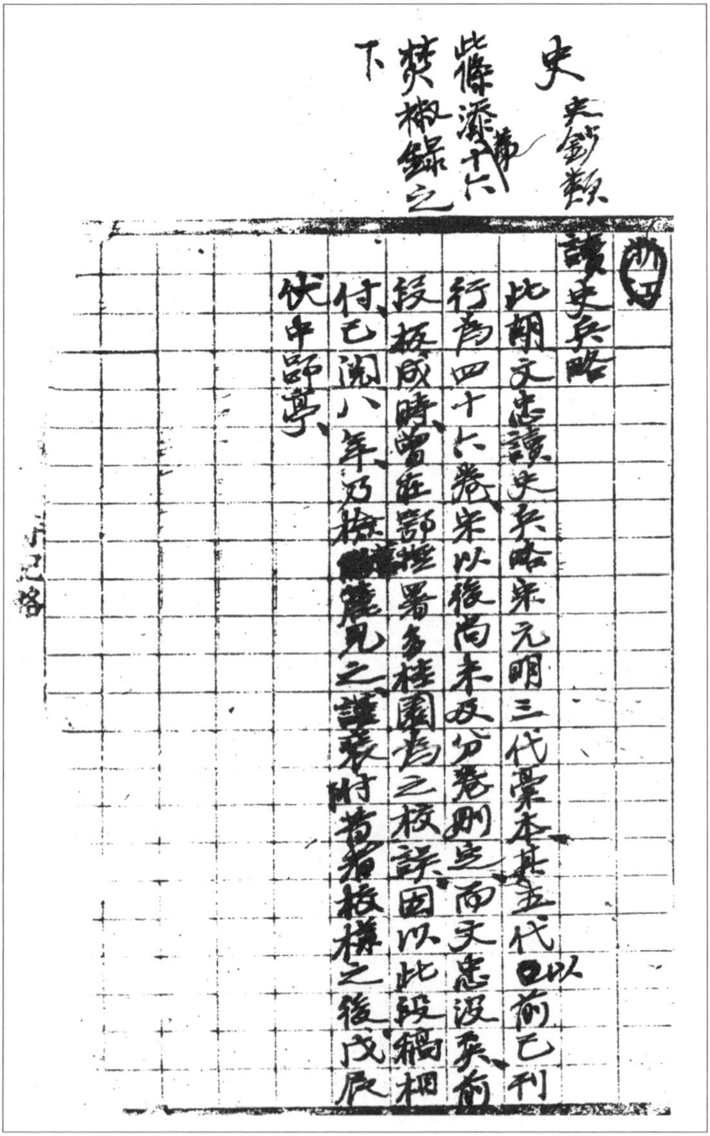

史

史鈔類

此條添第十六焚椒錄之下

讀史兵略

此胡文忠讀史兵略宋元明三代彙本其五代以前已刊行為四十六卷宋以後尚未及分卷刪定而文忠沒矣前段据咸時曾在鄂撫署多桂園為之校誤因以此段稿相付已閱八年乃檢麓見之謹裝附首肴校樣之後戊辰伏中郘亭

十六　史

只

子類考

焚椒錄一卷

遼王鼎撰，據明姚士粦影吳𩔖齋家本過錄。此錄專辨懿德皇后誣死之事，業已補遼史之遺。四庫僅存其目，汲古閣所刊，蓋即據此本。丁卯九月，檢氏藏書，家僅亦喜是舊鈔錄之，裨備遼人箸述之一種。邸亭

回溪史韻　宋錢諷正初撰

此史韻五冊，其三冊蓋影宋鈔，僅十七卷，當即竹垞跋所謂從琴川毛氏、長洲何氏所藏合之寫存才十七卷者。又益別鈔二冊，六卷，合二十三卷，與擘經室進書提要合，然則此書之存于世，僅此弱半而已。竹垞所言曰見于京師殘本，錄之七卷冊，殆不能多也。同治丙寅九秋，胥門收此，裝成記。

廿五

雜家類

子部

封氏聞見記 唐封演十卷

封氏聞見記寫本十卷。同治丁卯中秋杭游所收，整理散亂，僅失末卷尾半頁。葉後一紙記二行云：隆慶戊辰借梁溪吳氏宋鈔本錄。知是明人舊鈔，手裝以存。是書元明以來無刻本，至乾隆中德州盧氏乃據虞山陸敕先所錄孫伏生家本刊入雅雨堂叢書。孫本為吳岫方山藏，錄於正德戊辰，不言所出。孫氏又假秦酉巖別本校勘。秦本則朱良育依柳大中、唐子畏兩本先後各鈔五卷，首有至正辛酉夏庭芝跋，蓋出于元鈔。此本據宋鈔，則又兩本外之別本。己巳開歲，書局獨居無事，乃以盧刻通校一過，其足補刻本佚脫者，第二卷石經條首

六　雜家

百六十三字。五卷刺科條二十三字。銓曹條六字。四卷尊號條二十六字。露布條八字。五卷燒尾條十九字。圖畫條二十四字。外此足補正一二字脫文（譌）各數十許。始知此本遠勝方山酉巖所弆。隆慶戊辰距今逾三百年。所據宋鈔斷已無存。海內決無更勝此本之帙。在四庫子部中。直與宋本同什襲可也。晁氏讀書志載此書五卷。與唐書宋史同。此及方山酉巖依宋元鈔者乃皆十卷。殆同宋即有此析五為十之本。晁本無傳。末從質矣。其第五卷長嘯條。刊本多廿五字。云蓋出其言善千里應之出其嘯善萬靈受職斯之學道者哉。古校注謂原本朱筆增入。吳方山云二本俱無。今此本已增刊本數百字。而亦無之。蓋校者依他引嘯旨語記于行間者。不必定封氏書所有也。穀日燭下莫友芝識

封氏聞見記　雅雨堂刊本

以明隆慶戊辰錄宋鈔本校此刊本。第二卷石經篇增出百六十三字。

廿二

術數類

三卷制科增二十三字、銓曹增六字、四卷尊號增二十六字、露布增八字、五卷燒尾增十九字、圖畫增二十四字、其一二字足資補正者、又各數十處、悉于卷端行間標記、以便觀覽。此刻所據、陸敕先依吳方山秦酉巖兩本録校者、不及隆慶舊抄遠矣。封氏書雖説部、襍記典述唐代掌故、多史志遺畧、足充學者考鏡、資糧漁洋亟稱之、雅雨亟刊之、皆以此。儻有好事更以此校付雕、當亦王盧所深許也。同治己巳閏歲人日校完、穀日識。獨山莫友芝。

太玄經范注一冊（卷一之三、首載陸績述玄一篇、玄圖一紙）

此明江都郝梁據宋萬玉堂本傳刊者、愛日精廬書志載有此本、蓋明時佳刻也。然其一卷羨首即脱去贊之初一經注三十六字、凡傳刻古書不依舊式、每有此病。（宋本半頁八行、行十七字）圖後附説六頁、前又有司馬溫公集注序、及説玄集事、蓋皆刊本所無、昔藏者録以備觀。溫公自有書

廿三　子術數

廿四　子術數

不應羼入此本耳。

太玄經范注第二冊　四之七

戊辰二月壬寅以所所假宜稼堂所收萬玉堂本校此三冊，三月庚寅畢功。萬玉本足補正此本蓋千有餘字，子高傳刻亦何草草，乃爾耶。亦有此本是而萬玉本誤者，三四十字。蓋所據傳刻別一宋本，前輩以為其據萬玉本者，不足憑也。此書明末尚有黃石齋本，即用萬玉本覆刊，而削去板心萬玉堂字，其勝此本多矣。

太玄經范注　八之十　附太玄釋文一卷　王廣津說玄一卷

此陽城張氏省訓堂舊藏，同治乙丑四月收于蘇肆，尚渢第二第三兩卷。丁卯八月于杭肆獲此刻殘冊，適足相補。戊辰二月攜來江蘇書局，欲以萬玉堂本校，因手裝，過記之。廿一日己亥郘亭眲叟

景山艸堂

廿一　子醫家

卅五　子道家

普濟方

此普濟方殘本十二冊，始此第六十九卷至百十六卷止，中缺不連者猶若干卷。其卷大者百餘頁，卷小者亦三四十頁，方書蓋未有富于此者。考宋元醫家無此書，惟千頃堂書目載明周定王普濟方一百六十八卷，蓋即此書。明史藝文志載此書僅六十八卷，則寫脫一百二字也。未見刊本，此殘鈔為汪閬園舊藏，亦有若干類可觀覽者。同治庚午中秋，金陵市出所收，草草畢記其端首。

孫忠小史

元九龍山人編，此書不知幾卷，皆道家言，如列仙傳之流，而書題孫忠，莫解所謂。己巳初冬揚城書攤漫收以供舟中觀覽。寫本甚舊，亦元明間物也。

廿九 類書

簿上似有一字當寫黃虞稷查過

二十 子小說

新編事文類聚翰墨全書

此書蓋從十二分十集，而各集門目皆互相補，無重複，亦如祝氏類聚，雖一時免園冊子，而宋末及元初人文字不傳者，亦得畧存一二，不必盡供應俗也。諸家書目，黃虞稷明史藝文志稿有之（當亦是晤堂書），云劉應李事文類聚翰墨全書九十八卷，注云字希泌，建陽人，咸淳中進士，始本邑簿，與熊禾、胡庭芳講學洪源書堂，校其編錄之意，蓋亦宋人翰苑新書之類。四庫提要不載，則進呈未及耳。 同治丙寅秋九，蘇門市中收此殘帙，僅乙、己、庚三集及戊集之末冊，于全書僅三之一，以其猶是元時刻印，姑存之書丹鉛亦兒輩。郘亭眲叟吳江舟次。

一 檀默齋穆天子傳注疏

極力闢荒，極為宋玉庭氏所推服，惜未肯薊去蕪衍

廿三　道家

廿七　雜家

廿一

以咸簡當耳，然滇荒窮宦，藉抒無聊之思，至精瀾不
磨處，故是奇作。庚午仲春友芝蒐獲于安慶肆中
漫識

道德經　唐玄宗注

此寫本同治丁卯秋吳門所收，蓋出于道藏者。庚午中夏
來維揚書局，以易州石幢唐刻校之，記其異同。寫本
固多誤，亦時有可證石本處。十八日雨中燭下，郘亭。

夢溪筆談　宋沈括

此明宋嘉定馬氏據宋本校刊舊印，同治初元春，善徵弟祥
門所收，夏寄至安慶城，使繩兒褢過。

錄異記　蜀杜光庭

光庭作仙傳及此記，多非事實，故前人謂語言無稽者曰

卅二 道家

杜撰、

老子河上公注 明刊中都四子本

余舊有中都刊本管淮南二種，是書徵第同治癸亥收于祁门者，丙寅秋于役常熟，又獲莊子，丁卯冬又獲此冊于閶门，于是中都四子以全。此冊右自邊舊截損三分許。戊辰夏付裱，省覽而一之。郘亭識

卅四 道家

老子翼 明焦竑

是書四庫著錄云三卷，又攷異一卷。提要謂上下篇各一卷，附錄攷異一卷，則三乃二之譌也。此冊書徵弟祁门所收，當蝌其附錄、攷異。攷異甚賅備，當別求一焦氏老莊翼全本。

類書

洄溪史韵

三十
此文在前
穆天子傳注疏
檀墨齋

大廣益會玉篇巻第一 多四字

旁說文作㫄ゝ張作㫄 旁張作旁 下又何嫁切張嫁作稼

示所以示人張人下多也 神不側張作不測 祕密也張密𥨊

齋敬也張作𢻁也 禋敬也張作𢻁也 祆也張作地

祥似羊張作羊 襗𣪘張作𣪘 禶昨旦旦張作坦

祔祖也張視也 禥祭具具下張有也 祮胡栝張祮栝

禬測慮張測作側 禊胡契ゝ張作計 禠從婁張作簍

禮古文禱張無 祾力袊ゝ張作袊 社力乃切誤

禉以久切又以州切張作以久以州二切 桊祭名張名下有也本作餋ゝ張作餋

祅張作祅 呵憐張阿憐 鬃祭說文曰張作祭也說文彡也少日

禎音貞 仁宗諱 吉祥也 張本有此遗 司礼監本亦有

其次示不神祇祕齋禳祧祡禬祖祇祀禩祠祏禋縣祰祫祭福禧禘祐

禄禛祉禶禔禠禨祅祥袖祝襗祰禖禶禰禴祈禳裯祼祔褶禱袾禁
禕禪禷䘵禦祴祜禶褍祝禡祢禴禨祳禂禋禫禠禊禥禗祺禩褸
禱禳禠禁禑禍禤禢禬神袀褕禡禝祪禮礼祇禮祑社祬祑禓禚禰
祄禡禰禨祧禶禪禮祟禷禯祤禘祳禴禓禞祝禈禃禥禬禣
禮祆禗禪禃禉禣禞祢禖見禆禬禂祊　計數六百四十五字而僅百四十四字
則遺禎字也
二部　亘張作亙注同　亟張作亟
二弍亖三亟竺亘亘因凡恒亟亟亙亙亘圍為次
王𣪠張作參　皇大天張作大夫
王舌閏皇㚖
玉部凡二百七十七字上七張作六　玉以長張作而長　改君子改乃故誤張不誤
玉古文玉張無玉　瓈

一 礼

二 礼

君宗湘文源瀚太守所藏殘宋本玉篇首卷畧記如右

此玉篇無毋孫二字、據玉音篇毋在毋部、云本在女部、知依說文編也、又孫字在子部、則移系入子、可見篇本舊未嘗遺、而今張曹兩刻皆遺之、　司礼監本亦無毋字、末數卷闕孫字未察

周礼註疏

此明正德時修補宋十行本、其經補刊之葉即錯誤無完篇、其係原刻雖就漫漶、無誤字、通計宋刻猶存十分之四、亦可珍也、善徵在祁门收闕本十三經、其周礼乃以此本亟入、因重裝抽出、与仿宋儀礼礼記同匣弆而記其端、同治甲子初秋皖寓郘亭眲叟

礼記釋文

納蘭容若通志堂刊有倣宋淳熙四年本禮記釋文在經解之外卷表
亦具撫州公使庫新刊注禮記二十卷并釋文四卷附校正人畢州官
等一紙則必并刊經注而板毀僅存者耳嘉慶丙寅陽城張氏省訓堂
乃並倣刊以行于是海內經生皆欲家置紙貴一時訏亭嘗收其初印
本以釋文校容若所刊絕無異同既而于吳門見管洵美釋文卷端所
記據本異文則與大勝兩本處不少頗怪陽城何以漫不省改適來邗
收一再校修本則洵美所記善處數十悉已補改其未改若干處則宋
本誤字或筆蹟小異非兩字者乃知陽城刊此時其經注據顧氏影宋
其釋文則直以通志本覆雕卷末並云嘉慶丙寅某月其初印者中行
計字數悉同通志下端頁數下則留木未刻蓋誤改亦仍之其校修者
則計字悉經補改留木亦補刻匠者姓名末頁端嘉慶廿五年庚辰宋
本釋文再校修訖印行一行又改異末條亦經改過距刊成時十五

三　春秋

四　樂

五　小學

年已矣故此書經注當以丙寅初印為佳其釋文則庚辰校修乃善也

同治庚午夏郘亭晦叟書于維揚書局識

元至正刻春秋胡傳附錄纂疏

此書僅元至正第一冊序例及綱領與第一卷之隱公上半為存元式故草裝藏之同治乙丑五月滬上所收也郘亭

樂通

樂通三卷明人撰失其姓名其上卷有敬業堂鑑藏稽古閣書籍記王三印知查初白朱竹垞皆經藏而經義攷不載明史志千頃堂書目皆未收同治丁卯中秋得之杭肆其書在明代言律呂家頗為明白惜爛去自序及目錄前半頁人遂失攷耳

説文解字　孫淵如仿宋本

郘亭讀本説文在莅丹棻許丁巳客順元即此本伴行數歲以來相隨

九

小學

南北萬餘里庚申十一月至懷甯之廣村雪中重裝
用黟程伯專學博鴻詔所録其師汪南士文學文臺校本使寫官迻録
於上下端時有一二溢于鍊橋校議外者賓補正者友芝昔刻刺取唐
人及宋初人引許書異文若干卷思彙校一本此与校議並益讐刊不
少同治二年冬十月乙亥安慶軍次核過識後

附釋文互注礼部韵略

此曹楝亭所刻五種之一　四庫全書録此種乃據常熟錢孫保家影
鈔宋刻謂前五卷与曹本同但首無序文條例而末附貢舉條式一卷
凡五十三頁所載上起元祐五年下至紹興五年凡一切增刪韵字廟
諱祧諱書寫試卷格式以及考校章程無不具載多史志之所未備曹
本特為精善

万萬　標標　汗竹誤汙竹　鏱鏡　慎慎　啓提行下空白一字　竊闕之

雜樹宋樹不省　慎同不省　鬻決宋作丨決　万品萬品　燿必

懼必

竹垞謂付張氏刻者為宋暫上元本，又云唐上元之末，處士孫強稍增多其字，既而釋慧力撰象文，道士趙利正撰解疑，至宋陳彭年吳銳丘雍輩又重修之，于是廣益者衆，而玉篇又非顧氏之舊矣。又云孫氏玉篇雖非顧氏之舊，然去古未遠，猶愈于今之所行大廣益本，玉篇復上元本，而古之小學存焉。是直以張刻為孫本，而所謂今所行大廣益本，蓋指司礼監大字本與。

大廣益會玉篇總目凡三十卷總五百四十二部 張作玉篇上十卷凡一百三十七部

卷三 第大 禮 張大礼 卷七凡十〇部 張凡一十一部

卷九 久 思 雔 張夊思雔 張玉篇中十卷盡凡部數 卷十凡一十九 並行一

卷十一 𡿨 彌仙張作弥仙 卷十四 束七 瀆〻張作瀆

卷十五 黍 式與〻張作与 旱 張作旱 華 張作華 壬 張作壬

卷二十 囧 張作冏 張玉篇下十卷凡二百四十部

卷二十一 爨 于亂 張于作千 尣 張作九

卷二十三 莧 張作莧 豚 張作豚

卷二十四 雔 才币〻張作市 卷二十六 皮 彼奇 張作被奇

卷二十九 隶 誤聿 斤 張作丁 兂 張作兒 單 時闌〻張作闌

卷三十 古 公户〻張作五 乙 倚室 張作猗室 云 張作厷

半頁十一行 行大十九字 小廿四字

七 小學

此本較今張曹兩刻多此八頁蓋南宋書賈所意增其用心良苦唯部
目本以領所從諸字而一玉乃用弋丕者不少則何以為訓乎
四聲篇海 五音集韻
玉篇 廣韻

五音類聚四聲篇海十五卷金真定韓孝彥允中以玉篇五百四十二
部依三十六母次之更取類篇及龍龕手鏡等書增襍部三十有七共
五百七十九部凡同母之字各部辨其四聲為先後每部之内又計其
字畫之多少為先後以便檢尋其書成于明昌承安間迨泰和戊辰
孝彥之子道昭改併為四百四十四部韓道昇為之序殊體僻字靡不
悉載道昭又因廣韻改其編次為五音集韻十五卷以三十六母各分
四等排比諸字之先後為韻會所本其增入之字則以集韻為本改二百
六韻為百六十而并忝於琰併檻于豏併儼于范併㮇于豔併鑑于陷
併釅于梵以證廣韻上去聲末六韻之通為二与平聲入又廢不与代

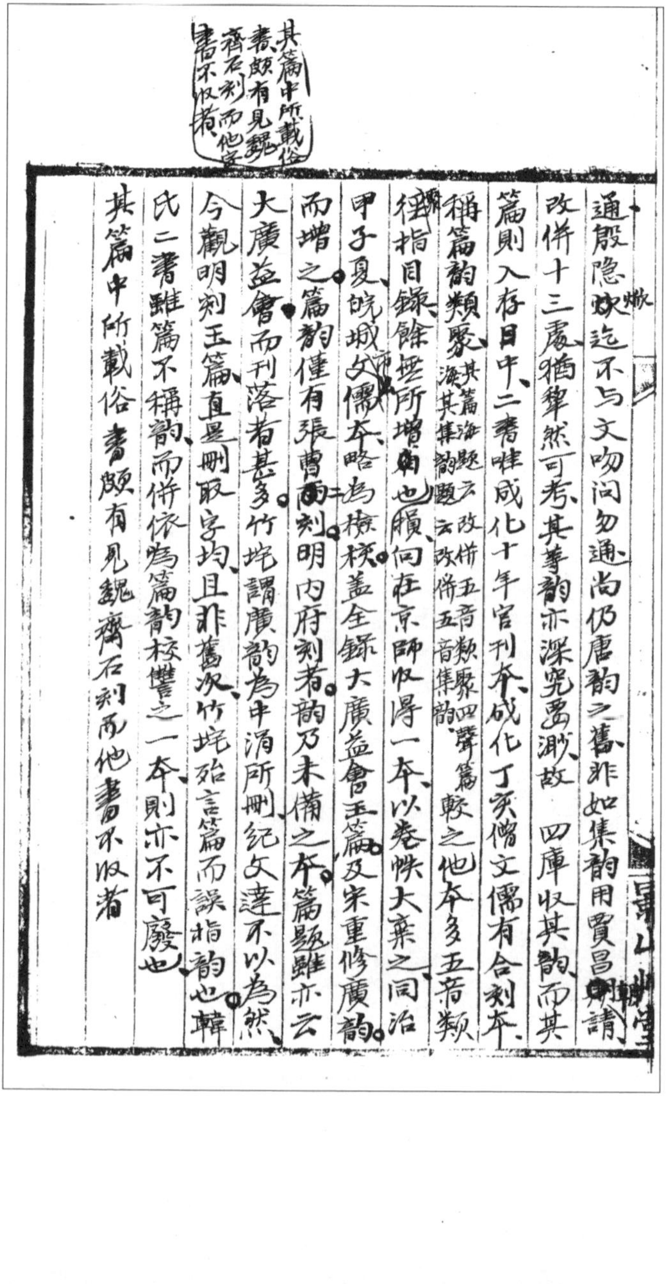
其篇中所載俗書頗有見魏齊石刻而他書不收者

通假隱欲，迄不与文吻，问勿通。尚仍唐韵之舊，非如集韵用賈昌朝請
改併十三處，猶犂然可考。其等韵亦深究要渺，故 四庫收其韵，而其
篇則入存目中。二書惟成化十年官刊本、成化丁亥僧文儒有合刻本，
稱篇韵類聚（其篇海題云改併五音類聚四聲篇海，其集韵題云改併五音集韵），較之他本多五音類
徑指目録，餘無所增損也。頃向在京師收得一本，以卷帙大棄之，同治
甲子夏皖城文儒本，略為檢校，蓋全録大廣益會玉篇及宋重修廣韵
而增之。篇韵僅有張曹二刻，明内府刻者韵乃未備之本，篇題雖亦云
大廣益會，而刊落者甚多。竹垞謂廣韵為中涓所刪，紀文達不以為然，
今觀明刻玉篇，直是刪取字均，且非舊次。竹垞殆言篇而誤指韵也。韓
氏二書雖篇不稱韵，而併依為篇韵校讐之一本，則亦不可廢也。
其篇中所載俗書頗有見魏齊石刻而他書不收者

八

小學

復古篇

十有一月上旬，訪王少山于東鄉百里，見案頭有吳稷堂先生所藏復古篇舊鈔本，亟借持以歸，日來得暇，乃舉而披之，与去秋所寫安邑葛氏刻本相校，而吳本訛舛特甚，蓋拙手所書，遠遜葛本，而又幸其爲拙手書，至有真字疑字不敢妄改，頗足以是正葛本，蓋數十處。葛本所有字，吳本或奪去，而葛本奪字，吳本八九皆有，如卤下出篆及諸別字非字與䑦攔之類是也。亦有葛本寫到，吳本不誤者，如晦步百及諸字或有先聲後形之類誤，皆當从吳本也。如篆文尾之从到毛，叏之从又，亦皆勝于葛本。唯其敘字每篇摘寫，不以細分，故其注文从字之字多出于葛本者幾百餘，此因寫書人以从空白不容篆文，妄以涧字足之，不宜據以沾改。葛本又張氏之例，俗字皆云別作某，其爲此別他正者，別曰別用某。二本皆有作用互譌者，皆傳寫之差，可以意改也。又篆从省

三十一 是條應入子部小説家類

五四 是條應入集部

隸不省之字注皆曰隸作某不省亦有數條不省下有俗字疑此類中俗字後人所加皆當删去之今但就吴舊兩本篆注小異同及譌互誤處朱筆表識于旁或上下方俟他日多暇當更爲清遂成完本云道光十有六年十一月廿有四日紫泉莫友芝識于蓮舫

穆天子傳注疏

檀默齋氏穆天子傳注疏極力闢荒極爲宋玉庭氏所推服惜未肯芟去蕪衍以成簡當耳然瀆荒窮匿藉抒無聊之思至精闢不磨處故是奇作庚午仲春友芝搜獲于安慶肆中漫識

魏忠節公集

右舊寫魏忠節公廓園先生自譜及家訓遺囑日記疏草書草詩草襍著四序並天啓五年被逮途次手稿行

大廣益會玉篇卷第一　多四字

旁說文作㫄〻張作㫄　㫄張作㫄　下又何嫁切張嫁作稼

示所以示人張人下多也　神不側張作不測　祕密也張密譌窗

齋敬也張作敬也　禋敬也張作敬也　祅也張作地

祥似判半張作羊　禪殷張作舩　禶昨旦旦張作坦

祔祖也張視也　禬祭具具下張有也　祮胡括張祮括

禮測慮張測作側　禊胡契〻張作計　褸從婁張作簍

禋古文禱張無　祾力衿〻張作矜　社力乃切誤

䄍以久切又以州切張作以久以州二切　桊祭名張名下有也本作䄍〻張作䄍

祆張作祆呵憐張阿憐　鬃祭說文曰張作祭也說文多也少曰

禎音貞仁宗諱吉祥也張本有此遗　司礼監本亦有

其次示示神祇祕齋䄍祉祡禧祖祇祀禩祠祏禋䄜祐祫祭福禧禘祐

五六

海峯文集

此二冊乃劉才甫集之初刻本，以校其弟所刻八卷本，財十之六七耳，而增多者八篇，蓋本時刪去也。

楚辭集注

蔣楚穉刻朱子注此書，並辨證、後語附焉，可謂足本，但不應于後語六卷後增入明人騷體為七八卷，又朱子所刪之諫懷歎思四篇復鈔置辨證之前，亦不合。若以所補後語及四篇附覽，並退出別編，使不與本書相亂，即無妨矣。咸豐庚申十一月懷甯廣郵寓館郘亭記。

虞道園詩集

此本乃翁覃溪刻于南昌者，凡十卷，其前十八卷則取諸學古錄，後二卷則覃溪掇拾所補。京師收此尚闕後三卷，聊備旅中觀覽，當更求足本。藏家前載年譜一卷，亦覃溪撰，補為他所無，康

五四 此文在集

申立冬記于武昌

黄山谷外集

[illegible]寶註山谷外集十

魏忠節公集

元詩歷舉康熙時華刻全集之誤，悉以開封本正之，並條查初白讀本之是非，以此本校之，皆一一不誤，則所據本之善可知。其于原本漫缩數處，皆摹其狀，故知為影鈔也。其影者至元本，可寶不必言。即許州本，當亦不下至元。北研不見許州本，知傳者已稀。然以中州本例之，其校刊亦非苟然矣。此影手雖未致佳，然殊不草草，細行密字，大資我舟車耶。戊辰四月己丑，郘亭識。

張子野詞詩一卷

卷前又有子野之父曾樂軒詩一小卷，僅九首，安邑葛氏附刊復古篇後之本分出裒之。

唐五代詞 全唐詩中本

此冊以花間集為底本，而附益之。其在花間外者，太白及南唐中主、後主，皆引令之極軌。其卷十又備錄馮正中陽春集，溯詞之源，觀此已足。

五八

五二

郘亭

河岳英靈集　唐殷璠選集

篇中宋諱或避或不避，惟廓字、宗字、廓嫌名數見，皆闕筆，蓋寧宗時刻也。丙寅冬初郘亭校讀一過。

太玄經

此明

學孔精舍詩鈔　明孫應鼇

此二冊六卷，咸豐甲寅閏七月寄到，伯麻哈艾述之從其祖鳳崗侍講手鈔本過録者，題明史藝文志所載學孔精舍彙稿十六卷之末數卷也。鳳崗録之，必見彙稿之全，文恭文在詩右，不知何以不録，今遍訪不得，殊可惜也。就卷中詩通核之，所歷官皆備，先生之詩此當足本。唯肖志載有聖壽寺小集一絶，思南志載有孝友堂小七古三首，為此本

去世三卷，北史益無從問矣，惜之。同治丙寅八月幾望，自上海泛舟入泖口至松江，草裝為五冊，記其端。郘亭

十八

目錄類

天錄琳琅

欽定天錄琳琅書目，本十卷，此闕末一卷。同治乙丑春，友芝奉湘鄉公委訪鎮江、文宗、揚州文滙兩閣 四庫全書經燹後如有散存千一，宜購歸恭貯，以待重繕。夏日歷瀕江諸郡，有以宋元舊槧若干帙來鬻之者，適維揚市出此本，亟購以待鈔補。且所闕僅明板集部，瀚攷證者正無幾也。向讀韓昌黎集五百家注，許氏刊者苦無外集。文淵閣四庫總目著錄亦然。檢此帙載五百家注韓文凡二部，並有外集十卷、別集一卷、韓文類譜七卷，又附論語筆解十卷（今類譜、筆解皆別有刊本）行世，而外集、別集之魏氏注者竟焉無傳，當纂集 四庫全書時何以 中秘之舊藏獨忘檢校，所未解也。所闕第十卷，丙寅六月鈔補訖。

通鑑注商 涇縣紹祖琴士十八卷

康熙間長洲陳少章景雲著通鑑胡注舉正一卷，凡六十餘事，老輩極稱其精核。蓋本書繁重，一過已難，矧注文零瑣，乃能根勘謬誤，為尤難也。琴士所商胡注未安，乃至七百餘事，十倍少章所舉，而殫其攷訂之專精，足為胡氏諍臣，以益學者，其功尤巨云。同治初元，皖口行營新收，手裝以附本書之末。後七月既望，郘亭記。

通鑑

元興文署通鑑板歸明南監後，[illegible]有弘治二年、正德九年、嘉靖己酉年、又二十年、又二十一年等補刊之板，約三之一。其元刊之板，四自邊大線，其細（粗）約有一分半。明弘治補者猶可，餘皆惡劣，其四邊線皆減細，不及一分。今鄱陽仿刊者，其自邊線皆減細，未及仿也。

二十　目錄家

十五　雜史

十一　正史

史部

秦漢瓦當圖記　朱楓　四卷　增補遺

朱排山此記特就其在關中蒐訪所獲錄之，殊不備，且皆習見，唯宋一事瀞瓦之當是有長樂未央字者，是昔人所未及。戊辰中伏郘亭識。

國語補音

同治戊辰閏庚午在姑蘇書局燈下校畢此卷，用微波榭本，其兩可者皆錄之，其誤曉然者不具見也。

史記

史記題評一百三十卷，嘉靖十六年丁酉，太和李元陽中谿按閩所刊。亦具三家注（惟索隱述贊不載），而集諸家評語于書眉，其不係名氏者，則中谿說也。其每卷題李元陽輯，[illegible]高世魁校正，亦有不題者，亦有數卷李元

十三

正史

陽增題楊慎名者昇庵號太和惟中谿為至交此本蓋即昇菴轄本㮊增益以付雕故題云爾明人好尚評論是書刻有評者蓋昉于此後凌稚隆為評林則又因此增益同治庚午暮春鄂肆收此以見一代風尚之由郘亭長記

四月還金陵見肆中有史漢異同四冊三十五卷亦嘉靖丁酉中谿校刊附此書後者其本出弋陽汪佃謂舊未有刻本在吉郡黃鍾石少宰許手錄者詳其後序中且及中谿題評之刻尋當購而合之

南史校本

此校以南朝四史對核本書略摘異同奪漏于上下方端頗正其疏失紀首尾並有石民印傳尾印之上有題字一行云壬午五月先校南史十月初一日寫畢源記石民有名字而不書姓壬午又不知其為乾隆道光其云先校南史知兒此後即更以此例校北史滬上獲此已缺

此條請補入附錄卷中之通典一條之上

吳越春秋

元徐天祐註本。大德三年十二月刊。其十卷末題銜云
前文林郎國子監書庫官徐天祐音註。考元百官志無國
子監書庫之名。萬姓統譜稱天祐登進士第。德祐二年
以文林郎國庫書監召不赴云云。德祐為宋國瀛公
年號。知天祐本宋人。入元不仕。刻音註時。追題宋官。
故云前。前者謂前朝也。是書又有明萬歷丙戌武陵馮
念祖臥龍山房翻刻。亦佳。此摘原刻但非初印耳。

此條請補入
附録卷中
禮記釋文
一條之下

春秋公羊傳註疏

此太〔大〕理太和李中溪先生按閩時所刻十三經之本，每卷首頁第三行並署云明御史李元陽提學僉事江以達校刊，世謂之閩本，明南北監、汲古閣所刊皆從以出。其初印本皆有刊校一行，此本唯序首猶存，每卷則已削去，或補一木條，欲刻疏人而未刻，乃修板者爲之。其板即中溪刊，〔校〕非有他別刻也。中溪本公羊第二行漢何某學下亦有木條未刻，乃待刻疏人名，此乃削去。

五九　六二

集部

宋文鑑　宋吕祖謙奉勅銓次百五十卷

此選固不如唐文粹之善，而北宋諸名家當行文字亦庶幾備矣。頗有本集不存猶藉攷見一二者，有本集存而集外可補一二者，甚有資于文苑。此明晉藩所翻宋刻本，亦尚不惡，惜缺去四十餘卷，韋所存猶過三之二。已多平昔未見之篇，故聊收之。壬戌初春皖口行營郘亭

皇元風雅　前集六卷傅習采集孫存吾編類虞集校選　後集六卷孫存吾編虞集校選

皇元風雅前後集，是據元刊本舊鈔，盖汪阆源氏千元之一也。四庫全書提要載此集前後各二十卷，前集百四十家，後集百六十六家，此本家數大畧相等，而卷數各减半，殆與文淵閣箸錄本無大不同，特卷帙有合并耳。同治丙寅中秋收于雲間肆中，初冬還金陵，芙衣為裝過。

六十

五五

六二

記其端 郘亭眲叟

國朝文類 元刊本每半頁十三行行二十四字

元至 翠巖精舍刊本蘇伯脩撰本國朝文類殘本十五冊存卷十一至三十五 四十一 四十四至四十九 五十三五十四 五十七至五十九 六十三六十四 凡三十九卷 闕一之十 廿六之四十 四十二四十三 五十五五十六 六十之六十二 六十五之七十 凡三十一卷並目錄六闕

漁洋山人精華錄

林佶吉人手寫當時名集付梓者三，午亭集、堯峯文鈔及此錄也。三家詩文豈必以佶書重，而佶書精印本，九世所珍，帝小伎，顧可忽哉。壬戌夏四月，善徵弟收于祁门，携至安慶增衣草堂，書示繩兒。郘亭

初白菴詩評 附許蒿廬詞綜偶評 一卷

廿七　廿八

近日弟子為文詩，苦不得門徑，看或取先輩點勘過大家集子及子史
令其逐録鈔，每有晤入處，此等事不關根柢，通人所嗤，然以啓發中材
為益不細，皖口行營，偶收此評本，老來無暇觀覽，付兒輩存之，亦備遂
鈔一助也。郘亭眲叟

曹子建集

陳思此集，如皋冒辟疆氏舊藏，明本，同治丁卯仲春，客維揚所收，持還金
陵，初夏重裝為二冊，郘亭眲叟記

陶淵明集

陽子到所編十卷本，咸豐辛酉嘉平，皖城行營收。旌德縮刻宋本初印
者，此冊板後多漫漶不可讀，繩宜寶之。郘亭眲叟寄涑記　毛扆祕本
書目：宋板淵明集注云，桃花源記中，聞之欣然規往，今時本誤作親往，謬
甚。五柳先生贊注云，一本有之妻二字，按列女傳是其妻之言也，他如

卌九

四十

此類甚多即四八目比時本多八十餘字而通本一作云云比時本多千餘字　按所舉二條並与此本合通本校語亦多于時本然則此所據即毛氏宋本也

陶淵明集

汲古閣刻陽休之編本此冊非舊印以附録卷中載有吳仁傑所編年譜為家藏書所無故假存之壬戌六月六日郘亭皖口行營記（縄孫謹按汲古閣校本書目載宋本淵明集之善如桃花源記中聞之欣然規往時本作親五柳先生贊注云一本之妻一字四八目多八十餘字通本一作云云多千餘字時本皆無之此北宋槧此刻与其所謂時本異蓋毛氏刻是書時尚未獲其本故不袒之耳）

江文通集　徐傳星刊本

同治丙寅六月在滬有持宋本文通集來售者凡十卷編次与四卷本不同未能就戴礼庭適以此本見惠忽卒就炳燭記其端卷篇之次于卷

目下上郘亭

山谷内集

戊午冬出門攜此本自隨京塵兩歲曾未寓目庚申秋杪經鄧黎伯容持去辛酉秋初乃索還來皖短至雪中始句讀一過飢驅荒落十年以來大都如此念之悵然　郘亭眲叟記

翰苑集

世行陸宣公奏議皆本十二卷無注此獨十五卷有注雖文無增損而卷帙次序小有異同其注畧具史事亦不繁冗當是宋元舊帙明嘉靖時翻刻而遺其注人以書式皆宋樣而東坡等所進劄子猶用當時擡行格式故知非明人注也同治元年三月繩兒收獲重裝書以俟攷　郘亭眲叟

是歲七月既望見昭文張氏愛日精廬藏書志載有注陸宣公奏議十五卷云至正刊本宋郎曄注前有紹興二年曄進書表（興當作熙）題銜稱迪

功郎紹興府嵊縣主簿臣瞿不著姓案清波雜志曰輝人友郎瞿晦之杭人嘗注三蘇文及陸宣公奏議投進元吳文正公集陸宣公奏議增注序曰因郎氏舊注而加詳劉岳申申齋集曰宋紹興中有郎瞿嘗注陸公奏議以此知為郎瞿也表後云紹興二年八月初七日進呈案表中有云恭惟至尊壽皇聖帝攷淳熙十六年光宗受內禪尊孝宗為至尊壽皇聖帝次年改元紹熙則興為熙字之誤無疑卷一後有至元甲午仲夏翠巖精舍重刊本記脉望館書目著録據此則此本當即據元刻郎本翻雕而失載其進書一表愈不可了耳當録入卷中以俟攷

元次山集 淮南黄文研旅刊本

同治壬戌九月庚戌朔獨山莫友芝手校畢于十二卷外蒐得冰泉銘及再讓容州表與載本傳之自釋凡三首使繩兒別紙寫附卷尾更留餘紙以待續得云

四四

六四

傳家集

司馬文正傳家集、在蘇收得明人依宋本舊抄補卷四十八至六十凡十三卷、肆中有康熙間夏縣刻殘本、據所補文篇目拾以補觀、夏刻與宋編卷次不合、乃付雕者妄為改編、其刻又惡、此鈔雖多譌錯不工、然猶勝此刻、乾隆辛酉陳文恭公為蘇臬時亦刊此書、世稱善本、當以此舊鈔校之。

宋名家詞殘帙

此二冊汲古閣刻宋名家詞第一集十家中之五家、十家之次曰珠玉、曰六一、曰樂章、曰東坡、曰小山、曰淮海、曰山谷、曰東堂、曰稼軒、曰放翁、茲失其後五家、其存之五家皆當行、餘則淮海稼軒宜别求本、他不觀亦得。同治元年夏至郘亭眲叟皖口行營新收重裝記。　二冊之外、後收二集十家之全、其後所刻三四五六四集四十家、多不欲觀、僅三集

五二

五三

中吳夢窗甲乙丙丁稿，宜別求耳。

此二冊汲古所刊六十家詞之第二集也。當以書舟、溪堂、片玉、石林、坦菴、酒邊、樵隱、白石、梅谿、竹山為次，乃順時代，仍其舊裘，未更置，故記。同治元年夏至皖口行營邸亭。 此集片玉、白石、梅溪、竹山並卓絕，白石券非足本，別有全集，聞片玉有注本甚佳，訪求之未見。

潛谿集 宋濂 元至正刊本

此二冊皆景濂元時所作，多宋學士全集所不載。 四庫箸其全集，復載其未刻稿集二卷，為金壇蔣超簡存者，此本中皆有之，可以互補也。迩年福州建有先生諸集合編之編，全刻此八卷，計及五分之一耳，以舊刻爲足收以備攷。壬戌秋杪邸亭記。

願學集 明鄒元標

此忠介集之初定本也。今 文淵閣所錄即此八卷，吾家舊藏此集外

四七

四六

四三

別有存真集若干卷、太平山房疏草若干卷、四庫皆不箸録、則當採

書時僅進此本故耳、南皋以講聞勾學、其著述尤服膺、同治初元皖中

收此、亟裝付子弟珍藏、俟更求存真疏草也。

孟東野集

同治丁卯秋收于武林。此嘉靖丙辰無錫秦禾知武康縣時刊本、依宋

定中天台國材知武康所刻、宋敏求編定者、其聯句十首載昌黎集中

者、敏求以其章著不録、此仍録附第十卷後、秦氏為之也。戊辰花朝蘇

城經訓堂手裝記

辛稼軒集上冊 疏議劄子論文啓三卷 詩一卷附年譜本傳

辛忠敏集久亡、此嘉慶中萬載辛敬甫綴拾殘賸為之、計不過十一耳

唯詞集別行乃獨全、忠敏僅詞人哉、古來人物文章傳否皆作如是觀

辛稼軒下冊 詞五卷

影山草堂

四九

偶思讀稼軒詞，適得此本，鼠齧蛀蝕無完頁，竭半日之力，揮汗整補重裝，亦幾玩物喪志矣。此本爲其族裔敬甫刊校汲古本增多三十六闋，故是足本。壬戌天貺節皖口記，邸亭。

元遺山詩集

此影鈔明宏治戊午汝州重刻曹益甫所編二十卷本，較全集中十四卷之詩增多八十餘首。明末毛子晉刻元人十家詩，其遺山一家即用曹編，大書疎行，改寫上本，木此之細行密字，蓋猶元式也。同治戊辰暮春收于閶門肆中，重裝記。

明沁水李瀚叔淵宏治戊午巡按河南，四月序刻元遺山詩曹益甫編二十卷本于汝州，閏十一月又序刻遺山文集四十卷于開封。此耕鈎草堂影鈔舊本，首有段稷亭氏至元庚午爲益之二子刻書引，亦載叔淵刻此書序，而云附，則其據許州本或至元本未可知也。近施北研注

所無聖壽寺詩掾清手志乃孫興甫作而省志誤為文恭
孝友堂詩當嫌事涉語怪不存其稿皆非遺脫也廿有一日獨
山後學莫友芝識

郘亭詩鈔校樣

此冊咸豐壬子甲寅秋附梓人補板者仲月補畢與此板尚在梓人所
季月桐賊伏城東民舍以攻郡城梓人已舉室逃避官兵縱火及其鄰
丞募人出板并此冊獲至家而梓人舍焚矣因重裝為備改之本附錄
朋舊詩文當酌存者數紙

郘亭襍文燹餘錄

咸豐甲寅八月桐梓賊起毋之入城郡助守禦郘亭文籍
在湘川講舍者并未及携閏七月至九月末購人檢歸已燬
其三之一而文稿四厚冊與焉入冬命门人輩搜家篋嘗有

六五

六六

六七

別稿者，録為此冊，略具十之四五，以待改正云尔。乙卯人日記。

影山草堂學吟草附影山詞

咸豐甲寅仲秋，桐梓賊圍郡城，郘亭自壬子春至甲寅初秋詩稿尚寘湘川講舍中，竟亡失不可得，而自辛丑以上十餘年歲少作稿，乃以（文附録影山詞二卷）在家而存，因[illegible]甄其尚易改正者，子弟輩録為此冊。乙卯正月十一日記。

附録二　臺灣『國立中央圖書館』所藏莫繩孫鈔録其父《郘亭雜文叕餘録》手稿影印件

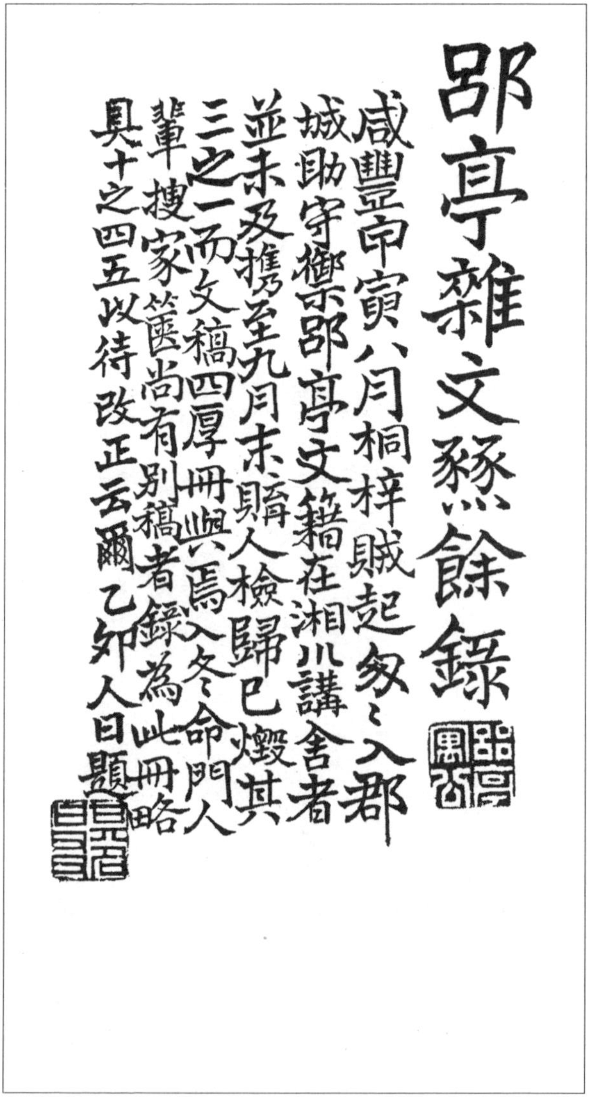
郘亭雜文叕餘録

咸豐甲寅八月桐梓賊起匆〻入郡
城助守禦郘亭文藉在湘川講舍者
並未及攜至九月末賊人檢歸已燬其
三之一而文稿四厚冊與焉入冬命門人
輩搜家篋尚有別稿者録為此冊略
具十之四五以待改正云爾乙卯人日題

元祐黨籍碑跋

按史徽宗紀崇寧元年九月己亥籍元祐及元符末宰相文彥博等侍從蘇軾等餘官秦觀等内臣張士良等武臣王獻可等凡百有二十人御書刻石端禮門庚子以元符末上書人鍾世美以下四十一人爲正等悉加旌擢范柔中以下五百餘人爲邪等降責有差二年八月辛酉詔張商英入元祐黨籍三年二月己酉詔王珪章惇別爲一籍如元祐黨六月戊午詔重定元祐元符黨人及上書邪等者合爲一籍通三百九人刻石朝堂餘並出籍自今毋得復彈奏五年春正月戊戌彗出西方其長竟天乙巳以星變避殿損膳詔求直言闕失毀元祐黨人碑復謫者仕籍自今言者勿復彈糾姦臣傳蔡京崇寧元年代曾布爲右僕射二年正月進左僕射京起於逐臣一旦得志陰託紹述箝制天子時元祐羣臣貶竄死徙略盡京猶未愜意命等其罪狀首以司馬光目曰姦黨刻石文德殿門又自書爲大碑遍班郡國初元符末以日食求言言者多及熙寧紹聖之政則又籍范柔中以下爲邪等凡名在兩籍者三百九人皆錮其子孫不得官京師及近甸五年正月彗出西方其長竟天帝以言者毀黨碑凡所建置一切罷之此碑乃三百九人之本嘉定辛未梧知融州沈暐所重刻者在今廣西融縣又有慶元戊午饒祖刻者在廣西臨桂于諸賢已沒者皆注曰故校沈本尤備明倪元璐題元祐黨碑云諸賢自涑水眉山數十公外凡三百餘人史無傳者其所見卻三百九人之本哉學練書倪跋後云倪謂其

君石門諸拓同購者、當亦與諸刻同爲磨崖也、本高今二尺弱、廣一尺彊、行縱橫不正均、如揚淮表記、而上下端隱有界
文、蓋磨石時略限畫地耳、李君名字無可考、見華陽國志載犍爲人士兩漢無李姓、而於晉則大書武陽李令伯及其諸子、
他姓寥寥、可見李氏實犍爲望族、事豈其高曾行常氏失其行蹟耶、云永壽末漢中褒斜大臺圮者、漢桓帝永壽止三年
丁酉次年六月即改元延熹、則當爲三年也、上距王稚紀勒頌造作石積之建和二年凡八年、所謂大臺或即稚紀石積、
或孟文所功飭、或鄐君所造作、不可知、必要當橋格之由事復完、故少長懽喜、行人蒙福也、云君故牧益州從事再舉孝
廉尚符璽郎巴郡朐忍令者、追述事丞扶風前所歷之官、云換漢中太守宜禾都尉者、蓋紀其丞扶風後所歷之官、故以
換别之、褒斜谷亘數里北口斜在扶風武功南口褒在漢中褒中、故兩郡皆有治道之責、事丞扶風、治臺及漢中、福被兩
郡、故遂換守漢中也、通計七十許字情事首尾完到古人記敘可法如此、諸郡縣並見兩漢志、牧益州從事、謂益州牧從
事、雖至建武中復改州牧曰刺史至靈帝中平末始改刺史置牧、然亦得通稱州從事、據續漢志云諸州皆有從事史、本
注曰、員職略與司隸同、無都官從事、其功曹從事爲治中從事、以益州又爲郡名、故以牧别之、尚符璽郎見續漢志符節
令屬有尚符璽郎中四人、本注、舊二人在中、主璽及虎符竹符之半者、周禮春官注云、典瑞、若今符璽郎、漢書惠紀注如
淳曰、主天子物曰尚、有尚符璽郎是也、宜禾都尉不見於百官表志、後漢書西域傳云、永平十六年明帝命將帥攻北匈

碑自靖國五年毀碎此或失攷按史碑立於崇寧元年蔡京請徽宗書刻石端禮門其毀以後五年星變則劉逵之請方靖國時碑未立也安得預毀徽宗適在位二十五年大中靖國一年耳無五年所刻奸黨司馬光以下大小臣百二十而二百餘人不應多其一倍由是言之彼所見特僞本耳林雲銘即謂其靖國五年二百餘人之説有誤今攷倪氏時誤崇寧爲靖國讀史未審耳西仲鶴泉既未見碑本並史之年定重合籍凡三百九人刻石朝堂之文亦未之見較倪尤疏也碑刻以崇寧三年京序云嗣位五年者通靖國前一年未改元時計之耳余弟庭芝欲通爲攷核子史所不載者取安人説証求之亦治古者必資也道光癸卯春三月書

伊闕陀羅尼經跋

右洛陽伊闕佛頂尊勝陀羅尼經如意元年四月八日史延福主造磨崖高七尺二寸廣六尺六寸正書五十五行行六十八字或多少一字不等經末造者題識又别爲三行字稍大末載書經人口柱口其書姿韻頗近褚登善惜明隆慶戊辰河南巡按趙岩刻其惡書伊闕二大字橫壓經中其書者又侵書經人姓名致不能全識可恨之甚真殺風景也經有朝散郎杜顗及劉賓沙門佛陀波利兩譯開元釋教録謂出大周録第一譯第二譯者也佛陀波利自儀鳳元年從西來却迴西國取此經至永淳二年迴至西京奏敕行顗等同翻譯留中還僧梵本復于西明寺與漢僧順貞奏御

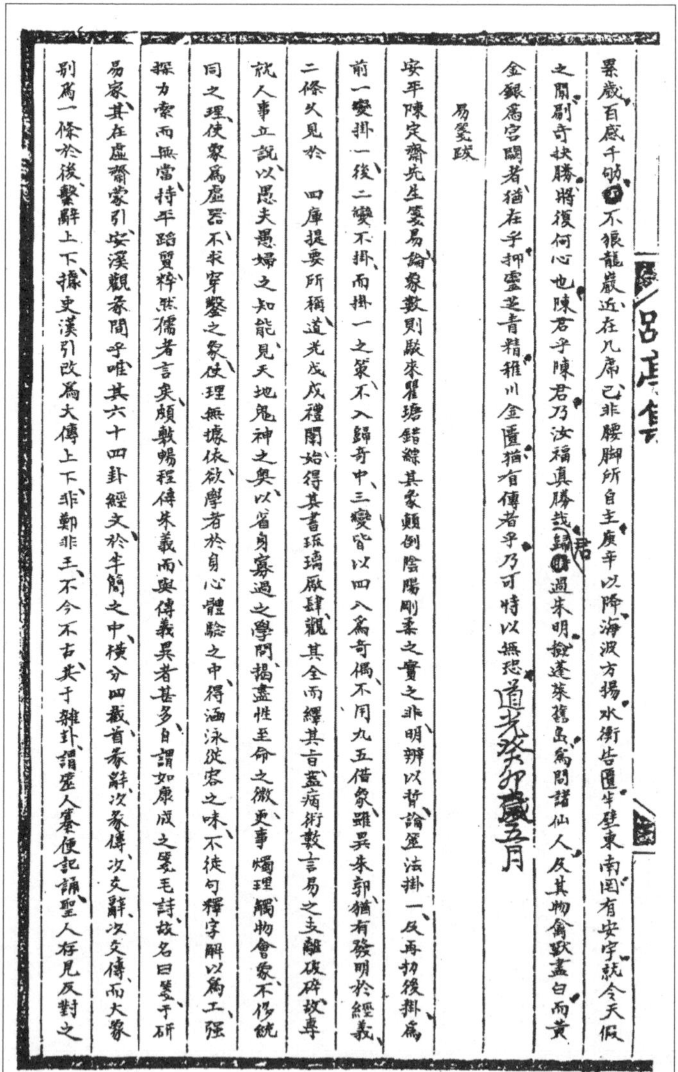

累歲百感千[illegible]不狼龍巖近在几席已非腰脚所自主庚午以降海波方揚水衛告匱半壁東南罔有安宇就令天假之間剔奇抉勝將復何心也陳君乎陳君乃汝福真勝哉歸君過朱明撫蓬萊舊島爲問諸仙人及其物禽獸盡白而黃金銀爲宮闕者猶在乎抑靈芝青精稚川金匱猶有傳者乎乃可特以撫悲 道光癸卯歲五月

易箋跋

安平陳定齋先生箋易論象數則駁來瞿塘錯綜其象顛倒陰陽剛柔之實之非明辨以晢論筮法掛一及再扐後掛爲前一變掛一後二變不掛而掛一之策不入歸奇中三變皆以四入爲奇偶不用九五借象雖異朱郭猶有發明於經義二條又見於　四庫提要所稱道光戊戌禮闈始得其書琉璃廠肆觀其全而繹其旨蓋痛術數言易之支離破碎故專就人事立說以思夫愚婦之知能見天地鬼神之奧以省身寡過之學問竭盡性至命之微更事觸理觸物會象不侈銑同之理使象爲虛器不求穿鑿之象使理無據依欲學者於身心體驗之中得涵泳從容之味不徒句釋字解以爲工强探力索而無當持平踏實粹然儒者言矣頗較暢程傳朱義而與傳義異者甚多自謂如康成之箋毛詩故名曰箋予研易家其在虛齋蒙引安溪觀彖間乎唯其六十四卦經文於半簡之中橫分四截首彖辭次彖傳次爻辭次爻傳而大象別爲一條於後繫辭上下據史漢引改爲大傳上下非鄭非王不今不古共于雜卦謂聖人筆便記誦聖人存見反對之

義耳，而傳寫多誤，不必協韻，以韻正末數卦者未爲得。首乾坤三十卦而咸恒，則首乾坤宜終坎離，首咸恒宜終既未濟爲一一更正。按其次顛倒替亂，非序非雜，且通篇反對，頤大過獨不相連，莫解其故。又以困脫不字，柔遇剛、剛決柔、君子道長小人道憂，皆誤添入。悉增刪之，改親寡旅爲旅寡親，信意武斷，不可爲訓。其酷信宋人圖書，不服王禕、歸震川、毛際可、李穆堂之辨，所申説嫌于浮游，然固不以掩其大醇也。黔中前輩説易，知者清平孫山甫先生《淮海易譚》、麻哈艾鳳嵓先生《易注》及是書而三耳。《易譚》閩中有行本，未之覩；《易注》未及梓，唯是書有榕門刻本，願行于世，繼桑梓必恭敬止，是之恭敬奉持，盖當何如耶。

書爲庭芝弟選蓮洋詩後

蓮洋詩佳處，正似南田寫生，于古來能事外自透出一種天趣，愈覺鮮秀撲人，其出之自然，尚有漁洋所不及處，無怪其五錠得髓也。使學更能稱才，太白、東坡一間耳。又安來藏園老死之不滿哉。庭弟學詩稍腐氣，計唯中條華妙對證而易服，爲檢出若干首，五言據三之二，猶不能盡其勝；七言三之一，幾不能及。始欲更去昌化寺觀吳偉畫壁、陟嶺赴潭柘寺等數篇，則愈寥寥，故亦過存焉。蓋先生五言有深功，七言徒信才耳。前輩云：天姿國色，粗服亂頭亦好，又謂動用佛典是其一短，皆是定評，不可不知也。道光乙巳正月廿六日。

思故、是明人舊帙佳者、仁懷龐張某好而傳之、借讀粗過、書其後以歸、

明人中庸合註跋

右中庸合註一卷、未撰(詳)人、其所引宋元諸家說、至于史氏伯璿、其十五六兩章且言及大全、攷史氏四書管窺、成于元末、行于明初、四書大全出永樂中、則撰者明永樂以後人矣、其稱補註、稱愚按者、所自立說、大音為書義而作、故于章中虛實分際、篇中脈絡往來、言之頗詳、他則無所發明、僅以供科舉文之用而已、其篇首總說、應置卷中書題之後、而冒草廬之名以為序、誤、如四庫提要所云書賈依託、蓋猶非著書人本然也、此舊寫本、督學中允祖庚翁公所收朱竹君氏舊弆、付舍弟庭芝持示、因書其後、咸豐壬子六月、

潘氏朗陵而下八世十三家詩集跋

貴州家世有集者、曰越氏、楊氏、吳氏、潘氏、越至卓凡、慶非、楊至龍友、洵美堂、吳至滋大、敝帚、並濟前美、稱一時一家之盛、而繼者、吳氏猶傳復旦、漱石、餘則未之有聞、惟潘氏自朗陵、味淡軒、士雅、瘦竹亭、已足埒越吳楊諸家、而觀黔西潘生元炳所輯家集、始明萬曆、迄國朝道光間、由朗陵而下、凡八世、十有三家、為詩若干卷、二百餘年、風雅相續不衰、嗚呼、尤可謂極盛者矣、朗陵之祖伯瞻、憲政在滇州、伯瞻子中池、活武定寃獄、朗陵乃以文章科第起其家、安賊圍貴陽、朗陵毀

家誓死保城以完遂惠忠貞澤流無旣宜哉而元炳敬奉手冊至八世二百餘年罔有失墜噫亦可以風鄉里之爲子孫者矣咸豐二年秋七月

朗陵名潤民祖維嶽字伯瞻號抑菴貴陽人嘉靖丁酉舉人知雲南永平縣遷昆陽州所至有惠政卒之日家無餘貲思聰字予忍一字中池司武定府獄府欲冤殺武定民樂應舉力生之樂氏祠祀累世朗陵萬曆癸卯解元丁未進士改庶吉士官至雲南左布政使字用霖號朗陵著有味淡軒詩集子驌驌字士雅號龍人一號純菴崇禎己卯舉人國朝順治末知雲南蒙自縣著有瘦竹亭集出岫草驤字子襄崇禎中選貢桂王考授時雲南羅次知縣升四川崇慶州知著淡遠亭集馴子德徵號亦韻字道子康熙己酉舉人官至武定知府著玉樹亭集德徵子奕伕奕字允大康熙監生中著滇遊草伕字死閎康熙壬午舉人著留餘堂集奕子文芮文芭文芮字右質字彬也貴陽優廩生雍正中教授黔西州翠屏縣山因家焉自號翠屏寄客著翠屏寄客詩文集文芭字華也乾隆庚午舉人官福建鹽大使江西朴城縣知著琢雲軒詩草以上五世並貴陽人文芮子曉字東白黔西州學生著斷續亭集曉子以澂以浛以澂字靜川黔西州學生著甯愚堂集以浛字巨川又字蒼巖大定府學生著思敬堂集以澂子桐樗桐字鍾嵘監生著客留草樗字雲表黔西州學生著蔱蘭軒集梓芝附注

撰如積驛鐵爲之細草以明天元見祖頤序朱世傑四元玉鑑蓋遺山自弱冠受知楊雲翼趙秉文晚又善李冶張德輝號龍山三友楊李皆歷算宗工故亦能兼通之尤古來文章家所未有惜其書不傳史傳亦不載咸豐甲寅夏五讀單詩本一過復假得全集詩略爲校勘識數語卷末以示子弟

呂氏家塾讀詩記宋刻殘本跋

羣書拾補云呂氏讀書記明御史傅應臺刻於南昌有嘉靖辛卯鄞陸釴序從宋本出字多從古今其本頗不易得世所通行者乃神廟癸丑南都所刻本顧余曾借得嘉靖本以相參校始知神廟本脱去兩葉其他亦有遺脱卷一詩樂禮記天子五年一巡狩之前脱一段卷二十七烝民第六章鄭氏曰衮職者不敢斥王之言也王之職有闕能此下嘉靖本從印者脱去兩葉神廟本遂無從補完嘉靖本係每葉二十八行每行十九字今鈔補於後云云卷二十八卷第八葉謂神廟本下目自滅成康卷有四方下脱誤十四字今補正之云云第十二葉後三行單大麥也下多訛脱今補正之云云友芝家藏是書後半自卷二十一起至三十二其行款反從古字悉同盧氏所舉嘉靖本盧氏所記缺脱此本一皆完好字畫精雅印用羅紋綿紙舊裝古色香撲眉字恐尚是嘉靖祖本也道光癸巳二千錢買之京師雖非完帙已足寶貴矣道光戊戌復買一上半殘本版稍大行款亦不同癸巳本反切反注中附注皆用單行側書戊戌本則悉易雙行癸巳本概用小篆古

體作楷書，雖不盡精，實亦留意小學所爲。戊戌本則十改六七，如常書，以校盧氏所舉詩樂一條，即在脫中，蓋即神廟本也。癸巳本有潘雲龍印，未詳其人。

跋平越峯臨爭坐帖

魯公與郭僕射書時，志方大有爲，故草稾雖平淡天真，殊饒儻厲直前之概。還翁年六十，臨此荒江冷署中，道德無權，官情索莫，故到恬淡至處，幾於聲臭俱泯，此意雖深于書者未易知也。道光甲辰六月。

楊龍友先生山水移集跋

右楊龍友先生山水移集四卷、附録一卷。崇禎己巳七月，先生奉其父霞標參政爲天台郡宦之遊，裒其詩文圖畫以歸，謂之山水移。既而刻遊集，附以前後一二年作，遂仍其名。集中有立春七律，蓋即遊台宦年詩，其起句云「三十三年電光走」，然則此集僅先生三十後數年作也。其詩骨挺勁，崖異，已有不可一世之概，未到者渾融耳。崇禎末先生又刻洵美堂集，見明詩綜引邢昉曰：「洵美詩紆徐以導遠，竄摯以達情。」史元曰：「洵美詩沉鬱淵遠，有正始之音。」杜濬有懷龍友諸君詩云「黔蜀波瀾老」，所論皆與此集不契，知從此所造必更有深焉者。屢訪未得其本。先生值遺明殘局，猶螳臂撐撑，身思恢復，膏斧鉞而不回，其志節侹侹有生氣，至今詩文流傳，正因人重。洵美集既不可見，而此山水移舊册又歷千百劫，僅存於虚堆鼠窟中，而乃今出之，若有陰爲呵護然者，亦愈足珍惜矣。集以詩百三十九首爲一卷，赤城山賦并張翊賦序爲一卷，台宕日記及江行十二畫記爲一卷，啇侯傳爲一卷，附録諸社長送游贈言一卷，則夏允彝送行詩序及陳則梁、奈存補、張堯翼、張明弼、繆時英、陳元綸、宋珏七人送行詩，而雜以陳煒、支如增兩序，朱隗、朗道人顥、蔡如蘅、臧照如四人詩，沈鉉、賀棲修二人跋，皆爲集題者；又有陳煒答詩五首，錢栴、魏學濂題畫詩，潘一桂畫贊，周祚新、張澤、李肇亨、錢棅、秦穗德、何白六人畫跋，凡二十五人之作。首載其曷越其杰、其師鄒嘉生兩序于其杰四詩，而又以董其昌、陳繼儒、倪元璐、李日華、譚貞默五人題畫冊引，范允臨題畫詩，李思聰送游詩，謝士選題集詩並雜置卷端，以張結納之盛。杜濬有云：昔年龍友請余爲其季子作傳，蕭衣冠以五十金潤筆，而茅止生來索觀余文，猶嗤曰龍友小樣，不知文章痛癢。止生之譏，殆緣此類。然今去先生二百餘年，不惟難見一時交遊，而謝文若、周又新、蔡湘渚皆黔竹文人，盡著作邈越，自興雖有詩而文亦未見，並得留吉光片羽，所補爲不少矣。咸豐壬子，黎柏容學博從定番張氏假得相示，亟録副待好事傳之，因書其後。

夫人程氏塔銘 并序
夕果東郡東阿人魏汝
曰裔也若乃道風門慶
史牒詳之矣夫人貞規
加融少崇龍女之因長勵
託生應化雖順軌於六塵
竟騰身於百寶以顯慶四
四日終於京第春秋五十有
朙元年十月五日遷葬於終
祔徵士靈塔安　遵先志也其

意将恐二天地一山川敬勒徽
眙不扐其詞曰
阿女訓西鄂婦德具棻同成蓮花
陟巖巖兮神攆杳杳兮靈闕将畢
而恒存與終峯而罔極

此殘誌手頴絶佳大似敬氏塼塔銘

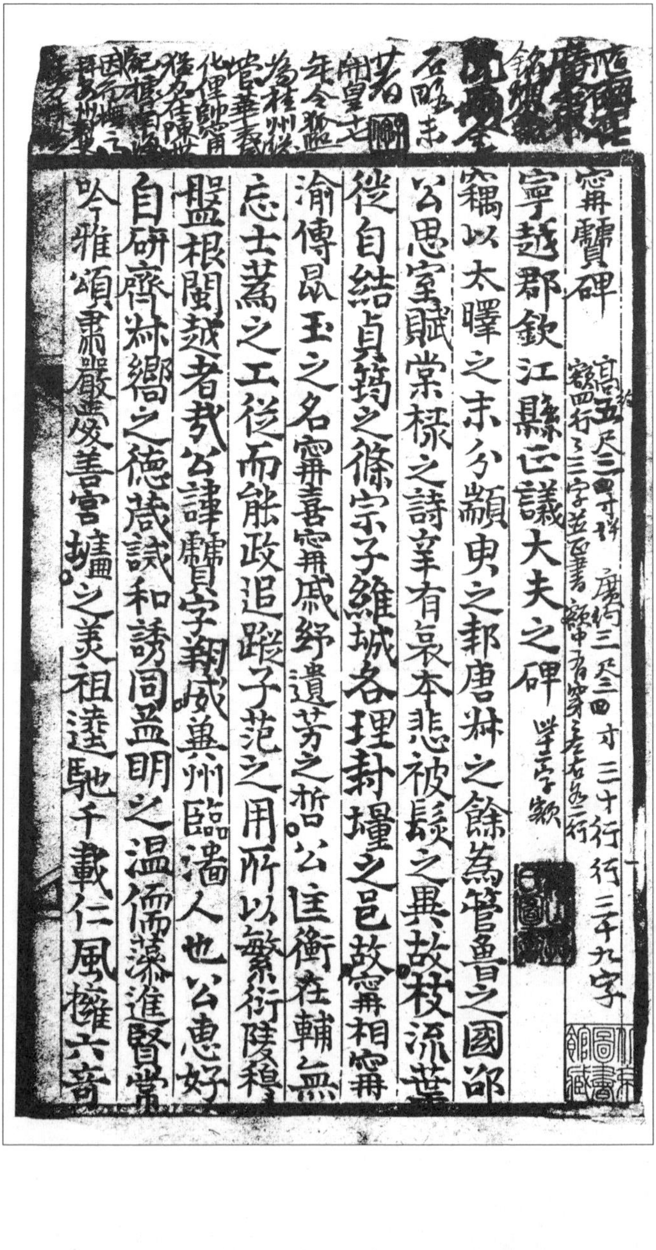
爨龍驤碑
寧越郡欽江縣正議大夫之碑　高五尺三四寸許　廣三尺三四寸　三十行行三十九字　額四行行三字並正書　額中有穿　左右各二行
爨以太曎之末分顓臾之邦唐𫟍之餘爲管魯之國邵
公思室賦棠棣之詩𢘆有哀本悲被疑之異故枝流葉
從自結貞筠之條宗子維城各理封壃之邑故爨相爨
瑜傳晟玉之名爨喜爨晟紓遺芳之哲公生衛在輔無
忘士蒸之工從而能政追蹤子范之用所以繁衍陵穆
盤根閬越者哉公諱龍驤字翔威冀州臨淄人也公惠好
自研齊桝嚮之德蔵識和誘同孟明之温儒藻進賢當
吟雅頌肅嚴慶善宫墟之美祖達馳千載仁風擁六音

高彝譬加木鐸訓恍過庭梁武皇帝除安州刺史總督
九州諸軍事陳宣武皇帝又除授安州刺史公猛力德
冑神呈氣衝牛斗典祀政事隋會無間卒乘輯睦先穀
懷讓文皇帝除使持節開府儀同三司安州諸軍事安
州刺史宋壽縣開國侯兄長眞包山岳之志擬雲霞之
襟行應管鍾義通泉涌寒惟本土刺舉家邦節盡中朝
風綂面海帝授上儀同三司欽州刺史立功於國效加
官賞尋進上開府儀同三司欽江縣開國公食邑一千
戶軒車簿伐分馬專征又為行軍總管言旋荷戟猶虜
會之獨清勳入司門賴武安之奉詔大仍轉上將軍其

年政右光禄大夫寧越郡太守爵名暴寒成似班超之
官職撫衛閭還若淮陰之封以昔方今盛哉而已公履
端器量增万頃之淵含翰縱容踰四學之勤開皇十四
年帝以公衣冠子胤遠来入朝既秉誠心宜升戎秩授
大都督厚賵縑繒偏加享礼以公長榆之變李氏弱乎
區分細柳之携條侯及存無策南定交趾之川北靖蒼
梧之野仁壽二年詔公兄弟逮弘宣楊國化嗣位牧民
撫寧蕃部宜加榮秩用優恒典增上儀同三司到大業
二年帝以公驟從戎践克著嘉庸拜上儀同三司餘官
如故公沉神惟悵競羊祐之謀脩備繕兒規臧宣之度

隨故騎都尉司馬君墓誌銘并序
君諱興字文達河内人也自隆周
御曆大漢膺期或公侯鬱暎於圖
史允文允武絲綸於簡牒祖　礐
齊上儀同務舉韓王府參軍事託棄
梁藩聯裾魏邸聲塵洽來葉光價
聲當年父　隨任澤州濩澤縣丞
彌穿絃哥嘉猷遠播翼綏黎庶令
勣遐彰以貞觀廿年五月一日薨
於私第春秋卌有五夫人南陽張

衍或五行衍
十行慶下
口皆刻後
旁增字乃
人之所及

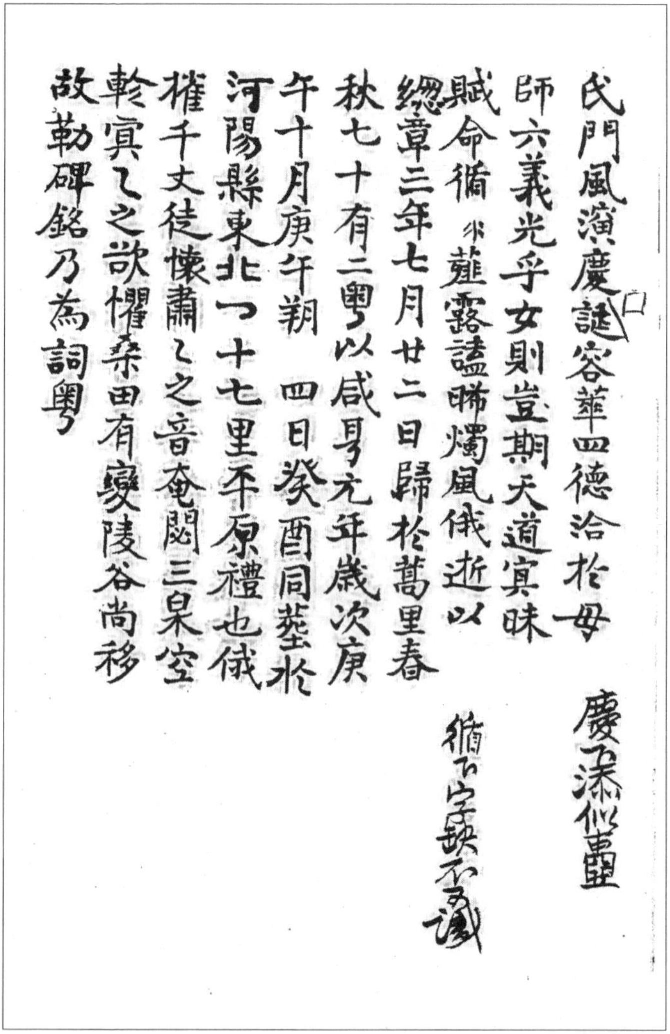

氏門風演慶謎容華四德洽於母
師六義光乎女則豈期天道冥昧
賦命循 米蕹露藷晞燭風俄逝以
總章二年七月廿二日歸於蒿里春
秋七十有二粤以咸亨元年歲次庚
午十月庚午朔 四日癸酉同塋於
河陽縣東北一十七里平原禮也俄
權千丈徒懐肅乙之音奄閟三泉空
軫冥乙之歎懼桑田有變陵谷尚移
故勒碑銘乃為詞曰

慶字添似畫

循下字缺不可識

同

荒源萬里穿寞佳城泉門永閟地戸
長扃松風聲響迷霜月凝塋生平已矣
空餘頌聲 其八 火焚軀忽然歸故先
墨盡龕卜居安措神靈具飛遊魂遠
墓既返轜車㷔然無怖 其九 泉路ゝ
幽擴寞ゝ彡辭同戸永別莫聲翔鴟
作伴狐菟盈連　丘

右誌文二紙前紙高一尺一寸
十二行ゝ十三字後紙高一尺
五分一尺一寸六分十四行ゝ十四字

朱一字乃後錄

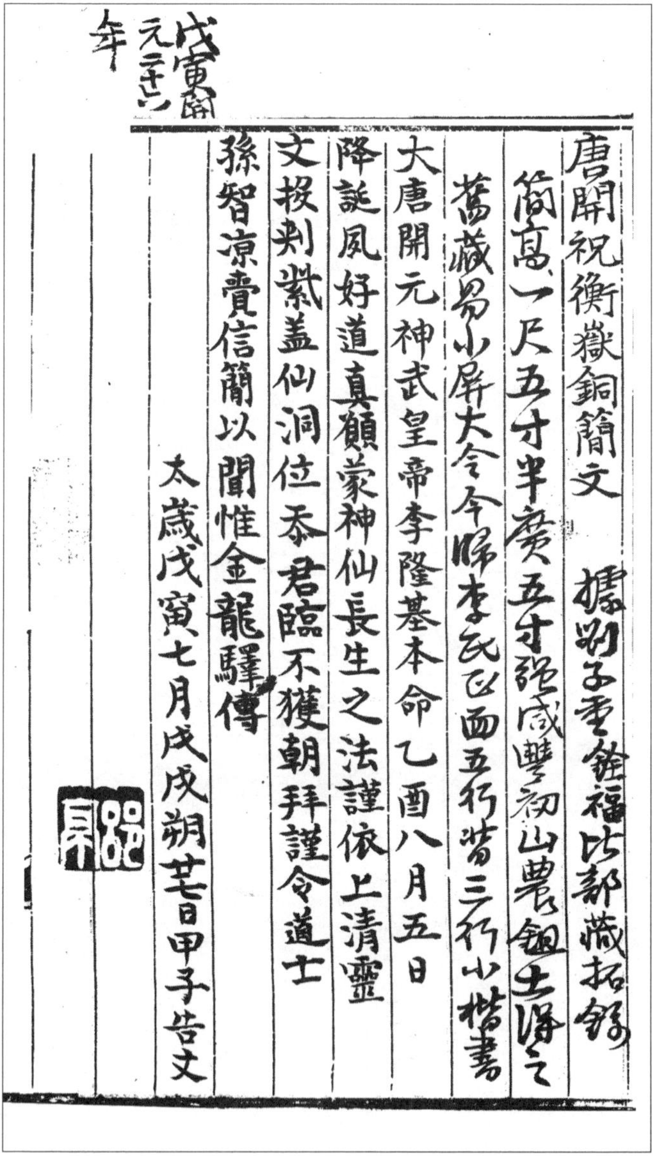
唐開元祝衡嶽銅簡文　據劉子重銓福比部藏拓錄
簡高一尺五寸半廣五寸強咸豐初山農鋤土得之
舊藏易小屏大令今歸李氏正面五行背三行小楷書
大唐開元神武皇帝李隆基本命乙酉八月五日
降誕夙好道真願蒙神仙長生之法謹依上清靈
文投刺紫蓋仙洞位忝君臨不獲朝拜謹令道士
孫智涼賫信簡以聞惟金龍驛傳
太歲戊寅七月戊戌朔廿日甲子告文
戊寅開元廿六年

思尉明蚕失春秋長子道士□立□□□直錢萬□

故曹史市掾

前畫像二人對坐上有飛鳥道光十三年魚台馬

錢橋星垣得此石於魚台之鳧陽山移置其家牟

聚星以拓本見寄來書云永十九日丁未為朔日

當是己丑然後漢書順帝紀建康元年八月庚午

帝崩袁宏後漢紀同如朔日己丑月內何得有庚

午為朔日仍當是乙丑矣庚午為月之六日而十九日當

是癸未作丁未者誤也

張桓侯破張郃銘 建安二十年

漢將軍飛率精卒萬人大破賊首張郃於八濛立馬
勒銘
許珊林以拓本借觀并附跋尾云張桓侯紀功摩
崖在今四川綏定府渠縣即古宕渠地梁置渠州
後魏改置流江縣唐分置大竹縣明為渠縣八濛
山在渠縣東北按魏志張郃進軍宕渠蒙頭盪
石與飛相距五十餘日飛精卒從他道邀郃軍交
戰山道窄狹前後不得相救遂破事在漢獻帝建
安二十年此銘文義簡勁字跡蒼秀可想見戰勝
時氣概矣道光辛卯六月吳江翁徵君廣平所贈

童丱有女二人長未及笄俱號訴之無依恨慈容之永
隔恐桑田變易陵谷傾頽故勒紀貞石迺爲銘曰
雙劒光芒兮嗟一沉鳳歸杳冥兮鸞孤吟撫稚子兮淚
盈襟悲隴樹兮愁雲深

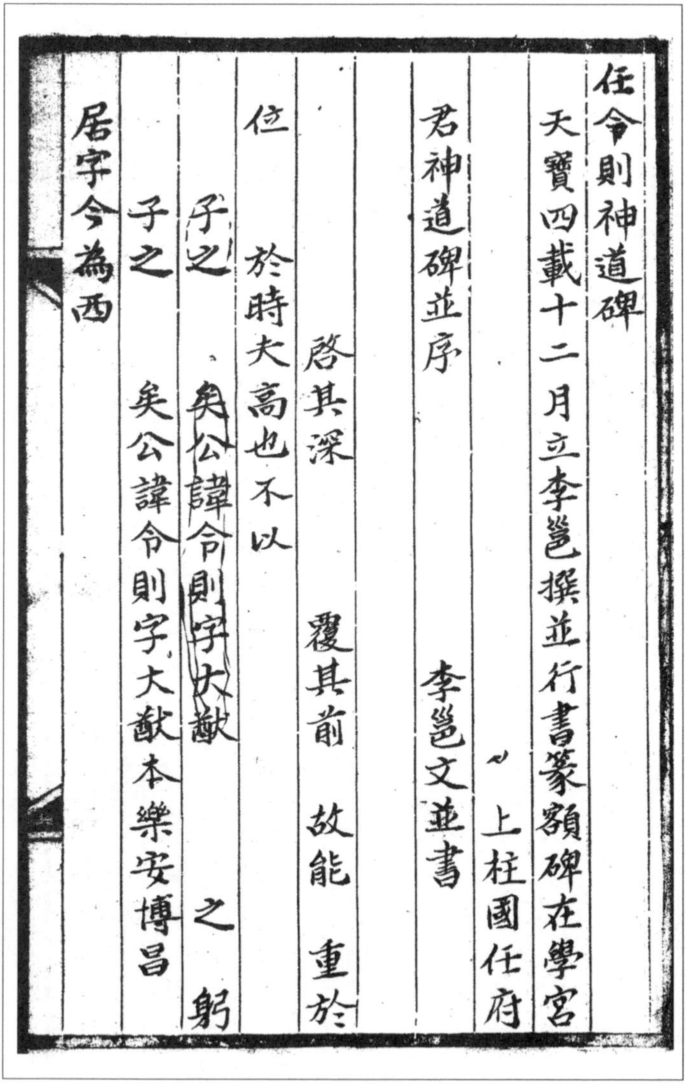

任令則神道碑

天寶四載十二月立李邕撰並行書篆額碑在學宮

上柱國任府

君神道碑並序　李邕文並書

啓其深　覆其前　故能　重於

位　於時夫高也不以

子之　矣公諱令則字大猷　之　躬

子之　矣公諱令則字大猷本樂安博昌

居字今為西

戊寅 元二十六年

唐開祝衡嶽銅簡文　據劉子重銓福比部藏拓録

簡高一尺五寸半廣五寸强咸豐初山農鉏土得之

舊藏易小屏大令今歸李氏正面五行背三行小楷書

大唐開元神武皇帝李隆基本命乙酉八月五日

降誕夙好道真願蒙神仙長生之法謹依上清靈

文投刺紫蓋仙洞位忝君臨不獲朝拜謹令道士

孫智涼賫信簡以聞惟金龍驛傳

太歲戊寅七月戊戌朔廿七日甲子告文

三六

西陵塞石題字　　　　梁

府者臣有　無梁王石　王石上二字疑是梁又疑無梁

萬方緒縣翠度而文昭諧

無合萬遺　廣遠何

此據王少寉先生藏劉燕庭喜海舊拓寫其前似有字

四行為紹興題詠所裹後有字一行又為[illegible]

今趙與㦤題名所裹其上隱約有二字其下當有數

字不可知張氏每行十六字之說不足據也其有字

處蓋亦如杜記

於穆不已世載其英朝端岳牧袞紱璁珩休
芳必嗣有英誕生黄中闡譽敏内欝名膺斯
府撽穪是才實器懷明悟文情委逸方此令
期宜從厚秩命也不融朝驟遽日故□□□
廛書瘞笥一辭華屋言歸蒿里原隰□□□
風欝矣刊石泉陰永傳蘭芷

此下乃半字

石損此處

右志高一尺五寸五分廣一尺六寸三分
十六行行十七字 王孫書識

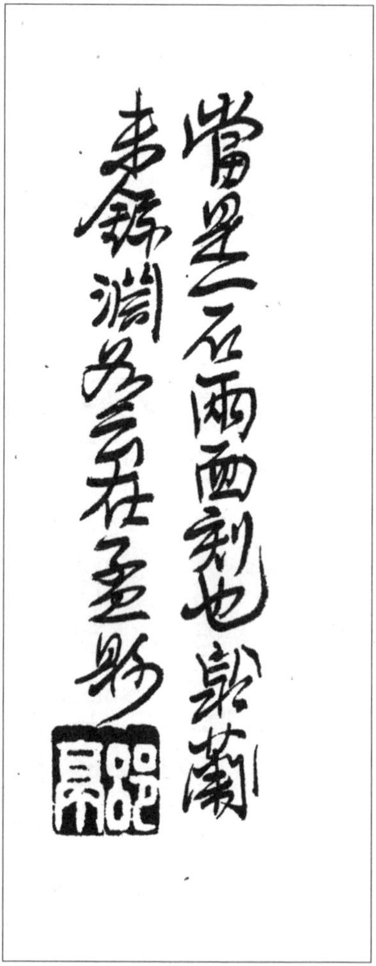

故萬夫人墓誌

有唐大中六年龍集壬申十二
月十三日豫章郡萬夫人終于
揚州江都來鳳之里年卅九爰自
笄年歸于　闞氏之室育三男
一女長子公慶次曰公閔幼曰
公間卜其宅地即以當月廿四
日窆于楊子縣界江濱鄉白杜
村其地東西十丈南北十五丈
刻字于墓庶乎後迷万古千

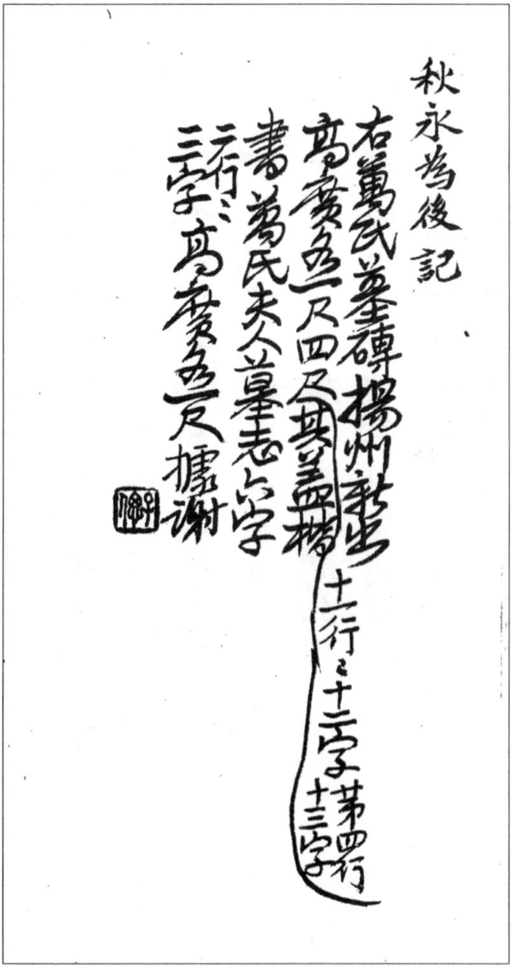
秋永爲後記
右萬氏墓磚揚州新出
高廣各五尺四尺其墓誌楊 十二行，行十二字，第四行十三字
書萬氏夫人墓志六字
二行，行三字，高廣各五尺據謝

唐山南東道節度總管兗・・・秋馬步都虞候正議大夫撿校太子賓客上柱國趙公 已夫人譙郡夏侯氏墓誌銘并、

鄉貢進士唐正辭撰

夫人之先譙郡人後移貫深州樂壽縣昔武王尅商封夏禹之後於杞列爵為侯伯厥後因為夏侯氏漢有勝公諱嬰佐高祖定天下子孫益熾冠冕弥盛國史家傳粲然可觀曾祖諱載滄州長史 祖諱璀試太子詹事滄景節度都押衙考諱莠試太常卿兼冀州南宮鎮遏兵馬使皆兗材茂器移孝為忠夫人紹餘慶於千年傳遺芳於三代循謙柔之行稟純淑之姿舉不違仁動皆合禮既笄年之歲歸

莫友芝《宋元舊本書經眼録》手稿點校

點校説明

《宋元舊本書經眼録》是晚清著名目録版本學家莫友芝公開刊刻行世的一本目録版本學名著，是他辭世後兩年由其子莫繩孫整理鈔録，且經張文虎、唐翰題、劉履芬等學者幫助審定而于同治癸酉年（1873）付梓印行的著作。這本《宋元舊本書經眼録》一經刊刻面世就廣受學術界的好評，《清史稿·文苑傳·莫友芝傳》僅收入此書作爲莫氏所著唯一一本目録版本學代表著作，一百四十餘年以來成爲中國鑒定古籍珍本善本圖書的名著、工具書，也進入了中國著名的《續修四庫全書》之中，古今數次刊行，廣爲流傳。但是莫繩孫并没有完全按照他父親留存于家的《宋元舊本書經眼録》手稿整理鈔録，而且增衍甚多，删除甚多，出入甚多，此之前從來没有人發現知曉，更無學者著文論及。本書第一次爲此撰作《莫友芝〈宋元舊本書經眼録〉手稿復原考論》一文，揭示考論莫繩孫整理鈔録手稿本及其刻本異于其父手稿本之秘，并點校莫友芝《宋元舊本書經眼録》手稿，以還原莫氏原書原貌，填補莫友芝研究一項空白，以供學術界同仁方家作深入對比研究，重新認識評價莫友芝《宋元舊本書經眼録》一書，這在莫友芝研究史上具有重要的價值和意義。

一、本書以中國國家圖書館古籍善本部所藏莫友芝《宋元舊本書經眼録》手稿本（索書號：一三〇二八）爲點校底本，對校中國國家圖書館古籍善本部所藏莫繩孫《宋元舊本書經眼録》手稿本（索書號：一五一一九）及其同治癸酉年刻本，相異處一般出校説明。

二、書目名一如莫氏手稿之舊，頂格排印，字號加大加粗，獨占一行；莫氏箋記語字號缩小，低一行退二格起排；注語亦缩小字號，雙行排印。

三、以莫校莫。即以莫友芝本人所著《郘亭知見傳本書目》《持静齋藏書記要》《郘亭日記》等書所作部分相同書目箋記互作校注，以補證莫友芝《宋元舊本書經眼録》手稿所記之缺之略。

四、莫友芝《宋元舊本書經眼録》手稿中的缺漏字、筆誤字，一般出校勘誤説明。

五、莫友芝《宋元舊本書經眼録》手稿中的缺筆避諱字，本書直接改爲現代規範字，不出校説明；莫氏手稿所用古體字、異體字，本書直接改爲現代規範繁體字，不出校説明；點校者辨識不出莫氏手稿中的字，本書以方框號『口』標示，亦不出校説明，以待方家依據莫友芝《宋元舊本書經眼録》手稿辨識。

六、莫友芝《宋元舊本書經眼録》手稿箋記語依照所記古籍圖書印章原樣描録的鈐印，有正方形，有豎向、横向長方形，還有豎向橢圓等多種形狀，不便于排版；本書改用【】號標記莫氏描録的印章。讀者可對照莫友芝《宋元舊本書經眼録》手稿查看莫氏手書鈐印樣式。

儀禮鄭注淳熙本十七卷

每頁十六行，行十七字。注雙行，行字同。板心上端右并有『淳熙四年刊』五篆字。每卷末悉分記經、注字數。[三] 卷一（經一千八百九十八字，注三千六百二字）。卷二：（經二千五百七十三字，注三千六百三十字）。卷三：（經七百五十三字，注一千六百八十九字）。卷四：（經二千六百三十八字，注三千九百三十字）。卷五：（經六千六百四十五字，注六千九百一十五字）。卷六：（經三千二百二十三字，注四千六百二十字）。卷七：（經六千八百九十字，注七千三百八字）。卷八：（經五千三百四字，注一万九百六十五字）。卷九：（經一千七百五十三字，注二千八百七十字）。卷十：（經八百四十四字，注二千六百三十一字）。卷十一：（經四千四百二十八字，注五千九百七十八字）。卷十二：（經三千三百九十六字，注五千四百五十九字）。卷十三：（經二千五百一十六字，注五千四十七字）。卷十四：（經二千七十九字，注三千四百四十三字）。卷十五：（經三千四百五字，注五千五百一十七字）。

[三] 點校記：丁日昌收藏此珍貴宋本《儀禮鄭注》淳熙本十七卷書。自此之下，卷一至卷十七經文與注文之具體字數，莫友芝手稿按照宋本經史常例，均逐一考記清楚。莫繩孫鈔録、整理之《宋元舊本書經眼録》手稿仍如其父手稿，而刻本則脱漏不寫。莫友芝校檢丁日昌藏書所作《持静齋藏書記要》卷上亦云：『《儀禮注》十七卷，漢鄭康成撰。每卷末分記《經》《注》字數，宋本經史常有此例。每頁板心上端并有『淳熙四年刊』五篆字。』所記與此相吻合。

卷十六：（經二千九百七十九字，注二千七百八十七字）。卷十七：（經四千七百九十字，注三千四百五十六字）。

一卷首、十七卷尾，并有【松雪齋】【趙孟頫印】【海上醉六經齋藏書之章】三印。

首又有【竹泉珍秘圖籍】【敦淳珍藏顧氏】二印，末又有【梁氏家藏】

一印。

二卷末又有『謏聞齋主人』楷書木記，凡百有七字。[1]（引温公讀過書，終身如新，益以戒珍弆語。）

同治甲子署蘇松太道丁禹生日昌獲之上海肆中。乙丑五月三日，客道署借讀，審定爲實事求是齋經籍之冠。[2]

---

[1] 點校記：莫友芝手稿此下原有『引温公讀過書，終身如新，益以戒珍弆語。』後用墨筆圈刪。今存其舊，未刪。

[2] 點校記：丁日昌，字禹生，既是官員（時任署蘇松太道，後任江蘇巡撫等職），也是晚清著名藏書家，其藏書樓初名『實事求是齋』，又名『百蘭山館』、『讀五千卷書室』，後名『持静齋』。莫友芝受邀爲丁日昌校檢藏書，編著有《持静齋書目》四卷、《持静齋藏書記要》上下卷二書。葉德輝《郘亭知見傳本書目·序》曰：『丁禹生中丞喜藏書，每得一書，必請先生鑒别，故《經眼録》中所載大半丁氏所藏書。』莫氏于此按斷丁氏所藏《儀禮鄭注》淳熙本十七卷『爲實事求是齋經籍之冠』，很能體現著名目録版本學家淵博的學識和獨到的眼光。

春秋胡傳汪德輔克寬纂疏三十卷至正本[1]

每頁二十二行，行二十一字。傳卑經一字，大書。《纂疏》雙行，行字同前，有汪澤民、虞集二《序》，《凡例》後自記成書始末，于至正六年丙戌二月。後有木記楷字二行云：『建安劉叔簡刊于日新堂。』後有吴國英《跋》，爲至正戊子正月八日，云：『劉君將鎸諸梓』，則以是年刻也。同治乙丑五月見于上海書攤。[2]

宋淳熙三年本皇朝仕學規範四十卷[3]

---

[1] 點校記：是書後爲丁日昌購得。莫友芝受丁氏請，爲其校檢藏書。莫氏在其《持静齋藏書記要·元刊本》中亦箋記是書名爲：『《春秋胡氏傳纂疏》三十卷，元汪克寬撰。有至元戊寅汪澤民、至正辛巳虞集兩《序》。《凡例》後自記成書始末，爲至正六年丙戌。後有楷字二行木記云：建安劉叔簡刊于日新堂。吴國英《跋》云：至正戊子正月鎸諸梓。克寬至明猶存，與修《元史》，此著則先已刊行。頁十一行，行二十一字，傳亦大書，卑一格。』箋記語與此大同小異，可參。又，莫氏《郘亭行篋書目》九號書箱藏有，『《春秋胡傳》三十卷，附林堯叟《音注》，三册，汲古閣本。又别本，五册，精印，昔末册缺配者。』

[2] 點校記：莫繩孫整理之《宋元舊本書經眼録》手稿和刻本鈔録整理其父此箋記語，改動多，且衍增吴國英《跋》語全文。且多云：『克寬至明初猶被徵，此著已先刻二十餘年。通志堂刊《經解》未及此書，而傳本尚不乏。乙丑丙寅於滬上各見一本，今又見丁禹生氏此本而三矣。紙墨則此本爲差勝。』

[3] 點校記：莫友芝《郘亭知見傳本書目·子部十·雜家類雜纂》記是書爲：『《仕學規範》四十卷，宋張鎡編。明初刊本猶依宋本題曰《皇朝仕學規範》。宋小字本。張夵未有宋刊宋印本，白紙，極精。』

每頁二十四行，行二十五字。句讀有小圈，并圈發異讀字之四隅。其頁數通八卷爲一起，蓋是元分五册裝。紙墨精潔可愛。張功甫《自序》：『刻此書在淳熙丙申四月。』此蓋即張氏自刻初印本也。嘉、道時藏嘉興張夵未廷濟家。自三十三至末，缺八卷及《自序》《卷目》，并夵未鈔補。同治乙丑五月客上海，醉墨書肆持售，留觀五日。其卷九、卷十七、卷廿五，首并有【張廷濟印】【張夵未】【尚寶少卿袁氏忠徹印】三印，及袁氏静思齋引《顔氏家訓》六十五楷字長木記。卷八、卷十六、卷廿四、卷卅二尾，并有【楊廉夫】【清儀閣】【張夵未】【廷濟】四印。夵未題其首曰：『淳熙三年丙申原刻初印，係楊鐵崖、袁忠徹舊藏本。乾隆時，武陟令查宣門開所珍貯者。嘉慶時，余從宣翁之子棗庵秀才以銀十餅購得。前缺序目，後缺作文、作詩二類八卷。余與海鹽朱春甫錦，及余次兒慶榮，從宋槧覆刻本影鈔補足，授慶云珍之。道光二十五年乙巳七月廿日，嘉興竹田里七十八歲老者張廷濟夵未甫。』

宋嘉祐杭州本唐書[三]

[三] 點校記：莫友芝《郘亭知見傳本書目·史部一》箋記是書爲：『《新唐書》二百五十卷，……宋嘉祐杭州本，每頁二十行，行十九字。』亦箋記有《唐書》其他版本，可參。

每頁二十行，行十九字。其末卷二十二頁，後八行總計云：『《唐書》凡二百二十六篇，總二百五十卷。

二十一《帝紀》，一十篇，一十卷。

十三《志》五十篇，五十六卷。

三《表》十五篇，二十二卷。

《列傳》一百五十篇，一百六十卷。

嘉祐五年六月二十四日進呈。

二十三頁載銜名：『編修官劉羲叟（一行）、呂夏卿（一行）、宋敏求（二行）、王疇（二行）、范鎮（三行）、刊修宋祁（三行）、歐陽修（三行）、提舉編修曾公亮（二行）、嘉祐五年六月二十六日，准中書札子奉（一行）聖旨下杭州鏤版頒行（三行）。校對無爲軍判官將仕郎試秘書省校書郎充國子監直講（一行）。』其三十四頁缺校對銜名，未完。

同治乙丑五月，嘉興馬氏持售于上海，僅尾三卷《逆臣傳》，以凑別一舊本。謂別本爲宋刻，此三卷爲元刻。以余審之，此三卷宋刻，其別本之全乃元、明間刻耳。別本板心校此高、廣各一指許；每頁二十行，行二十二字。每卷題名但云『歐陽修奉敕撰』『宋祁奉敕撰』，而不具官銜，不書『臣』。此三卷則銜、臣皆具，且字體方滿，精神故也。別本末附《釋音》二十五卷，今官本亦有之。其《序》一篇不記載否，漫録如左。

《新唐書·釋音·序》廿五卷。[三]

『將仕郎前權書學博士臣董衝上進：

嘉祐中，仁宗皇帝詔儒臣修《唐書》，其事廣於前，其文粹於舊，學者願觀焉。或字奇而莫能辨，則悵然而中止者有矣。猶之求珠於九重之淵，驪龍寤而當其前，則退縮而不敢進。彼雖至寶，橫弃於其側，可得而有之耶？故諸史中，惟《新唐書》能究其終始者尤鮮。臣每讀《晉史》，見何超纂《音義》，竊嘗慕焉。於是歷考聲韻以爲之音，使學者從容而無疑。觀其文章藻繪，體氣渾厚，可以吹波助瀾、揚厲清浮，則愈於得寶之美也。若夫名篇之目，立傳之實，增損出入，有異於舊史者，悉見諸因革云。崇寧五年十一月日，臣衝謹《序》。』《釋音》

[三] 點校記：莫繩孫《宋元舊本書經眼録》手稿和刻本均脱此『廿五卷』三字。

中第一卷有結銜，并同上。二卷以下俱無。[1]

元至正江浙行中書省官本宋史[2]

每頁二十行，行二十字。其中縫一行，中截大書分卷云：《宋史目録》▷、《宋史本紀》▷、《志》▷、《列傳》▷。上截右旁書通卷云：《宋史》▷，或▷十▷百，左旁計一頁字數。下截卷、頁數之下，右旁云▷▷寫，左旁云▷▷刊。《宋史》以至正五年十月表進，即于六年▷月咨浙江等處行中書省，差史官翰林應奉張翥馳驛賫浄稿，前去選匠，依式鏤板。文載目前，是江浙一本爲最初之刻。同治乙丑夏，在上海見嘉興馬氏一本，惜其不完。[3]

元禮部韻略五卷元刊本——丁禹生藏[4]

[1] 點校記：莫繩孫《宋元舊本書經眼録》手稿和刻本此下均衍增『唐書北宋本』、『唐書宋本』兩種書箋記。

[2] 點校記：莫友芝於此上天頭有眉批曰：『《宋史·藝文志》有《播溱州勝兵法》二卷。』莫繩孫《宋元舊本書經眼録》手稿和刻本均脱此眉批語。

[3] 點校記：《郘亭知見傳本書目·史部一》記是書『四百九十六卷，元托克托等撰。……見於滬肆。』莫氏箋記另記有其他版本《宋史》，可互參。

[4] 莫友芝《持静齋藏書記要》卷之上元刊本記此書爲：『《元新刊禮部韻略》五卷首《貢舉條式》一卷，金王文郁撰。并舊韻二百六部爲一百六部，即陰氏《群玉》所本。而所并二韻之間必以魚尾隔之，使舊部分明可見，則勝於陰韻之叢脞。是書初刊於金正大己丑。此本五卷，……《四庫》未收。』其中省略處，與此箋記略同。莫氏兩書箋記互校，信息更全。

每頁廿六行。五卷末有『大德丙午重刊新本平水中和軒王宅印』木記。二百六部與陰氏《韻》同。而《唐》《廣韻》所注『同用』之韻，皆依次而編。于部首字上加『【』爲隔，勝于陰《韻》。前載有《貢舉三試程式》，一曰『御名、廟諱回避』，二曰『考試程式』，三曰『試期』，四曰『章表迴避字様』，亦可見當時制度。又有《壬子新增分毫點畫正誤字》五頁。

宋刊米海岳畫史——丁禹生藏[1]

明葉文莊舊藏。庚熙癸巳蔣子範所贈何義门。[2]卷尾有義门朱筆記字。子范，名楝，其门人也。首有顧武保咸豐四年題署曰：『玐臺。』[3]

[1] 點校記：莫友芝爲丁禹生藏書所作《持静齋藏書記要》卷之上記此書爲『《米海岳畫史》一卷，宋米芾撰。首有葉氏藏書印，蓋菉竹堂故物。……』莫繩孫鈔録整理之《宋元舊本書經眼録》卷一記此書：『米海岳《畫史》一卷，宋本。豐順丁氏藏。每半頁十一行，行二十字。卷末有朱筆書：「康熙癸巳蔣生子範所贈」一行。前有咸豐四年顧武保題識，謂是册宋槧初印。賵、貞、殷、徵等字避諱（原文以上幾字均缺末筆）。首葉有「葉氏藏書印」，蓋即文莊故物。末朱字一行，何義門手筆。子範，蔣楝字，長洲人，何太史弟子。』莫繩孫改寫了其父手稿箋記語。

[2] 點校記：『庚熙』，當爲『康熙』，莫氏筆誤也。莫友芝《持静齋藏書記要》卷之上所記與此相類：『米海嶽《畫史》一卷，宋米芾撰。首有葉氏藏書印，蓋菉行堂故物。末朱書：「康熙癸巳蔣生子範所贈。」咸豐四年顧武保識其前，謂是册宋槧初印，賵、貞、殷、徵等字避諱（原文以上幾字均缺末筆）。朱字一行，何義門手筆。子範，長洲蔣楝字，義门弟子也。』

[3] 點校記：莫繩孫《宋元舊本書經眼録》手稿和刻本箋記語與此差異大，衍增文字過多，已不見其父莫友芝此箋記語原文原貌。

郁氏藏[一]

元刻通鑑考異，十二。

拾園張氏書目，四。

宋板禮樂書，二匣。

元韻會舉要，（廿四。六號。又元板一匣，卅四號。又元刻一匣，五十三號）。

抱經堂叢書，四十八。

三朝北盟會編，鈔，卅二本。

[一] 點校記：莫友芝同治年間奉曾國藩、李鴻章之命到江南訪書、收書。同治四年（1865）五月到上海宜稼堂郁松年（字萬枝，號泰峰；一作泰豐）處訪書、讀書、箋書。郁松年是當時上海的大富之家、大船王，有『郁半城』之稱。家資豐厚，喜藏書，重金收購宋元古籍珍本書。其藏書樓名爲宜稼堂，其遺址今在上海市喬家路七十七號。郁氏同治五年（1866）辭世後，藏書逐漸散盡。幸有莫友芝在郁氏藏書最豐之時到宜稼堂，經眼記録了郁氏三百五十三種珍貴藏書。除此之外，莫友芝還在其《郘亭知見傳本書目》一書中另記有郁氏宜稼堂其他多種藏書。莫氏同治四年五月廿二日《郘亭日記》曰：『晨訪泰峰，觀其所藏宋元舊本書，合百數十部。東南文集燹後，散失殆盡，而郁氏獨存，亦不易也。』此十日後，莫氏致信曾國藩又曰：『友芝此行凡得兩快事，其一見郁泰峰宜稼堂所藏宋元精本書數十種。』以下是莫友芝在郁氏宜稼堂經眼記録的手稿，有詳略兩類。另外，在《持静齋藏書記要》《郘亭知見傳本書目》《郘亭日記》等書中，莫氏也箋記有郁氏書散入丁日昌持静齋之珍貴藏書。郁氏所藏宋元舊本書目，今世僅存莫友芝當年記録之手稿，因而極其珍貴。又，莫友芝手稿從此頁至五十八頁，除十三頁外，莫繩孫《宋元舊本書經眼録》手稿和刻本均脱莫友芝所記録郁氏藏書目録之内容。

元板輟耕録，十六。

宋板史記，二十四本。

宋板禹貢圖，二匣。

宋咸平板单（東）吴志，乙匣。

宋板世綵堂韓文，四包。

宋板大目録，四包。

宋板九朝編年，四匣。

宋板禮記集説，四匣。

歷代職官表，卅六本。

絳雲樓書目。　甘肅通志，六套。

殿板皇朝三通，廿四套。

殿板續三通，二百四十本。　秦板九經，又綿紙一部。

汗筠齋叢書。　周易要義，鈔。

舊板儀禮圖，二套。

尚書要義，鈔。

上海郁泰峰松年都轉所藏舊本

宋蜀大字本史記集解[三]

『玄』『敬』『殷』『貞』『徵』『讓』『貑』『完』『桓』『竟』（今注：莫氏在箋記正文天頭寫此十字均缺末筆）；『慎』不缺。

每頁十八行，行十六字。注行二十一、二十二字不等。初印，紙墨精潔。《本紀》存五、六、八、九、十、十一、十二，七卷。《表》存四、五兩卷。《世家》存五至十，及十八至廿四及廿六，十四卷。《傳》三十九、四十及四十七至五十，僅六卷，共二十九卷。每卷有【當湖小重山館胡氏篴江珍藏】。《紀》九卷，又有【吴寬】【原博】【地山】【子孫保之】四印。十一又有【停云】【肇錫余以嘉名】【芙初女史姚畹真印】【勤襄公五女】【若蘅】五印。

[三] 點校記：《郘亭知見傳本書目·史部一》箋記：『《史記集解》一百三十卷，宋裴駰撰。郁泰峰亦有蜀大字殘本，爲姚氏畹真芙女史舊藏，初印絶精，半頁九行，行十六字，注行二十一、二十二不等。』可與此互參。

宋板周益公集，四匣。

大金集禮，八。

宋板義豐集，一匣。

切問齋文鈔，十六。

宋板陳氏禮書，一匣。

五禮通考，綿紙。八十。八號。

舊春秋經傳集解，一匣。

史漢評林，綿紙。四十八。十一號。

宋板毛詩要義，四匣。又鈔六本。[一]

舊五代考異，鈔。十。

宋板書學會編，一匣。

[一] 點校記：莫氏於後對此書有詳記。

宋六十名家詞，廿四。

元板春秋傳纂疏，廿四。

批本史記，舊板。六套。

元板蔡氏書傳，五。

篆學瑣著，六。

舊板五倫書，廿。

天禄琳琅書目，鈔。十，十六號。

宋本列女傳，四。

唐文鑑，十本。

宋板春秋辨疑，一匣。

朱文公大全集，卅。

宋板東都事略，二匣。

精鈔金石，百八十本，十九號。

元板東京夢華録，一匣。

廣雅疏義，鈔。廿四。

宋板儀禮要義，四匣。

後漢書補遺，八。

南渡録，鈔。四。

佚存叢書，六帙。

宋刊隸韻，二套。

新舊唐書合鈔，八十。

元板資治通鑑，十套。

續禮記集説，鈔。六十四。

元板地理新書，六。

漢書地理志補注，鈔，四。

元板中興資治通鑑，一套。

廿四史統紀全表，四套。

嘉泰會稽志。

建康實録，鈔。卄。卄二號。

元板六書統連溯源，卅二本。

春秋公羊何氏釋例，四。

舊板二程全書，四套。

莫氏錦囊，八。

舊板易林，一套。

輿地表，鈔。六。

舊板春秋屬辭，八。

太元經，（批本。四。又舊本太元經，六）。

元板唐文粹，卅二。

洋板論語，四。

焦氏易林，校宋本。六。

唐文粹，批校。十六。

元板朱子大全集，一百又九十。

宋文鑑，大字本。三十二。

舊禮記集説，二套。

漢書疏證，十二。

舊尚書正義，四套。

後漢書疏證，十二。

舊事類賦。

漢書疏證人物表，二。并鈔。

明影宋刻禮記集説，廿四。

水經注疏證，二。

元刻源流至論，十六。

高宗纯皇聖訓，百五十。

舊真西山集，廿六。

南北史表，五。

宋板自警編，二套。

音學五書。

舊板宋史，十三匣。

盛京通志，四十。

宋刻吕氏童訓，一。

何氏語林，十二。

宋板三因方，十二。

本草綱目拾遺，鈔。廿。

元板巢氏病源，十四。

開元占經，鈔校。十六。

元板證類本草，卅。

段玉裁雜著，鈔。一。

金板政和本草，廿四。

大唐類要，鈔。廿四。

宋板三國志，八套。[三]

九章蠡測，七。

大德本前後漢書，七十六。

景祐乾象占驗新書，六。

宋板啓劄截江網，卅二。

（鈔）太常因革禮，十六。

（小）宋板五經，八。

[三] 點校記：莫友芝《郘亭知見傳本書目。史部一正史類》箋記曰：『《三國志》六十五卷，黄蕘圃有宋刊單行吴志二十卷，今歸郁泰峰。』此所記當指此本。

（鈔）開元占經，十六。

説文繫傳通釋，（舊鈔。錢遵王家本，一套）。

傳是傳書目，一。[一]

晏元獻類要，鈔。十二。

關尹子，一匣。

元刻國朝文類，二套。

吴禮部集，一匣。

十行本禮記，卅二。

（鈔）至元嘉禾志，十。

十行本周禮正義，卄四。

聞刻舊唐書，四十。

[一] 點校記：此當爲『傳是樓書目』，莫氏誤書『樓』字爲『傳』字。

孫緬廣韻，批本。五。

袁氏通鑑提要，一匣。

大元典章，鈔。卅。

金華黄先生文集，二匣。

元板宋史全文，十四。

東萊博議，一匣。

宋板禮記要義，二匣；又一部，二匣。

毛詩要義，鈔，十二

影宋禮記要義，鈔。

大藏一覽，十。

宋板禮記，二匣。

（鈔）古磚録，一。

元板博古圖，二匣。

（鈔）古瓦録，一。

舊板佩觿，一匣。

遼金正史綱目。

元刻翰林珠玉，一匣。

（舊）朱子成書，二套。

元板群書類編，一匣。

历代財賦考，二。

元板毛詩句解，一匣。

武億金石文字，八。

宋板大學衍義，二匣。

兩漢詔令，六。

宋板秦淮海集，一匣。

史漢疏證，鈔。十六。

舊板爾雅翼。

南北史類鈔，八。

元板韻會舉要，一匣。

人鏡陽秋，廿四。

元板朱子家禮，一匣。

舊板宋忠惠方公文集，一匣。

舊鈔樂述可知，四匣。

舊板劉随州集，一套。

舊板歐陽文粹，五。

元板通典詳節，二套。

韩非子，校宋。八。

元板唐詩鼓吹，十。

宋板歐陽修文集，二函。

張曲江集，六。

元板李太白集，二函。

唐六典，鈔。八。

元刻劉因集，五。

洋板論語徵，四。

舊板中州集，六。

（舊）易外別傳。

元板玉海，二百。

（舊）羅豫章文集，四。

元板隋書，八套。

（舊）晏子春秋，四。

管子，校，八。

（舊）五音集韻，廿二。

（鈔）元祕書志，四。

朝鮮史略，六。

元板説文解字補義，（十二，又鈔本二套）。

金陵瑣事，（四　又八本）。

宋板麗澤論説集，六。

西晉文，十。

（舊）元遺山集，十。

通鑑外紀補，十二。

宋板夢溪筆談，六。

各家書目，鈔。八。

宋板咸淳臨安志，六匣。

館鈔算書彙編，十五套。

宋板通鑑釋文，一匣。

乾象通鑑後編，四套。

宋板琬炎集，二匣。
唐眉山集，一匣。
宋刻文鑑，八套。
纂圖互注周禮，十二。
（舊）草盧吴文正集，五十。
宰輔編年録，十六。
宋板東西漢文鑑，二套。
伊犁事略，四套。
宋板諸臣奏議，八匣。
五代史志疑，一。
舊板陸宣公翰苑集，一匣。

新疆識略，十。

元板毛詩音釋，一匣。

（鈔）大元混一統志，十。

宋板方輿勝覽，二匣。

宋元畫人姓氏録，十六。

景泰本道園學古録，一匣。

天真閣全書，十六。

舊道園遺稿，一匣。

批本漢書，八套。

影宋三國六朝五代紀年總辨，二套。

舊板論學繩尺，二套。

元板呂氏春秋，十。

播芳文粹大全，舊鈔。三套。

宋板通鑑綱目，十套。

鈔中興大事記。一套。

宋板春秋經傳集解，二套。

古今姓氏遥華韻，鈔。四套。

元板截江網，四套。

舊板事林廣記。

宋板歐公本末，（三套。此似年譜）。

全唐詩，綿紙。

元板黄氏日鈔，（十套。十行本）。

康熙字典，桃花紙。

宋板二範集，四套。

歷代記事年表，綿紙。

宋板呂東萊全集，三套。

佩文韻府并拾遺，桃花紙。

元板禮記纂言，六套。

騈字類編，（桃花紙，又二部）。

宋板五代史記，[三]二套。

聚珍板叢書，（十四套。甚完整，中有四庫提要）。

元板山堂考索，四匣。

[三] 點校記：莫友芝《郘亭知見傳本書目·史部一正史類》：『《史記集解》一百三十卷，宋裴駰撰。郁泰峰亦有蜀大字殘本，爲姚氏畹真芙初女史舊藏，初印絶精，半頁九行，行十六字，注行廿一、廿二不等。』可補此記之略。

殿板十三經注疏，（百五十，。廿四史，八十二函）。

宋板西漢會要，二匣。

舊板後漢書，八匣。

舊板清容居士集，二匣。

鈔乾象通鑑，二匣。

宋板東漢會要，二匣。

宋文選，卅二。

元板史記，四匣。

地理沿革表，廿。

宋板萬寶詩山，（二匣。巾箱）。

宋名臣碑傳，二匣。

宋板蜀大字本史記，二套。

通鑑補正，六。

元板名臣事略，一匣。

黄文節公集，六。

元刻宋史全文，二匣。

隨軒金石記，四。

宋板吕氏讀書記，一匣。

唐大詔令，二十。

舊錢塘韋先生文集，二匣。

唐開元禮，十六。

宋板清明集，二套。

（鈔）迴溪史韻，八。

元板歸田類稿，一匣。

（校）説文繫傳，十二。

宋板劉後村居士集，二匣。

汪板五代史。

鈔會稽掇英集，一匣。

淮南天文訓補注，三。

元板儀禮經傳正續，十套。

（明）元次山集，四。

元板金陵新志，二套。[一]

[一] 點校記：莫友芝《郘亭知見傳本書目·史部十一地理類》：『《至正金陵新志》十五卷，元張鉉撰。平津館有至正四年刊本，每頁十八行，行十八字。上海郁氏亦有之。』可補此記之略。

（明）李翺文集，六。
元板汲冢周書，四。
國朝儒林文苑傳，八。
（舊）通鑑前編，二十。
（鈔）漢書地理志稽疑，二。
（鈔）張樂全集。
内閣藏書目録，六。
局刻玉篇廣韻，九。
絳雲樓書目，鈔。二。
宋板柳河東集，十二。
道藏目録，鈔。二。

(舊) 楚詞，十。

淡生堂書目，八。

(鈔) 詩經集傳音義會通，十六。

遂初堂書目，二。

(批) 张伯顏刊文選，廿。

千頃堂書目，十二。

影宋儀禮要義，廿四。

明崇德書院十二子，五。

元板混一勝覽，二套。

楝亭書目，三。

元板文獻通考，十二套。

纂圖互注五子，二十二。

宋板進取輿地通鑑，一匣。

黄忠端公集，十六。

宋板嚴州圖經，一匣。

（鈔）毛詩古訓傳，二套。

宋板中興聖政，六匣。

乾象新書，四套。

元板釋氏通鑑，十六。

書畫傳習録，八。

元板書學正韻，卅六。

剿平三省邪匪方略，四百十。

宋板花間集，四。

柯板史記，卅二。

（舊）司馬温公集，一套。

前後漢書，汲古閣本校。四十八。

（舊）近思録，校。四。

（鈔）十七史經説，三十六。

（舊）韓柳合集，校。十六。

盧龍塞略，十。

宋板尚書表注，二。

孝慈堂書目，二。

景祐本漢書，六套。

退庵金石，八。

宋板三蘇文粹，四套。

音學五書，活字。十二。

（舊）素問旨要論，二套。

菉竹堂書目，二。

元板羅豫章集，一套。

説文述誼，四。

三國志，顧千里批。十本。

范太史集，鈔。卄四。

宋版孟東野集。

明文衡，十二。

宋板範香溪集。

戎事類占，十。

（舊）元豐類稿，十六。

漢書地理志補注，四十八本。

宋板浣花集，二。

洋板唐宋八家，十三。

舊王右丞集，五。

駢雅訓纂，八。

影宋鈔繪圖爾雅，三。

晞髮集，二。

校淮南子，四。

天主實義，二。

校　玉台新咏，一。

胡刻通鑑，（百。又一部）。

殘宋刻皇宋中興聖政，六套。

韋詩考定，六。

宋本史記正義，四套。

南雷文約，四。

宋刻東南進取輿地通鑑，一匣。[三]

通鑑政要，鈔。二套。

元刻翰林珠玉，一匣。

[三] 點校記：《郘亭知見傳本書目·史部十一地理類》記：『《東南進取輿地通鑑》三十卷，宋孝節先生趙善譽撰，取三國至梁、陳東南攻守事，事爲之圖，圖後附以地理考及本事始末，蓋南渡後圖金而作，是當日極有用書也。文淵閣未及著録，蓋佚久矣。上海郁氏宜稼堂所藏宋本每半頁十三行，行二十九字。』莫氏在下面又詳記此書。

汪校前後漢書，四十八。

元刻群書類編，一匣。

昌黎文集，四函。

元板博古圖，二套。

浦城遺書，四十八。

宋板大學衍義，二套。

會典簡明録，八。

宋刻嚴州圖經，一匣。

姓氏全編，鈔，六十本。

宋槧纂圖五經禮記，二套。

集韻類篇。綿紙，曹刻。

宋板朱子家禮。

宋板外臺秘要，密行，好。[1]

（眉批）：宋約六十七種，元約六十許，影宋不計。[2]

宋本毛詩要義二十卷宜稼堂郁氏藏[3]

[1] 點校記：《郘亭知見傳本書目·子部五醫家類》記：『《外臺秘要》四十卷，唐王燾撰。宋本每半頁十三行，行二十四字。』可補此『宋板』之缺。

[2] 點校記：莫友芝此頁天頭眉批曰：『宋約六十七種，元約六十許，影宋不計。』亦即以上爲莫氏箋記上海郁松年宜稼堂所藏之書目。莫氏此言『宋約六十七種』，實爲六十八種宋本；元本書六十種，影宋本、舊鈔本等書二百二十五種，共計三百五十三種。另外，此下莫氏又重點箋記郁氏所藏《宋本毛詩要義》二十卷等宋本書七種、《元本説文解字輔義》等元本書四種。郁氏作古後，所藏古籍圖書散佚海内外，不知其種類和數量，幸有莫友芝此手稿今藏於中國國家圖書館中，於此可見上海郁氏宜稼堂當年所藏宋元本、影宋本、舊本書之一斑，因而極顯珍貴。

[3] 點校記：莫友芝在此之前簡記是書『宋板《毛詩要義》四匣』，此爲詳記。莫友芝又在其《持静齋藏書記要·宋刊本》之首箋記曰：『《毛詩》一種，自直齋、公武不著録，阮氏力求不得見者，乃巋然獨存於東南兵燹之餘，首尾完整，神明焕然，誠無上秘笈也。據卷中諸印知經藏者：曹寅、吴可驥及長白昌齡、桐鄉沈炳垣，後歸郁松年，推爲宜稼堂諸宋本之冠，今歸持静齋。』《郘亭知見傳本書目·經部三詩類》亦記曰：『《毛詩要義》二十卷，宋魏了翁撰。宋本首爲《譜序》一卷，《經》依《箋》編二十卷，中又分子卷十有七，凡三十八卷。每頁十八行，行十八字，同治乙丑，曾假讀于上海郁泰峰氏，海内更無第二本。』莫氏多處箋記，可見他是何等地重視郁泰峰宜稼堂所藏宋本《毛詩要義》這本價值連城的書。這本『海内更無第二本』的國寶級宋本書，後歸丁日昌歸持静齋，今日不知流落在何處？

魏了翁撰。首爲《譜序》一卷，《經》依《箋》編。二十卷中又分子卷十有七，凡三十八卷。每頁十八行，行十八字。每卷各以一、二、三條爲題目，低一格書。亦有一條而有二題目者，其第二題目標之眉上。又有當條所掇未盡之義，亦於眉上書之。

每卷首有【楝亭曹氏藏書】【長白敷槎氏堇齋昌齡圖書印】二印。卷尾有【桐鄉沈炳垣手讀書記】一印。《譜序》卷首又有【永超氏】一印。卷一下之首有【吴可驥印】一印。

宋魏隺山先生，於理宗嘉熙元年丁酉，以權工部侍郎忤時相，謫靖州，取《九經注疏》刪繁去蕪，爲《要義》百六十三卷。《宋史·藝文志》分載其書。當時陳、晁两家著録可稱浩博，亦不及載，則知此書已不可多見矣。《欽定四庫全書》衹載《周易》《儀禮》尚是全帙。《尚書》《春秋》皆非完本。近揚州阮氏復得《尚書》三卷，即《四庫》所闕之卷。又《禮記》三十一卷，首闕《曲禮》上、下两卷，其餘四經竟無從咨訪矣。壬辰仲春，篴江弭不惜重值，購得宋槧《毛詩要義》，首尾完整，觸手如新，爲曹楝亭舊藏本。首列《目録》，次《譜序》，次《詩要義》二十卷。其一、二、五、六、十二至十七等卷，分上、下《子目》，四卷及十八、十九卷，分上、中、下《子目》，其餘均作一卷。《總子目》并《序》計三十八卷。

展讀之下，古香可掬，真希世之秘笈也。其體裁與《周易》等相同。有與疏本連文，而《要義》取一、二則者。列其《次目》於眉上，不復分裂原文，隸標目之，尤爲簡當。《傳》《箋》遺辭博奥，孔氏因劉炫等書爲《正義》，於地理、名物靡不旁搜曲引以資考核，故其《疏》較他經爲密。隺山復擷其要領，以《經》及《傳》《箋》爲綱，以《正義》爲目，有條不紊，易於記誦，洵治經者不可少之書。隺山所輯尚是當時善本，必與今通行之本大有不同，異日再爲細校一過，始無遺憾。郡城金氏藏有宋槧《禮記》首兩卷，即阮氏所缺之帙，當訪求之。從此《易》《書》《詩》、二《禮》，五經皆成完書，真大快事也。篴江席豐履厚，而不以他好縈心，惟古人秘笈搜訪不遺餘力，是可尚已。今擬將付梨棗，公諸同好，使數百年古籍晦而復顯，其有功於藝林豈淺鮮哉！因爲識此。錢天樹。

魏隺山先生《毛詩要義》三十八卷，爲文淵閣著録所未及，道光間儀徵相國采進遺書，亦未之見。上海郁泰峰氏乃搜獲曹楝亭舊弆宋槧本于嘉興士家，海内更無第二本，遂卓爲宜稼堂數十宋槧之冠。友芝同治乙丑五月來滬上，珍重假讀，心神開曠，百慮盡消，斷推此游第一快事。[1]友芝夙有詳校《毛詩疏》，于乾、嘉諸老所舉中外舊本異同，一一甄録，唯未及《要義》本，他日再爲滬游，必挾以來，更乞與細讎一通，乃不虚此眼福也。獨山莫友芝。[2]

宋世綵堂韓昌黎集五十一卷

相傳明東雅堂徐氏翻刊廖氏世綵堂韓文，一仍舊式，而不著其所從來。今觀此本，信然。每頁中縫下截悉有『世綵堂』字，徐氏悉以『東雅』字易之。《傳目》後有【世綵廖氏刻梓家塾】篆字木印，徐氏各卷尾亦仿之。此初印本，紙墨精好，字體在歐、褚間，徐本猶未能畢肖也。卷中有【汪士鐘印】【閬源真賞】【少谿主人】【項氏萬卷堂圖籍印】【田耕堂藏】【泰峰審定】【郁松年印】。[3]

---

[1] 點校記：莫友芝同治四年（1865）五月二十二日《郘亭日記》曰：『晨訪泰峰，觀其所藏宋元舊本書，合百數十部。東南文集燹後，散失殆盡，而郁氏獨存，亦不易也。』其後六月初三日致信曾國藩云：『友芝此行凡得兩快事，其一見郁泰峰宜稼堂所藏宋元精本書數十種，尤爲大快！』

[2] 莫繩孫《宋元舊本書經眼録》手稿及刻本均把『宋本《毛詩要義》二十卷』列爲全書箋記之第一本書，且文字與其父原文略有出入；全書排列順序大異於其父手稿，不知所據何在？

[3] 點校記：莫友芝《持静齋藏書記要·宋刊本》亦記是書：『世綵堂《韓昌黎集注》四十卷《外集》十卷《遺文》一卷，唐韓愈撰。宋廖瑩中輯注刊板。初印，紙墨精絶。項氏萬卷堂舊藏，又經藏汪士鐘、郁松年。……海内集部佳本，斷當推此第一。』郁松年辭世後書散出，此書歸入丁日昌持静齋。《郘亭知見傳本書目·集部三》亦曰：『丁禹生藏。宋刊初印，……首尾

宋巾箱本萬寶詩山三十八卷

每卷題首云：『選編省監新奇《萬寶詩山》卷之幾，書林葉氏廣勤堂新刊。』[三] 悉取宋代省監所試五言六韻詩分類編録，如今坊間袖珍《試律大觀》之比。每卷約五十頁，頁三十行，行二十三字。六行一詩，約四百六七十首，合三十八卷，計之約詩萬六千餘首。宋人帖體亦收羅殆盡矣。其板廣五寸許，高三寸半，細行密字，寫刻亦精，惜不載作者姓名，遂無資于考核，徒成菟園册子而已。首唯有【田耕堂藏】一印，知藏書家所不尚，然《四庫》未著録，不能不以爲秘函也。

完整。本上海郁泰峰宜稼堂物，當爲海內集部之冠。』錢基博《版本通義》（商務印書館本）曰：『廖瑩中世綵堂刻《韓昌黎集》《柳河東集》皆博采善本，手校異同，自非率爾雕印者。』民國《正風半月刊》第十六期所載張次滄《蕉隱廬隨筆》認爲丁日昌持靜齋藏書『以世綵堂《韓昌黎集》爲最佳。此書後歸湖南袁樹勳家。袁子官京師携之，至灾于火。』惜哉，國寶宋刊本世綵堂《韓昌黎集》毁于火！』

[三] 點校記：此當爲郁泰峰宜稼堂藏書，上有簡記：『宋板萬寶詩山，二匣巾箱』。莫友芝此記《萬寶詩山》三十八卷爲『宋巾箱本』，又箋記：『每卷題首云：選編省監新奇《萬寶詩山》卷之幾，書林葉氏廣勤堂新刊。』前後抵牾有誤。宋代没有『書林葉氏廣勤堂』，到元末明初纔有著名的三峰葉日增廣勤堂書坊，刊刻書籍甚夥。清末民初葉德輝《書林清話》卷四引余性初《序》考證葉日增、葉景逵廣勤堂刊刻《萬寶詩山》云：『書林三峰葉景逵氏，掇拾類聚，綉梓以傳于世，目之曰《萬寶詩山》。』葉德輝又云『（葉）日增、景逵當是父子相继。』莫氏下引余性初《序》『書林三峰葉景達氏』，『達』字恐當爲『逵』字。不過明代楊榮《文敏集》卷八《三峰書舍賦》又寫作『葉景達』。此引録存疑備考，以俟高明。

《萬寶詩山叙》：天下之寶多矣，夫有天下者以道德爲寶，有國家者以政事爲寶。文學之士所寶經書，豪富之家所寶珠玉。仁親以爲寶，惟善以爲寶，不貪以爲寶，此仁人賢士之寶也。若夫吟咏風月，繪畫烟云，摛章摘句，以詩賦爲寶，此亦皆本夫性情之正，而達于政事之體也。蓋詩自虞廷賡歌，以至周、召《雅》《頌》之什，皆古聖賢制作以淑人心而垂教法，雖閭巷俚俗之謡，聖人亦有取焉。《三百篇》以降，作者非一。宋以詞賦科取士，故有省監之詩，而文人才子業于是者，未免淘金揀玉，以用其心。詞語之華，篇章之粹，真希世之寶也。書林三峰葉景達氏，掇拾類聚，綉梓以傳于世，目之曰《萬寶詩山》。俾後學者有所矜式，其用心亦弘矣。梓成，携以示余，因屬余叙。余惟夫子有言曰：『小子何莫學夫《詩》？《詩》可以興，可以觀，至於事父事君，多識鳥獸草木之名。』則士君子誠意正心之要，進德修業之方，與夫薦郊廟，格神人，以鳴國家之盛者，皆由詩而致。務學之士，其可忽諸？余不敏，特以此叙其概云。○○○○雍作噩歲重九日，浦陽余性初叙。[三]

[三] 點校記：莫繩孫《宋元舊本書經眼録》手稿及刻本均把『宋巾箱本《萬寶詩山》三十八卷』一書排列在卷第一宋本書之末箋記，

宋刻東南進取輿地通鑑三十卷[三]

宋孝節先生趙善譽撰，取三國至梁、陳東南攻守事，事爲之圖，圖後附以地理考及本事始末，蓋爲南渡後圖金而作，是當日極有用書也。文淵閣未及著録，蓋逸已久矣。每頁二十六行，行十九字，上海郁氏宜稼堂所藏。卷首有【太華山人】【汪士鐘印】【三十五峰園主人】【从龍私印】【劍光閣】【黄丕烈印】【蕘圃】【東吴宋克】【冒鸞】九印。而《百宋一廛賦》不之及。

《自序》云：善譽聞，險要視乎地，攻與守屬諸人。古今之地，未始殊絶，而或得或失者，人事之不侔也。自三國以迄于陳，南北攻守之變備矣，其事可類而覽也，□其地不可不考而圖也。覽古之事，以考今之地。□爲有用之學哉。難之者曰：古尋陽本治江北，而今在江南，自温嶠始徙也。古當塗本以塗山爲邑，而今在姑熟，晋成帝遷之也。是郡邑之不常，未易以

大異於其父手稿排列順序。

[三] 點校記：此書原爲郁氏宜稼堂藏書，後歸丁日昌持静齋。莫氏手稿書名下之『三十』與『卷』之間空格不言零卷。莫友芝受丁氏請，爲丁氏校檢藏書，在其《持静齋藏書記要·宋刊本》中亦箋記：『《東南進取輿地通鑑》三十卷，宋孝節先生趙善譽撰。宋刊本。是書今《四庫》未收。各家書目，惟《傳是樓》有之，云二十卷。考《宋志·史鈔類》：趙善譽《讀史輿地考》六十三卷，一名《輿地通鑑》。』其箋記文字可與此互參。

今究也。古駱谷道，自盩厔南通漢中，今塞矣。唐武德間所開，非必漢、魏之舊也。古巢河水，北流合于肥河，今堙矣。吴、魏舟師之所由，不可見也。是川陸之不常，未易以今論也。若此之類，不勝殫舉，則此書欲以有用，無乃幾于無用也。吁！杜征南預，以晋之郡國，而釋春秋之地名；顔秘監師古，以唐之州、縣而注漢、秦之疆域，其曰未詳者，不害爲闕疑，而二書遂瞭然于千載。而以古今之難窮爲諉，而不盡其心哉？故因《通鑑》編年，參之正史，以類南北之武事。即地理之書，考之今日，以究攻守之所在。既載其事以論之，又爲圖于前以便稽覽，雖曰昔人遺迹不無湮滅，而古今地志亦或疏略，然尋文□圖，可考者十常八九，其所未究，則闕之，以俟博□，於史學不爲無補也。唐太宗有言曰：『以古爲鑒，可知興替。』而光武係隆炎漢，廓清六合，實有感于披輿地圖之日。則是書之有用，將不止爲觀史之助焉。趙善譽謹序。

〔眉批〕：黄蕘圃庚午夏《跋》謂：此爲無錫故家物。主人姓顧，係涇陽先生八世孫。此書尚是涇陽先生從都中寄歸者。

又《跋》云：《東南進取輿地通鑑》，自來藏書家惟傳是樓著録，然止云二十卷一本，亦不詳刻鈔字樣，則徐氏之書，非即是本矣。此書名目在宋已非一定，檢《宋史·藝文志·史鈔類》云：『趙善譽《讀史輿地考》六十三卷（一名《輿地通鑑》）。陳氏《書録解題》云：《南北攻守類考》（監奏進院趙善譽撰進，以三國、六朝攻守之變，鑒古事以考今地，每事爲之圖）。亦作六十三卷。兹所存者，殆一半差弱，[1]《序》全《目》佚，三十卷後，割補之痕宛然。三國、六朝之總圖總論具存，其每事爲一圖，至晋而止。書之殘毁僅存者，正賴此宋刻祖本，豈非天壤間奇物乎？復翁記。

宋本儀禮要義

行款與《毛詩》同，亦郁氏宜稼堂藏。闕首六卷，自卷之七《士相見禮》始，每册首有【汪士鐘印】【閬源真賞】二印。其首六卷則鈔補。[2]

[1] 點校記：莫友芝《持静齋藏書記要·宋刊本》中亦箋記：『《東南進取輿地通鑑》三十卷，宋孝節先生趙善譽撰。——《直齋書録》有《南北攻守類考》，亦六十三卷。』莫友芝《宋元舊本書經眼録》云『三十卷』，殆非趙善譽原書卷次，黄氏《跋》據《宋史·藝文志》言『殆一半差弱』不誣。

[2] 點校記：《郘亭知見傳本書目·經部四禮類》記：『《儀禮要義》五十卷，宋魏了翁撰。宋本行款與《毛詩要義》同，頁十八行，行十八字。吴興嚴氏藏有宋刊本。内府有宋刊本，訛舛處與近世大略相似。汪氏藏宋本有鈔補。張金吾有舊鈔本。汪氏藏宋本有鈔補。』可與此互參。

宋本禮記要義三十一卷

行款與《儀禮》同，亦郁氏宜稼堂藏。闕首二卷。儀徵相國進此書亦闕《曲禮》上、下兩卷也。卷首有【新安汪氏】【啓淑信印】二印。[1]

卷中有夾片云：予讀《儀禮·燕禮記》《聘禮記》，兩有『賓爲苟敬。』《禮記·郊特牲》注：『苟作尊。』知俗本之誤。山井鼎據足利本亦作『苟』字。然兩存之，無所取捨。是未援《儀禮》以正也。己巳秋，得宋雕本《禮記要義》《郊特牲注》與足利本同。凡此本之與俗本異者，必與足利同矣。且讀經有疑義，能旁通博引，折衷于至當，往往若符節。然群經轉刻，紕繆益多，乃嘆此等書固天壤間之鴻寶，不僅以宋槧而珍重者也。書共三十三卷，失去一之二卷，不能無餘憾云。

拜五經齋主人錫寿識。【滌庭】

宋景祐本漢書顔注 [2]

[1] 點校記：莫繩孫《宋元舊本書經眼録》手稿此下原鈔有『卷中有夾片云』以下文字。據天頭眉批係張文虎所寫推測，『卷中有夾片云』以下文字被張氏用墨筆圈删，故刻本無『卷中有夾片云』以下文字。删則不見其父手稿原貌，惜哉！

[2] 點校記：莫繩孫《宋元舊本書經眼録》作『《漢書》二百卷　宋景祐本』，所作箋記語與其父手稿原文差異很大，衍脱多，

每頁二十行，大字十九，小字二十八、二十九不等，中有南宋及元元統、大德、延祐所補刻者，刻本存三分之二，其一分則國初曹倦圃所補。上海郁氏宜稼堂收獲黄蕘圃士禮居舊藏，蓋即顧千里《百宋一廛賦》所謂『《漢書》，特善，清祕，留將是日景祐夏乎弗亡』者。然蕘圃注不言其闕卷。鈔補此又一別本也。前有八紙草記鈔補何卷及補刻何頁，乃蕘圃手迹。卷中有【陳延恩觀】【鑑儒】【眉公】【辛楣】【張蓉鏡印】【姚氏畹真】【芙初女史】【蕘圃】【曹溶鑑藏】【張蓉鏡】【芙川氏】【小琅環福壂張氏藏】【小琅環福壂祕笈】【伯純】【自得耕者】【國瑞家藏】【虞山張蓉鏡鑒定宋刻善本】【得一日閒爲我福】【張氏藏】【程恩澤印】【詩思清人骨】諸印。題籤又有【杜瓊】一印。

《漢書》宋景祐刊本，煊赫于絳雲樓，六丁取之矣。《西清古鑑》所收，聞亦景祐本，天府之儲，無由見也。向時張月霄藏有元統、大德補修本，欲借未果，而已星散，深以嘆惋。

面目全非，已不見其父莫友芝手稿原貌。參見本書復原考論。此書後歸丁日昌。莫友芝《持静齋藏書記要·宋刊本》箋記曰：『《漢書》一百二十卷，漢班固撰，唐顔师古注。宋景祐刊本，不足七十卷，據景祐本影鈔者七卷，餘以元人覆本補足之。歷藏陳繼儒、曹溶、黄丕烈、張蓉镜、郁松年諸家。其原刊鈔補之卷及大德、元統修補之頁，丕烈悉記其目，裝卷端。影補數卷，猶出自倦圃前，頗爲精善。黄丕烈有此書完本，爲倪瓚凝香閣物者，後歸汪士鐘。此其次也。』可與此互參。

此本亦有補刊，未知與月霄本何似？然原刻存者尚十七、八，以校别本，甚有差殊。擬仿盧抱經先生《群書拾補》之例，爲《校勘記》，以永其傳。僅盡首函，思借全書足成之，芙川諾我否？道光十七年徂暑之月，揮汗識此。武進李兆洛。

昔黄蕘翁所藏北宋板景祐《前漢書》两部，其一部歸于汪觀察閬源，其次即是本也。内中雖有元、明板配入，然大德、正統本，皆從景祐本出，不礙爲一家眷屬。其鈔補亦從善本影寫，以成全璧。也是翁裒集宋板各種《史記》，令作一書，題爲《百衲史記》，冠于《敏求記·史部》之首，是則宜稱爲《百衲漢書》，可與也是翁之《史記》并爲藝林佳話也。丁酉十月，芙川家□得觀，因題。夢盧錢天樹。[1]

宋本資治通鑑目録三十卷[2]

[1] 點校記：莫氏手稿『家』與『得』字之間那一字未能識讀，此以『口』號示缺，以待高明。可參莫氏手稿。又，莫友芝大段鈔録錢天樹跋語，有助于讀者瞭解宋景祐本《漢書顔注》，但是莫繩孫整理之《宋元舊本書經眼録》手稿和刻本均脱錢天樹跋語。

[2] 點校記：莫友芝標此爲『宋本《資治通鑑目録》三十卷』，其下箋記又云：『上海郁氏宜稼堂藏此，以爲宋本。驗第一卷結銜，字多差誤，蓋翻雕者偶爾失校，其爲宋、爲元皆不可知。』莫氏前後兩説未定。莫氏在其《郘亭知見傳本書目·史部二》定説爲『元翻宋本』：『《資治通鑑目録》三十卷，郁泰峰家有宋本。郘亭借觀過，蓋元翻也。然勝陳本處多。』邵位西《四庫簡明目録標注·史部二》：『《資治通鑑目録》三十卷，宋司馬光撰。《傳是樓書目》有宋板《通鑑目録》三十卷，

陳本于《自序》後更出結銜，開卷即知其謬。又每年歲陽、歲名之末，復以甲子、乙丑注之，亦疑其不然。此本《自序》後即接書年、國、卷，每年下亦不注甲子、乙丑，且結銜一行密字，敕乃提行，可見温公元式。上海郁氏宜稼堂藏此，以爲宋本。驗第一卷結銜，字多差誤，蓋翻雕者偶爾失校，其爲宋、爲元皆不可知，然足以洗明人移刻之陋，亦劇可寶貴矣。此本第一卷三十八頁，第二卷四十六頁。陳本鬆展之，一卷五十八頁，二卷六十五頁，亦多費紙墨，絶無勝處。此本凡書一事，下空一格。陳本于空格皆填一圈，然誤聯二事爲一者不少，且多增減錯誤，并當以此本正之。

湘鄉相國嘗以胡果泉仿刻元本《通鑑》無《目録》爲闕典，思得善本，刊傳以惠學者。此足以稱之矣。當爲一言，借影付雕也。每卷首有【宋本】【曾在春星閣】【汪士鐘曾讀】三印，竟不知來自誰氏。

元説文解字補義　卷

十二本。世謂之大目録。陳仁錫批閲本有之，胡刻無。」

元包　撰[三]。卷首有【愛日精廬藏書】【集賢閣天水郡氏收藏】二印。蓋即昭文張金吾舊藏。《愛日精廬藏書志》論之甚詳。今歸上海郁氏宜稼堂。[2]

元刻金陵新志十五卷

至正癸未張鉉撰。本鉉書。文淵閣著録。此本郁氏宜稼堂藏，板多漫漶。

元至元刻本玉海二百卷附刻諸種俱備。

行款與今通行本同，特板心稍大。字體秀勁，近趙吴興。首有胡助、李桓、阿殷圖埜堂、王介四《序》；及至正三年慶元路刊行《文牒》及薛元德《後序》。又有伯厚之孫厚孫《識語》，在伯厚《題跋》後，謂其先祖且謂未脱稿，難以示學者，故藏于家云云。浙東都事年公始建議板行，今元帥資德公既至，即命刊布。又刊《詩考》《詩地理考》《漢藝文志考》《通

[1] 點校記：元人包希魯撰有《説文解字補義》十二卷，故莫友芝此上二處空格當爲『十二』和『希魯』。

[2] 點校記：莫友芝手稿至此結束。莫繩孫《宋元舊本書經眼録》手稿及刻本此下衍增二句：『此書《四庫》未著録。嘉慶中阮氏從至正刊本影鈔進呈。』莫繩孫此衍增，蓋從其父《郘亭知見傳本書目·經部十小學類》所衍增。《郘目·經部十小學類》記：『《説文解字補義》十二卷，元包希魯撰。昭文張氏有元刊本，今歸上海郁氏。《四庫》未收，阮氏曾進程。希魯字伯魯，進賢人，至正乙未自《序》。』

鑑地理通釋》《集解踐祚篇》《補注急就篇》《王會篇》《漢制考》《小學紺珠》《姓氏篇》《六經天文編》《康成易注》《通鑑答問》諸書。厚孫等承命校勘唯謹，而董役者弗爲修改，遺誤具在，觀者審焉。至元六年庚辰四月一日。卷首有【張寬德宏之印】【張任文房之印】【玉峰張氏世恩堂圖書】【徐氏家藏】【曾在汪閬源家】【郁松年印】【泰峰】七印。[1]

建康實録影宋鈔本二十卷[2]

每頁二十二行，行大字二十，小字三十三、三十四不等。二十卷尾附記云：『江寧府嘉祐三年十一月開造《建康實録》，并案《三國志》《東》《西晋書》并《南》《北史》校勘，至嘉祐四年五月畢工。凡二十卷，總二十五万七千五百七十七字，計一十册。』後頁前半列張庖氏、錢公瑾、曾伉、熊本、趙真卿五人校正銜名，及通判軍府彭仲荀、知軍府事梅摯銜名。

---

[1] 點校記：此書後歸丁日昌。莫友芝《持静齋藏書記要》卷之上記曰：『《玉海》二百卷附《詞學指南》四卷，宋王應麟撰。元至元四年刊，至正十一年補正漏誤六万字。趙體書，極工致，首尾一律。綿紙精印本。失首册，精鈔配入。當湖胡惠孚，滬上郁松年皆經藏。』與此所箋略有差異，可互參。

[2] 點校記：郁泰峰所藏此書後歸丁日昌。莫友芝《持静齋書目》卷二記：『《建康實録》二十卷。舊鈔本，蓋據嘉祐三年宋刻本過鈔也。卷首有『郁泰峰已亥年所收書』印。』莫氏此言，蓋據嘉佑三年宋刻本過鈔也，與下所言，『此所據鈔者，紹興本也』有異。

後半又載紹興十八年十一月荆湖北路安撫使司重别雕印。韓軫、高楫、王廓、張允之、萬俟虚、趙遜、周方平、劉長、王瑋九人銜。此所據鈔者，紹興本也。鈔字尚不劣，蓋明末國初時物。僅卷首【郁泰峰己亥年所收書】一印。其鈔自何年何人，不可考矣。

宋紹興本集古文韻第三卷

每頁十六行，行大字九，約可容小字十八。蓋夏英公《古文四聲韻》五卷之一。紹興乙丑年僧寶達刻于齊安，而開禧元年後印本。黄伯思《東觀餘論》云：『政和六年冬，以夏鄭公《集古韻》及宗室克繼所廣本，二書參寫，并益以三代鐘鼎彝器款識，及周鼓秦碑、古文印章、碑首，并諸字書有合古者益之，以備遺忘』云云。是宋人《古文篆韻》有三，今唯英公集者有新安汪啓淑刊本，趙、黄二本則皆無傳。《宋史經籍志》及《玉海》謂宗室趙善繼與于汴京《石經》之役者，嘗進《古文篆韻》一書，當與伯思所指克繼爲一人，或『一』字誤記也。知此本爲紹興刻、開禧印者。全祖望……謂曾借鈔天一閣夏英公《古篆韻》，[三]但見于晁子正《讀

[三] 點校記：莫友芝手稿『全祖望』之下，『謂』之上空格無字，今以省略號『……』標示。莫繩孫《宋元舊本書經眼録》手稿及刻本補書名爲『《古文韻題詞》』。又，此句之下，莫友芝手稿原有『但見于晁子正《讀書志》，後此著録家皆無有，以爲忘矣。范氏天一閣有之，乃借鈔』諸句，後又用墨筆圈删。今仍保留莫友芝手稿之舊。

書志》，後此著録家皆無有，以爲亡矣。范氏天一閣有之，乃借鈔。據晉陵許端夫《序》，蓋紹興乙丑浮屠寶達重刻于齊安郡學，許爲郡守，因《序》之。寶達者，劉景文之孫，精于古文篆，親爲摹寫，其亦南嶽夢英一流矣。至北宋本當有《前序》，而今失之。按：此本僅《上聲》一卷，其有許《序》及有《前序》否，不可知。而紙背大半是開禧元年黄州諸官致黄州教授書狀，宋黄州猶稱齊安郡，此板在郡學，學官以書狀紙背印書，事理之常。故知爲紹興刻、開禧印也。

吾衍《學古編》云：『夏竦《古文四聲韻》五卷，前有《序》并全銜者好；别有僧翻本，不可用。』此書板多而好者極不易得，所謂僧翻本，蓋即此本。全氏謂其精于摹寫，而吾氏謂不可用，以今行汪刊本校之，小有損益異同，而夏氏所用二百十部《切韻》，其部次與唐顔氏《干禄字書》合者，乃移改同《廣韻》《集韻》，則斥其不可用者，誠非苛論也。徒以宋刻宋印，且紙背諸狀足見爾時交際儀式，故取備一種耳。是書紹興乙丑刊，開禧乙丑印，而余後十一乙丑同治四年之夏收諸上海市中，抑何巧合乃爾。物之顯晦豈亦有數耶[二]？（紙

[二] 點校記：此宋紹興本《集古文韻》第三卷，即宋人夏英公《古文四聲韻》五卷之一，是莫友芝同治四年（1865）在上海市

背狀中首尾結銜，一曰朝散郎權知黄州軍州事王可大，一曰訓武郎黄州兵馬都監兼在城巡檢徐靄，一曰迪功郎黄岡縣尉巡捉私茶鹽礬銅錢私鑄鐵錢兼催綱陸工程，一曰朝奉郎行户部员外郎吴獵，一曰武略郎添差淮南西路將領張□，一曰學諭章準，一曰學生教諭李起□，一曰學生直學徐灝，一曰升大，失其官及姓，凡十人。其本官結銜则云從事郎[三]黄州州學教授吕。……），

古人文移案牘用紙皆精好，事後尚可他用。蘇子美監進奏院以鬻故紙公錢祀神宴客得罪，可見宋世故紙未嘗輕棄，今官文書紙率輕薄不耐久。

素問六氣玄珠密語舊鈔本十六卷[2]

所收購的宋本書，僅此有記，十分珍貴。

---

[1] 點校記：莫繩孫《宋元舊本書經眼録》手稿及刻本把『紙背狀中首尾接銜……從事黄州州學教授吕』這一段文字上移到前『吾衍《學古編》云』一句之上，與其父手稿原文位置有異，且不用小字號注釋，改爲大字號正文字。

[2] 點校記：此書莫友芝藏有吴本，此未言。《郘亭知見傳本書目·子部五醫家類》記：『《素問玄珠密語》十卷。舊題唐王冰撰，實宋人僞托也。拜珠樓有影寫宋本《玄珠密語》十六卷，每頁十六行，行十六字。陳鱣仲魚校過，謂後數卷脱遺若干頁，當以其藏本鈔補足之。今吴本歸郘亭。檢道藏目録，道藏本實十七卷，當缺一卷，而仲魚以爲不缺。』莫友芝《持静齋藏書記要》卷之下鈔本又記曰：『《素問六氣玄珠密語》十卷，唐王冰撰。舊鈔本。按：是書《道藏》本十七卷，《四库》存其目於術數家。晁公武《志》録此書十卷，與此本合，蓋猶宋人舊編。其十七卷本以全書三十論，多增卷帙耳。其書推演五運六氣，蓋以專明《素問》氣運爲治病之要』之説。後來，劉温舒《素問入式論奥》亦發明斯旨。』此三書同記一書不同舊鈔本，可互參。

唐王冰撰。書中自題曰『啓玄子述』，即唐時注《素問》之王冰也。《宋史·藝文志》載王冰《素問六脉玄珠密語》一卷，當即此書，而『氣』訛『脉』耳。『一卷』亦有誤。《道藏目録》及焦竑《經籍志》載此書并云『十七卷』。此鈔當闕一卷也。其書專論五運六氣，因六十甲子直歲反復言之，蓋以天時運轉明醫法。

孫淵如手校太白陰經

寶山蔣劍人敦復所藏。乙丑閏五月朔日，在上海借觀。校今行叢書刻本，可補正者甚多。

《校正太白陰經序》：唐李筌《太白陰經》八卷，舊存篋中。首闕《天無陰陽》《地無險阻》二篇，又無《諸營陳圖》，文字亦多脱落。頃以明茅元儀所刊《武備志》中引李筌書校補，又檢《通典》《太平御覽》，互加勘定。第八卷《雜占》，疑即《宋·藝文志》所稱《占五行星度吉凶訣》一卷，但《中興書目》及鄭樵《藝文略》俱稱『十卷』，《唐（志）》《宋志》同。此则合《雜占》止八卷，或後人合并之，似無闕佚矣。李筌官荆南節度副使，其名姓官位，僅見《集仙傳》及《神仙感遇傳》。世所傳《陰符經》，或言筌得之驪山老母；《神仙感遇傳》亦謂筌入山訪道，不知所終。是其人生平好怪，故無政迹見於正史。此書有《祭毗沙门天王文》，亦是唐時陋習，筌所增入。然其書議論純正，鑒人、相馬、攻守之具，古法猶存。《東都事略·燕達傳》：達采諸葛亮、李靖意，成五陳法授之，以教戰士，即此諸陳法也。後附《藥方》《占訣》，皆非筌所能臆撰者，實勝于《陰符經》，故與杜佑所引文往往符合。兵家各書亡佚甚多，《周禮注》所引《孫子》萃車之陳，《傳注》所引《太公陰符》，今皆不可得。此即有用之學，刊以俟後人補訂焉。嘉慶五年正月二十一日，孫星衍序于吕蒙城舟次。

宋寶祐四年會天曆一卷

據宋本過録。寶山蔣敦復所藏。卷首行題云：『大宋寶祐四年丙辰歲《會天萬年具注曆》』。其歲德刑等，及九宫，及月九宫德刑等。曰吉凶星、宜忌、建除、納音、直宿、七十二候、日出入晝夜時刻，所注與今《時憲》同。又每日必書人神所在于細注下，惟按節載卦氣，如立春坎六四，雨水坎九五，及二月大夫隨卿晋公解之類，爲今所無。（末載筭造官五人，結銜云：『寶章正充同知筭造兼主管文德殿鐘鼓院莿執禮，靈臺郎充同知筭造楊旂，靈臺郎兼主管測驗渾儀刻漏所相師堯，撫授保章正充同知筭造譚玉，靈臺郎判太史局批點曆書鄧宗文。）』

後有朱彝尊、錢大昕嘉慶八年皋月、李鋭十九年七月、沈欽裴二十年六月、蔡復午二十五年涂月、陳杰、金望欣并道光二十二年九月七人《跋》，敦復收此書又自爲《跋》，同治四年四月。蔡蘭甫云：『京房卦氣，郎顗父子得其學最精，《乾象》全用此法，《大衍》推六日七分，取四正卦以定二十四氣、七十二候，宋時蓋猶仍之。五百年來，卦氣久置不用，而今《憲書》尚總列六候于每月之前，此特李氏《月令》之僅存者爾。定朔之説，始于劉焯，李淳風始用之，經朔兩大無兩小，三大两小，皆定朔也。《會天書》四、五月皆小，九、十、十一月皆大，是用定朔也。晝夜分一在春分前五日，一在秋分前一日，長短至皆在夏至、冬至前十七日，是不但二十三氣，并冬至亦不依定氣矣。』陳静庵云：『其平氣定朔，七十二候、六十卦氣，及滅没等事，蓋悉仍其本朝之舊。唯其晝六十刻、夜四十刻，在夏至前六十日[三]，晝六十刻、夜四十刻，在冬至前十七日，則不可解。』金嵎谷云：『此所注晝極長，六十刻，前距五十九刻十五日，後距五十九刻三十四日，極短四十刻，前距四十一刻十四日，後距四十一刻三十四日。太陽有此前後不齊行度乎？蓋鈔胥之誤。』蔣劍人云：『李四香謂朱《跋》歲在丙辰元日立春，百年罕遇。蓋竹垞不明推步，誤信田家諺耳。余按史家言，顓

[三] 點校記：此『前六十日』，當稱『前十六日』。莫氏手稿對此亦有疑義，故在『六十』二字右側用墨筆畫有一竪綫示疑。

項高陽氏作曆，以丙辰孟春正月朔旦立春，五星會於天曆，營室立元，此宋寶祐四年《會天曆》亦歲在丙辰正月朔旦立春，曆名《會天》，正取此也。』

殘宋本輿地廣記

上海市中出，即黄蕘圃據刻之本。[三]

【烈文】【宋本】【汪士鐘印】【閬源真賞】。

此殘宋本歐陽忞《輿地廣記》，自第十八卷起至第三十八卷止，爲予亡友顧抱冲藏書也。初，抱冲得諸華陽橋顧聽玉家，余未及借讀。適爲周香嚴携去，香嚴告余曰：『此本與家藏鈔本行款同，故得以知其移易卷弟之迹，而鈔本似又從别本宋刻傳録，不及殘本之精。』余識其言不忘。既而抱冲作古，從其家借出，見其根題曰：『宋板《輿地廣記》廿一卷，以元亨利

[三] 點校記：莫友芝箋記僅此一句，然後于下鈔録黄丕烈《跋》語。莫繩孫《宋元舊本書經眼録》手稿和刻本箋記語云：『《輿地廣記》宋本殘帙。始第十八卷，至末三十八卷止。每半頁十行，行二十字，即黄丕烈士禮居仿刊祖本，首有丕烈題識。同治乙丑夏，滬上市出此書前二册，亦宋槧，式相似，亦丕烈據以仿刊者，惜未能收合之也。豐順丁禹生方伯所藏，丁卯冬借觀記。』與其父所記差異大，等於重寫，已不見其父手稿原文原貌。又，此殘宋本《輿地廣記》後歸丁日昌。莫友芝《持静齋藏書記要》卷之上記曰：『《輿地廣記》，殘本二十一卷，宋歐陽忞撰。其書三十八卷，此宋刊，起卷十八至末，而闕前十七卷。蓋顧氏小讀書堆舊藏。黄丕烈仿刊此書，《序》謂『淳祐重修本，藏亡友顧抱冲家，不可復見』者，殆即此也。』

貞爲次，于两浙路上一册有『宋本』圖記，一有『季振宜藏書』圖記，一知延令《宋板書目》有《廣地》。《廣地》廿一卷即此本也。』蓋是本移易卷弟在滄葦收藏時已然。幸有鈔本可證，得以復其舊觀。爰命工重爲改裝。自十八卷後，悉排編無誤。十八卷缺前三頁，三十八卷缺後幾頁，皆向來如此，闕疑可也。册數分四爲五，皆以每路之可分者爲定。書根字迹未敢滅去，俾延令《目》中所云有可考等爾。

嘉慶庚申歲春二月，黄丕烈書於士禮居。【蕘圃】

元刻詩集傳附録纂疏二十卷詩序辨説附録纂疏一卷

新安胡一桂撰。此書《四庫全書》未著録[1]。

每頁廿二行，每行大字二十，小字雙行則二十四。前有泰定第四祀强圉單閼歲長至穀旦乙丑從事郎、邵武路總管府經歷致仕盱江揭祐民從年父《序》云：書于建東陽翠岩劉氏家塾，謂胡氏撰集大成，歿身乃已。後十餘年，得劉氏君佐，乃朱子故友劉用之後人，不忍以用朱子

[1] 點校記：《郘亭知見傳本書目·經部三詩類》箋記是書與此相合：『《詩集傳附録纂疏》二十卷，元胡一桂撰。《四庫》未著録。元泰定刊本，每頁廿二行，大字每行二十。小字每行二十四。』

之學者堙鬱不售，亟鋟諸梓。一有《十五國都地理圖》一紙，附録《纂疏姓氏》二紙，《語録輯要》五頁。後有篆文爲二行木記云：『泰定丁卯仲冬，翠巖精舍新刊。』《詩傳綱領》七頁，篇目後有行書七行木記云：『文場取士，詩以《朱子集傳》爲主，明經也。新安胡氏編入《附録纂疏》，羽翼《朱傳》也。增以浚儀王内翰《韓魯齋三家詩考》，[1]求無遺也。今以《詩考》謹鋟諸梓，附于《集傳》之後，合而行之。學《詩》之士潛心披玩，蜚英聲于場屋間者，當自此得之。時泰定丁卯日長至，後學建安劉君佐謹識。』

同治丙寅六月在上海，宜興周濂珂淮清持以相示。有【守甓齋藏書】【計光炘印】【曦白父】【新安汪氏】（并朱）、【啓淑信印】白、【秀水計光炘曦白氏】白、【計光炘印】【曦伯所藏】【匏如珍藏書籍私印】【泠音閣】（并朱）、【古射襄城計光炘曦伯之章】白、【計曦伯家珍藏】【聞川計氏曦伯所藏】白諸印。據其木記，尚附有王伯厚《詩考》，而此失之。

文苑英華纂要四卷宋刻本[2]

[1] 點校記：《郘亭知見傳本書目·經部三詩類》小箋記是書，與此相合：『《韓魯齊三家詩考》六卷，元泰定刊本，附胡氏《詩傳纂疏》後。』

[2] 點校記：莫友芝于書名下判定此書爲『宋刻本』。但是以下箋記又云『蓋元、明間印者』，眉批又謂『此書《藏書志》有之，

宋高似孫纂。甲卷九十八頁，乙卷九十七頁，丙卷八十二頁，丁卷七十頁。前有似孫《序》，後有元趙文《序》。上海市出，板稍漫漶，蓋元、明間印者。每卷首有印曰【宋本】朱、曰【元勛】朱、又曰【汪旱齋藏書】朱、【民部尚書郎】朱、【汪士鐘印】朱，蓋汪閬源舊藏。每半頁十行，行十七字。其鈔撮不分類，但按卷次摘句、摘段録之。[二]

〔眉批〕此書《藏書志》有之，謂是元刻。《天禄琳琅》乃以爲周益公著，殆誤。

《文苑英華》：

孝宗皇帝閲《文苑英華》，周益公直玉堂夜宣對。上謂秘閣本太舛錯，再三命精讎十卷以進。一日侍公酒，公以無佳本爲言，因白架中有此書，間嘗用諸集是正，頗改定十之二三。公驚喜曰：『《英華》本世所無，况集耶？』乃

謂是元刻。《天禄琳琅》乃以爲周益公著，殆誤』前後似有矛盾。莫氏又在《郘亭知見傳本書目·集部八總集類》考記此書爲元刻：『《文苑英華纂要》八十四卷，分甲乙丙丁四集，宋諱不缺筆，定爲元刊，見張氏《志》。天一閣亦有此書。郘亭曾于滬上見舊刊，蓋即張氏所謂元板者。』

[二] 點校記：此將莫友芝天頭眉批移于此下。莫繩孫《宋元舊本書經眼》手稿和刻本誤脱眉批『殆誤』二字。

盡笈去，復以讎整者畀予研訂，書奏御，不爲無分毫助也。後以本傳之廬陵手書寄來，急讀一遍，因取其可必用者，僅爲帙四；又以奉公。復答曰：『書千卷，鮮克展盡，顧乃獵之精舉之確耶？不減小洪公《史語》也。』初，予官越，洪公方在郡，日日陪棣華堂書研，頗及《史語》。公曰：『不過觀書寓筆，示不苟於觀耳。』予曰：『類書帙多字繁，非惟不能盡記，蓋亦未嘗盡見，古人是以有撮取之功，然乃切於自用，非爲他人設也。』洪公擊節曰：『此正余意，鈔亦出是歟？』治使史公來訪越墅，因從容硯寮，見鈔本曰：『鈎玄摘奇，便於後學者也。』書成，索甚力。第二書報已刊。第三書寄刊本，令作《鈔序》，乃誦益公、洪公語，以謝好雅。嘉定十六年三月七日，高似孫續古識。

《文苑英華後序》

〔眉批〕此《序》係摹寫草書補者。[三]

予少讀《文苑英華》，困於浩瀚，不能盡究。後得鄉先生高公手鈔《文苑纂要》四集，

[三] 點校記：此將莫友芝於此頁天頭眉批語下移至此。

計八十四卷，復又撰十卷《卞證考異》，凡古今名賢諸作，有一聯一句至奇至妙者，必博采無遺。予讀之神馳心醉，奇哉是書也！世道不古，詩書之道廢，挾兔園册者，非惟莫之見，恐莫之聞。文運天開，車書混同，聖天下下詔求經明仁修之士，[1]試六經、古賦、詔、誥、章、表以觀其所學，試時務策以觀其所能。士之懷才抱器者，莫不爲之鳶飛魚躍，崇儒重道之風，古之《菁莪》，不是過矣。習科目者熟精於此書，鏖戰文場，寸晷之下，能使朱衣人暗點頭，則題雁塔，□銅章特拾芥耳。[2]

《文苑》一書，當必遇賞音。余老不能文，姑述其略，以贅高先生手鈔之後云。延祐甲寅冬後一日，青山趙迒序。

梁江文通文集十卷目録一卷宋本

梁江淹撰。第一、二卷《賦》；三、四卷《詩》；五卷《傳》《書》《奏》《記》《箋》《表》；六卷爲始安王、建平王《章》《表》《教》《啓》《行狀》；七卷《敕爲朝賢作書》

[1] 點校記：『聖天下下詔』，當爲『聖天子下詔』。莫友芝筆誤『子』爲『下』。

[2]『銅章』上之字，不能辨識，今以『□』標示，以待高明。

及《尚書符》《慰勞雍州文》、爲蕭驃騎諸《表》《啓》《教》；八、九卷爲蕭太尉、太傅、齊公、齊王《表》《啓》《章》，自受禪後諸《詔》；第十卷《誄》《志》《祭》《咒》諸文及《頌》《贊》《雜言》《騷辭》，終以《自序》一篇，有云『未嘗著書，唯集十卷』，豈即所自定耶？其編次極有條理。《四庫》著録本四卷，特據明人鈔集者，猶未見此本也。前後無序跋，不知何時所刊。卷中『鏡』、『敬』等字缺筆，[三]亦姑謂之宋本。每半頁十行，行十八字。卷目及五卷有印曰：【虚堂】。丙寅六月上海市出者。

又見一《陸士衡集》，與此本行字數與板式大小皆相似，惟宋諱字不缺筆，乃明正德己卯六月，都太僕穆以宋慶元中華亭縣齋刊本與吴士陸元大重刊者，知文通此《集》即是宋刻，意宋時必有魏晋六朝名集彙刻之本，故兩《集》式樣若一耳。

〔眉批〕《讀書敏求記》：『《江文通集》八卷。元僧宏濟所録者。末卷《中山楚辭》

[三] 點校記：莫氏於此句天頭上又寫有缺末筆例字：『貞、匡、恒、殷、玄』。這些均爲宋諱字，可見莫友芝定爲宋本《江文通集》有據。又，莫友芝《郘亭日記》同治六年（1867）十二月末所附《丙寅六月至滬以來所收書》亦有記曰：『《江文通集》，宋本，五（册），二元。』莫繩孫《宋元舊本書經眼録》手稿和刻本均脱『貞、匡、恒、殷、玄』眉批缺末笔宋諱字。

後多歌詞三首，流俗行本所無。行間脱誤字，咸可考正。』[三]

韋蘇州集十卷明翻宋本

半頁十行，行十八字。卷第一（《古賦》一、《雜擬》二十；《燕集》）；卷第二《寄贈上》；卷第三《寄贈下》；卷第四《送别》；卷第五《酬答》至《酬閻員外涉》止。《逢遇》《長安遇馮著》起八首。卷第六（《懷思》至《追懷》止，《行旅》至《山行雨歸》止，《感嘆》）；卷第七《登眺》《登重玄寺閣》止；《游覽》；卷第八《雜興》；卷第九《歌行上》；卷第十《歌行下》。

道園學古録五十卷元刻本[2]上海瞿氏

[1] 是書莫友芝《郘亭行篋書目》三十四號書箱有藏記：『《江文通集》，江淹。十卷，五册。宋本，初印。又梁四卷，四册。梁賓仿宋精刊印。校目。』中國國家圖書館藏《郘亭詩文稿書跋》手稿記曰：『《江文通集》，徐傅星刊本。同治丙寅六月在滬，有持宋本《文通集》來售者，凡十卷，篇次與四卷本不同，未能就。戴禮庭適以此本惠。彝兒炳燭記其卷篇次於卷目上。郘亭。』

[2] 點校記：《郘亭日記》同治七年（1868）四月廿五日有記：『癸卯寒雨。昨於肆中得《道園類稿》殘本，其詩尚全，以其《目》校《學古録》，增出二百三十四首。又校其文中之碑一類，亦增多廿六首。其侄孫刊所編《道園遺稿》，蓋即以此爲柢，而别搜以益之，合得詩七百餘首。』《郘亭知見傳本書目·集部五》記：『《道園學古録》五十卷，元至正六年刊本，半頁十三行。』這些均可補此箋記之略。

每半頁十三行，行二十四字。絶似《柳文音義》。

宛陵先生文集六十卷元刻本[1]

宋梅聖俞撰。半頁十行，行十九字。有【葉氏菉竹堂藏書】朱、【九華山人】白、【綉佛齋】白。

明板六家文選初印綿紙

板心甚大。半頁十一行，行大十八字，小則行二十六字。《天禄琳琅》亦載此種。[2]

宋刻百川學海上海瞿氏

左圭禹錫編刻之。百種。每半頁十四行，行二十八字。

宋刻揮麈前録四卷上海瞿氏

[1] 點校記：宋梅堯臣，字聖俞，宣城人。宣城古名宛陵，故梅先生文集又稱《宛陵集》。《郘亭知見傳本書目·集部三》記：『《宛陵集》六十卷《附録》一卷，元刊本，半頁十行，行十九字。』所記與此相吻合。

[2] 點校記：莫繩孫《宋元舊本書經眼録》手稿原已鈔録其父此書箋記，不知爲何在此天頭上有『擬删』二字，最後以墨筆圈删此書箋記，導致刻本逸脱。今推測爲張文虎所圈删，莫繩孙認同。

王明清仲言撰。其《序》在第四卷末，結云：[1]『淳熙乙巳中元日，朝請大夫、主管台州崇道觀汝陰王明清書。』題曰：『王知府自《跋》。』《跋》前爲李垕復仲言書，題曰『李賢良簡』。又前爲臨汝郭九德《跋》，又前爲沙隨程迥《跋》，又前爲仲言乾道丙戌冬長至成書《自識》三行。紙墨頗佳。每半頁十一行，行二十字。每條第二行後皆低一字。首有【汪士鐘印】【三十五夆園主人】【秋浦】【憲奎】四印，末有【平陽汪氏藏書印】一印[2]。

續博物志上海瞿氏

結銜云：『前都官員外郎隴西李石撰。』其中于『本朝』『祖宗』等俱提行，益猶宋式，[3]特非初印耳。半頁十一行，行二十三字。惜紙朽，已裱裝過。

列子張注元刻本　瞿

[1] 點校記：『結』字之下當脱『銜』字。
[2] 點校記：《郘亭知見傳本書目·子部十二》記『《揮麈前録》四卷《後録》十一卷《第三録》三卷《餘話》二卷，宋王明清撰。宋刊《後録》殘本一二兩卷，《三録》三卷全。半頁十一行，行二十字。自黄蕘圃歸汪氏。』所記與此相吻合。
[3] 點校記：『益猶』當爲『蓋猶』筆誤。

每半頁十二行，行二十六字。[1] 蓋亦元人彙刻六子本之一，有【愛日精廬藏書】朱、【季振宜印】朱、【滄葦】朱、【廣鈞平子】白、【吾生甲申】朱數印。[2]

管子

無注。半頁十行，行二十一字。似元明間刻。[3]

事文類聚元刻

每半頁十四行，行廿八字。

禮記纂言元刻本　瞿

元吴澄撰。其篇目、次序多所更定。不録《大學》《中庸》《投壺》《奔喪》及《冠義》《昏義》《鄉飲酒義》《射義》《燕義》《聘義》十篇，而《曲禮》《檀弓》《雜記》之上、

[1] 點校記：莫氏此脱『行』字，今校補。

[2] 點校記：《郘亭知見傳本書目·子部十四》記：『《列子》八卷，周列禦寇撰，晋張湛注。又小字六子本。張金吾有季滄葦藏元刊本。』所記與此相吻合。

[3] 點校記：此書後歸丁日昌。莫友芝《持静齋藏書記要》卷之上記：『《管子》二十一卷。刊印不工。王芑孫舊藏，以朱筆校過，以爲元板。』

下皆合爲一篇，于是鄭《注》之四十九篇者僅有三十六篇。每半頁十行，行二十字。經文分節頂格寫，注文雙行低一字，行僅十九字。[1]

陳氏禮書一百五十卷宋刊本

宋陳祥道撰。首載建中靖國元年正月禮部差楷書畫工人鈔祥道《禮書》牒，并及陳暘《樂書》，次祥道《進書表》，《序》中參有《樂書序》一紙，無前半，蓋當時二書并刻也。肆中有《樂書》，與此相似，半頁十三行，行二十一字。[2]

禮經會元四卷元刊本[3]

結銜云：『宋龍圖閣學士光禄大夫、贈開府儀同三司、南陽郡開國公、食邑二千一百户、食實封一百户、謚文康葉時著。』（作一行）。首載至正二十六年丙午臨海陳基《序》，及至

[1] 點校記：《郘亭知見傳書目·經部四禮類》記：『《禮記纂言》三十六卷，元吴澄撰。元板長格大字本。明正德庚辰刋本。崇禎己巳晋陽張養重刊本。朱高安全書本。元刊本半頁十行，行二十字。』所記可與此互補。

[2] 點校記：《郘亭知見傳本書目·經部四》記：『《禮書》一百五十卷，宋陳祥道撰。宋刊本每頁二十六行，行二十二字。』此記『行二十一字』，相差一字。

[3]《郘亭知見傳本書目·經部四》記：『《禮經會元》四卷，宋葉時撰。元至元刊本，半頁十一行，行二十四字。』所記與此相吻合。

正乙巳中秋，江浙行省右丞兼同知行樞密院事海陵潘元明仲遠《序》，次《竹埜先生傳》，《傳》尾有至正二十五年八月六世孫江浙等處儒學副提舉葉廣居《識》，蓋元、明從廣居得本所重刻也。每半頁十一行，行二十四字。篇中具刻點抹，蓋仍宋刻之舊。今通志堂刊本乃盡去之，非也。卷目有【葛鱈之印】白一印，卷一有【孫星衍印】白一印。

龍龕手鑑四卷影鈔本[三] 瞿

遼釋行均撰。其卷題云：『《龍龕手鑑》平聲卷第一。』釋行均，字廣濟。集首載統和十五年丁酉七月燕臺憫忠寺僧沙門智光《序》。遼聖宗統和丁酉，當宋太宗至道二年。其所據影之本甚大，蓋似明刻金人《五音集韻》《篇海》。每半頁十行，行容大字十八，容小字雙行可三十六；其當摺縫上角多缺字。

考古圖十卷元大德本

[三] 莫氏此記『影鈔本』當影鈔自宋本，可用以卜記恬裕齋『《龍龕手鑑》四卷爲證：『《龍龕手鑑》四卷，宋。遼釋行均，字廣濟。集（首載）統和十五年丁酉燕臺憫忠寺沙門智光字法炬《序》。丁酉當宋至道三年。』莫氏此記『遼聖宗統和丁酉，當宋太宗至道二年』有誤，當依下記恬裕齋爲是：『宋至道三年』，即公元 998 年。《郘亭知見傳本書目·經部十小學類》有記：『《龍龕手鑑》四卷，遼僧行均撰。涵海本。汪氏叢書本。遼板每頁十行，每行大小三十字不等，仁和翟氏所藏。』

不知有《續圖》五卷、《釋言》五卷否？[1]

宋吕大臨撰。首載元祐七年吕大臨《考古圖記》，次載大德己亥古迂陳才子《謹題》，及茶陵陳翼子翼俌《識》。後又有記八行，謂宋儒正字吕與叔先圖古器物，并録其銘篆，彙爲十卷云云。其所記之人及年月，蓋在後頁失之。其每卷題後并署『默齋羅更翁考訂』，則陳子謹題所謂『汲郡吕公彙諸大家所藏《尊》《卣》《敦》《盉》之屬，繪爲巨編，兵後多磨滅，吾弟翼俌又廣吕公好古素志，屬羅兄更翁臨本，且更翁刻以傳世，并採諸老《辨證》附左方』，是不盡吕氏原本矣。前有（鹿巖山人）一印，卷首有二卣主人二十一歲小像。嚴可均題。篆書。像後有倪稻孫題云：『學有獲，得古人之面目。利長年，惟不足，以吉金而石樂。』[2]

二卣不知即稻孫否？

棠陰比事[3]

[1] 點校記：此句爲莫友芝在書名上方之眉批語，今下移于此。莫繩孫《宋元舊本書經眼録》手稿和刻本均脱此眉批。

[2] 點校記：莫繩孫《宋元舊本書經眼録》手稿原與此相同，然張文虎以朱筆圈删『云學有獲得古人之面目利長年，惟不足以吉金而石樂』此段文字，并在天頭注曰：『此有脱誤，『石樂』倒。虎。』故而刻本依張文虎注删去『云學……石樂』一段文字。這裏仍按照莫友芝手稿原文點校。

[3] 點校記：莫繩孫《宋元舊本書經眼録》手稿和刻本均脱此書箋記。《郘亭知見傳本書目·子部三法家類》有記：『《棠陰比事》

宋萬桂榮撰。有道光末金陵朱緒曾在嘉興仿宋大本。

明刊農書二十二卷凡農桑通訣六卷穀譜四卷農器圖譜十二卷

元王禎撰。[1]每卷題『集之一』『集之二』於目，集之一附説云：『古之文字皆用竹帛，逮後漢始紙，爲疏乃成卷軸，以其可以舒卷也。至五代後漢明宗長興二年，[2]詔九經版行於世，俱作集册，今宜改卷爲集。』首載嘉靖庚寅臨清閻閎《序》，蓋山東巡撫邵錫、布政使顧應祥始刊，而左布政使李緋成之。半頁十一行，行二十二字，板心頗大，此書明萬曆末鄧渼刊本，删并爲十卷。《四庫》本亦二十二卷，乃依《永樂大典》本，約用王氏元卷第重編，以聚珍板印行，恐亦未能悉還其舊，惜未見此本耳。[3]

一卷，《附録》一卷，宋桂萬榮撰。學海類編本。宋端平甲午重刊本。嘉定四年刊本。道光己酉上元朱緒曾仿宋大字本，於嘉興刊。同治丙寅桂氏活字本。祁墳刊。明訥祥《刑要覽内》全載《棠陰比事》。』此箋記可補莫友芝手稿之略。

[1] 點校記：莫繩孫將其父寫於書目行之『凡農桑通訣六卷穀譜四卷農器圖譜十二卷』細目書移至『每卷題』之上。

[2] 莫友芝此言『五代後漢』恐有筆誤，因爲『五代後漢』無『明宗』帝，『明宗長興』是五代後唐明宗李亶年號，『明宗長興二年』爲公元九三一年，故『五代後漢』當係『五代後唐』之筆誤。

[3]《郘亭知見傳本書目·子部四農家類》有記曰：『《農書》二十二卷，元王士禎撰。明刊本，《農桑通訣》六卷，《農穀譜》十卷，《農器圖譜》二十卷，合三十六卷，嘉靖庚寅刊本。萬曆四十五年鄧渼重刊本。』可與此互參。

元刊困學紀聞二十卷

宋王應麟撰。前載牟應龍、袁桷二《序》，蓋即桷《序》所謂馬速忽、孫楫濟川所刊本。半頁十行，行十八字。此種又于坊間見一本。

野客叢書三十卷附録一卷仿宋刻本　瞿

宋長洲王楙撰。《小序》有【香竹山房藏本】朱、【宗欐】白、【詠川】朱、【古鹽張氏】白四印。《目録》有【松下藏書】【緑蓑青笠村尻】二印，《目》尾有『長洲吴曜書　黄周賢等刻』十字雙行，每卷尾皆然。卷一有【漁書竹堂】白、【李兆洛印】白、【申耆白事】白三印，[三]半頁十行，行二十字。

朝野僉載十卷　據宋本寫

唐張鷟撰。《四庫》著録六卷，此乃十卷，未審其同異。半頁九行，行十八字。《目》首有【笠澤】【曹炎之印】【彬侯】并朱三印。

西溪叢語二卷　明嘉靖本　鵠鳴館刻

[三] 點校記：莫繩孫《宋元舊本書經眼録》手稿原與此同，然而刻本均脱【申耆白事】白，均誤『三印』爲『二印』。

宋姚寬撰。張紹仁、吴翌鳳遞藏，丹黄殆遍。

西山真文忠公讀書記宋刻本 瞿

每半頁九行，行大十六字，雙行小字二十四。寫刻精好不苟，宋本之善者。惜僅有《甲記》三十七卷，卷端有【季振宜】朱大、【季振宜讀書】朱、[1]【季振宜印】朱小、【滄葦】數印。

南宋館閣録十卷 續録十卷 寫本

宋陳騤撰。此據《四庫》本寫者，字頗圓潤。

元祕書志十一卷 寫本 [2]

元承務郎秘書監著作郎王士點、承事郎秘書監著作佐郎商企翁編次。此寫甚工，半頁九行，行十六字。蓋據元本過録。

席上輔談二卷 舊寫本

---

[1] 點校記：莫繩孫《宋元舊本書經眼録》手稿原與此同，而刻本脱此印。『季振宜印』，一爲朱文大字印，一爲朱文小字印，刻本未能如莫友芝手稿注明，故而僅有一印。

[2] 點校記：此書名脱一『監』字，當爲『元秘書監志』。莫友芝《郘亭知見傳本書目·史部十二職官類》記曰：『《秘書監志》十一卷，元王士點，商企翁同撰。郘亭有舊鈔本』。此爲抱經樓遺書。

宋俞琰玉吾著[1]。鈔字近趙書。

識遺十卷 舊寫本

宋羅璧子蒼撰。

静齋至正直記 四卷 舊寫本 鮑氏藏

元闕里外史行素居士著。明平陵史繼、裴相之父校。【知不足齋鮑以文藏書】朱。[2]

金石三例

雅雨本，有評，甚佳。【華亭嘯園沈氏圖書】【沈慈之印】并朱。[3]

---

[1] 點校記：俞琰是宋末元初人。《四庫全書總目提要》考證俞琰『生宋寶祐初……至延祐初始卒。』故題俞琰爲宋人有據。《郘亭知見傳本·子部十四》記是書爲：『宋俞琰。廣秘籍本。上海瞿氏舊鈔本。』正好彌補此記之略。

[2] 點校記：莫繩孫《宋元舊本書經眼録》手稿原與此相同，刻本將『知不足齋鮑以文藏書』朱文印章誤爲箋語正文。《郘亭知見傳本書目·子部十二小説家類》：詳記曰：『《静齋至正直記》四卷，元闕里外史行素居士孔齋著。至正庚子春三月壬寅自記曰：『雜記者，記其事也，凡所見聞，可以感發人心者，或里巷方言可以爲後世之戒者，一事一聞可爲多識之助者，隨所記而筆之，以備觀省。』張氏志。舊鈔本。』

[3] 點校記：莫繩孫《宋元舊本書經眼録》手稿原與此相同，刻本衍增文字爲：『蓋嘉慶中長洲王惕甫芑孫手校也。《目録》首葉有華亭嘯園沈氏圖書』、『沈慈之印』二印。』

樂府詩集 元刻本 [1]

郭茂倩編。絳雲樓舊藏。半頁十一行，行二十字。

滋溪文稿 三十卷 寫本

元蘇天爵伯修撰。

滹南遺老集 四十五卷 續附一卷 寫本

宋王若虚撰。[2] 文珍樓鈔藏之本，寫頗工。

鉅鹿東觀集十卷 寫本

宋 魏野仲先撰。

河南先生文集 二十七卷 寫本

[1]《郘亭知見傳本書目·集部八總集類》有記：『《樂府詩集》一百卷，宋郭茂倩編。《張氏志》有至正初元彭萬元刊本，毛子晋以宋本校過，有文學椽周慧孫《序》。毛刊本遺之。』此記可補是箋之缺。

[2] 點校記：王若虚，生於公元一一七四年，是年爲南宋孝宗淳熙元年，又是金世宗大定十三年，故王若虚可稱宋人，又可稱金人。邵懿辰《增訂四庫簡明目録標注·集部五》：『《滹南遺老集》四十五卷，金王若虚撰。』莫友芝手稿此稱爲『宋王若虚』，不誣。莫繩孫《宋元舊本書經眼録》手稿和刻本均改稱爲『金王若虚撰』。

宋尹洙撰。有簽校可取。

梧溪集七卷 寫本

元王逢撰。行書鈔，密行，尚可。

蘇學士文集 校本

宋蘇舜欽撰。以舊鈔本校宋犖刻本之失。

極玄集 汲古閣舊鈔本

唐姚合纂。

雲臺編 明刻本

唐鄭谷撰。嚴嵩《序》。後有康熙辛卯何義門題字。【葉氏藏書。】[1]

埤雅二十卷 元明間重刊宋本[2]

[1] 點校記：莫繩孫《宋元舊本書經眼録》手稿原與此相同，刻本衍作『又有《葉氏藏書》一印。』《郘亭知見傳本書目·集部·别集類一》有記：『《雲臺編》三卷，唐鄭谷撰。嘉靖乙未嚴嵩刊本。席氏刊本。《張目》有汲古閣舊鈔本。

[2] 點校記：莫繩孫《宋元舊本書經眼録》手稿原與此相同，但是刻本改作【明重刻宋本】。當依其父手稿作元明間重刊宋本』。《郘亭知見傳本書目·經部十小學類》有記：『《埤雅》二十卷，宋陸佃撰。……《四庫》入小説家。宋宣和七年其子宰始

宋陸佃撰。結銜云：『中大夫守尚書左丞上柱國吴郡開國公賜紫金魚袋。』其子宰宣和七年《序》，結銜云：『男朝請郎直秘閣權發遣淮南路計度轉運副使公事借紫金魚袋。』半頁十二行，行二十三字。天運庚□八月京口張存性中《序》重刻緣起云：『《埤雅》書成，授其子宰，始《序》以傳之，時宣和七年矣。其後五世孫壡由秘閣修撰來知贛州，再用刻于郡庠。歷世既久，悉毁于兵燹，人罕得聞。會奉議大夫、江西按察司僉事、古閩林公瑜字子潤巡按贛上，訪于耆民黄維，得是書，欲與四方學者共。太守陳大本克承公意，乃命鳩工刻之。其中缺簡甚多，欲求别本無得者，復有待于後之博雅君子，不敢以私智補之。』〔歸世昌印〕。

爾雅新義[三] 卷 寫本

宋陸佃撰。此書《四庫》未著録。

禮經本義 十七卷寫本

刊板，後其五世孫壡知贛州，又刊于郡庠。』

[三] 點校記：莫友芝手稿此無卷第之數。莫友芝《郘亭知見傳本書目·經部十》：『《爾雅新義》十卷，宋陸佃撰。……《四庫》未收。阮氏進。』

國朝梁溪蔡德晉敬齋輯。以十七篇分《嘉》《賓》《軍》《凶》《吉》爲次。《軍》仍缺。凡十六卷，第十七卷則《逸禮》諸篇，而自爲《輯注》。其本《經》僅十六卷者，無《喪服》一篇也。

周易集解 明嘉靖刻本[1]

明宗室朱睦㮮灌父所刊。有嘉靖丁巳冬刻書《序》及上海潘恩《序》。半頁八行，行十八字。《注》皆低一格，大書甚醒目。朱《序》謂刻自宋季，希有存者。予得之李中麓，復用校梓以傳。鼎祚，資州人，仕唐爲秘閣學士，以經學稱於時，嘗進《平胡論》，預察胡人叛亡日時，無毫髮爽，象數精深蓋如此。及閱《唐列傳》與《蜀志》，俱不見其人，豈遺之耶？抑別有所載耶？朱《序》。

三國志注 元刻本 瞿[2]

[1] 點校記：『《郘亭知見傳本書目·經部一·易類》記：『《周易集解》十七卷，唐李鼎祚撰。《天一閣書目》有明宗室朱睦㮮西亭氏刊本。後附《略例》一卷。』又，『鼎祚，資州人』以下文字，莫友芝手稿後補寫于箋記語天頭之上。

[2]《郘亭知見傳本書目·史部一正史類》有記：『《三國志》六十五卷，晉陳壽撰，宋裴松之注。……天一閣有元大德丙午朱天賜刊本。元刻本，半頁十行，行十九字，注廿二三字不等。……末有大德丙午日南志前進士朱天賜《跋》，謂江左憲臺命諸路學校分派十七史鐫梓，池庠所刻者《三國志》。』可補此記之缺。

半頁十行，行二十九字。注二十二、三字不等。惜補换過半。

漢書注 本 瞿

半頁十行，行二十三字，刻印清整，以朱墨録徐亮直、何義門两家《評校》于上下端。

續宋編年資治通鑑 十八卷 舊本[1] **滬市 乃徐此珊舊藏**

宋李燾進。《四庫》著在《存目》。此刊半頁十五行，行二十四字。寫刻整滿，是宋元密行善者。卷《目》之末有『云衢張氏』、『鼎新刊行』二木記。

淳化本 前後漢書 滬市[2]

末有『淳化五年□月奉旨校刊』字，售者以爲北宋本；細核之，蓋明時翻刻者，其避諱皆不及南宋，固北宋子本也。半頁十行，前每行大十九字，小廿七字，後行大十九字，小廿五字。亦并有多少差参者。四邊極粗。

[1] 點校記：莫友芝此云『舊本』，當云『舊刊本』方是，因爲此下箋語曰：『寫刻整滿，是宋元密行善者。卷《目》之末有「雲衢張氏」、「鼎新刊行」二木記』。又，《郘亭知見傳本書目·史部二》又有記曰：『《續資治通鑑長編》二百五十九卷，宋李燾撰。……燾二次所進太祖至英宗五朝事迹也。』

[2] 點校記：莫繩孫《宋元舊本書經眼録》手稿原與此相同，刻本脱此『滬市』二字。

源流至論四集 四十卷 宋刻本 滬市

每半頁十五行，行二十五字。《前集》《後集》《續集》，凌駉撰。[1]《别集》黄履翁撰。

長春真人西游記二卷 寫本 瞿

元李志常撰。記其師邱處機西游事，于山川、風土、飲食、衣服、百果、草木、禽蟲之别，皆資考證。《研經室外集》始著録。[2]

中州集 元刊本 滬肆

半頁十五行[3]，行二十八字，印亦中等。[4]

---

[1] 點校記：莫友芝手稿此有筆誤：『凌駉撰』當爲『林駉撰』。此可以莫友芝《郘亭知見傳本書目·子部十一類書》爲證：『《源流至論前集》十卷《後集》十卷《續集》十卷《别集》十卷，宋林駉撰，《别集》宋黄履翁撰。』莫繩孫《宋元舊本書經眼録》手稿和刻本亦均誤『林』爲『凌』。

[2]《郘亭知見傳本書目·史部十一地理類》記此書又名《長春子游記》，二卷。元李志常記其師邱處機西游事迹。末附録當時詔敕等篇。邱處機，字通密，又號長春子，栖霞人，金大定時曾自終南召赴闕，後放還山。及元太祖時，嘗至雪山之陽，後居燕天長觀。此册足資考證，即其詩亦可誦。阮氏曾進呈。可補此記之略。

[3] 點校記：莫繩孫《宋元舊本書經眼録》手稿和刻本此上均衍增一句：『金元好問編』。

[4] 莫友芝在其《郘亭知見傳本書目·集部八》記曰：『《中州集》十卷附《中州樂府》一卷，金元好問編。郘亭丙寅秋在滬肆見《中州集》至元大刊本，半頁十五行，行二十八字，最精善。』可補此箋記之略。

《恬裕齋藏書目録》，昭文罟里村瞿敬之秉淵部曹家所藏[1]。

[1] 點校記：江蘇常熟罟里（又作菰里）村瞿鏞（1794—1846），字子雍。鏞有二子：瞿秉淵，字敬之、鏡之；瞿秉清，字浚之。瞿氏父子祖孫均是清代著名藏書家，家資富足，數世所積，藏書多達十萬餘卷，其中所藏以宋元舊本善本古書最爲著名。瞿氏藏書樓初名恬裕齋，後名鐵琴銅劍樓。瞿氏藏書時與聊城楊氏海源閣、歸安陸氏皕宋樓、錢塘丁氏八千卷樓并稱晚清四大藏書樓。瞿鏞中晚年着手編寫《恬裕齋藏書目録》，可惜未竟而辭世。鏞子秉淵、秉清繼承父業，聘請王振聲、季錫疇二人對其父尚未編寫完成之《恬裕齋藏書目録》稿本進行校補。至咸豐八年，其《經部》校成開雕。後因太平天國戰火毀其雕版。同治七年（1868）後，秉清之子啓文、啓科又承祖業，續編家藏書之《書目》，更名爲《鐵琴銅劍樓藏書目録》，光緒二十四年（1898）方雕刻問世流傳。

莫友芝作爲著名目録版本學家，時奉曾國藩、李鴻章之命在江南訪書，收書，曾於同治六年（1867）五月末、六月初至常熟瞿氏恬裕齋訪書，讀書、箋書。由於衹有十來天時間，莫友芝重點選讀瞿氏家藏宋本、金元本、影宋、影元、校宋、校元、舊本書，莫氏《邵亭日記》記録有這一讀書記寫之成果：

常熟今舊藏書家皆散失盡矣。唯昭文罟里村之瞿敬之秉淵家收藏尚富，經亂後所存宋元舊帙尚多。（同治六年五月二十九日）

謁湘鄉公，借觀瞿敬之家《恬裕齋書目》，宋元舊本甚夥，亂後東南文籍散亡，當爲藏家甲乙也。（同治六年六月初四日）

記瞿氏舊本書於《經眼録》。凡宋本百有五，元本八十，其影宋、影元、校宋、校元若干，尚不在此數。富矣哉！（同治六年六月初八日）

除此之外，莫友芝还在其《邵亭知見傳本書目·子部三法家類》箋記曰：

《管子》二十四卷，黄丕烈有宋紹興刊本。黄丕烈宋本《管子》爲文衡山、王雅宜、季蒼葦遞藏，又歸汪閬源。今在昭文瞿秉淵敬之之家。半頁十二行，行二十三、二十四字不等；注約四字抵正文三字不等。刊印甚精。前有楊忱《序》，後有張嵲巨山《讀管子》一篇，云紹興己未借本鈔藏于家。此刻又在其後，不能定年，是南宋佳本。

另外同治七年四月十七日，莫友芝还在其《邵亭日記》中箋記有瞿秉淵恬裕齋所藏一本書：

《讀漁洋評點定宋荔裳入蜀詩卷有懷》

瞿塘雙闕與雲齊，巴字江迴更向西。北宋清詩餘蜀道，南明歸夢引猿啼。游踪前後誰勍敵，古誼譏彈認舊題。使我飄蓬憶强伴，望山風雨草萋萋。（今按：莫友芝所題此詩，後收入《邵亭遺詩》卷八）。

經部

周易十卷　宋刊

王韓注。[三]分卷與《釋文》《石經》相臺本合。

此卷面題蠶尾山房鈔本，卷中評陟利病分明，於《三閭大夫廟》《北帝城》兩篇，輒舉已作律詩，謂足爲勍敵否，以俟後之攬者。卷端《識略》云：康熙壬子，余與荔裳先後入蜀，不及相見。明年荔裳入覲，卒於京師。甲寅、乙卯家居，嘗得其《入蜀詩》一卷，寫留笥中，久之，失其本。庚辰秋，予官刑部尚書，荔裳之子思勃自萊陽至，投一卷，正《入蜀詩》也，亟録存之。先是辛亥歲，荔裳在京師。屬余選定其集，次爲二十卷，携以入蜀，今此本不可復睹矣，惜哉！庚辰十一月十九日。

按：庚辰爲康熙三十九年。漁洋辛卯年卒，年七十八，則是年六十七矣。此卷虞山瞿秉淵藏。

由以上所引文字可知，莫氏到常熟瞿氏恬裕齋訪書、讀書、記書，是不争的事實。莫友芝同治六年五月在常熟瞿氏恬裕齋經眼研讀録記的成果，就是我們將要點校的這份珍貴的《恬裕齋藏書目録》手稿，當年藏于家。莫友芝《宋元舊本書經眼録》手稿，一百五十餘年來，幾經滄桑，流經多人之手，現在幸好完整地保存在中國國家圖書館之中，從來没有面世流傳，故而無人得見。今點校公之于世，以餉同好。令人百思不解的是，莫友芝録記瞿氏恬裕齋所藏宋本、金元本、影宋、影元、校宋、校元、舊本書之手稿本藏于家中，不知道是什么原因，莫繩孫同治癸酉丁未年整理之《宋元舊本書經眼録》竟會删去其父至瞿氏恬裕齋録記之書？莫友芝《郘亭日記》云：『記瞿氏舊本書於《經眼録》。』若不發現莫友芝《宋元舊本書經眼録》手稿，僅依莫繩孫鈔録整理之《宋元舊本書經眼録》，則同治年間『記瞿氏舊本書於《經眼録》』這一珍貴文獻就失傳了。

[三] 點校記：此『王韓注』，今以莫友芝《郘亭知見傳本書目·經部一》『《周易注》十卷』箋記釋之：『魏王弼注。《繫辭》以下，韓康伯注。』，傅增湘《藏園訂補郘亭知見傳本書目》補注曰：『海虞瞿氏鐵琴銅劍樓藏南宋初建本。……此爲傳世《周易》王弼注最佳之本。』

周易注疏 十三卷 宋

分卷與《書録題解》合。山井鼎《考文》引宋亦作十三卷。

周易兼義九卷 略例一卷 音義一卷 宋

此宋人改疏卷從傳之本，而又改《泰傳》第二爲《需》，《噬嗑傳》第三爲《隨》，而注本、《正義》本舊式皆失矣。

程朱二先生周易傳義十卷 元刊[1]

張先生校正楊寶學易傳二十卷 宋

即楊萬里《易傳》初本。其門人張敬之顯父校正。

朱文公易説二十二卷 宋

朱鑑編。

周易象義十二卷 宋

[1] 點校記：莫友芝《郘亭知見傳本書目·經部一易類》記此書名爲：『《周易程朱傳義折衷》三十卷，元趙采撰。《四庫》著録係吴玉搢家鈔本。』

丁東撰。[1]《四庫》本據《永樂大典》鈔，闕《彖》《象傳》《九卦》及《繫》，上皆有闕注。此皆全。

婺本點校重言重意互注尚書十三卷 宋[2]

《孔傳》附《釋文》。《釋文》下即入《重言》《重意》《互注》等，皆標以陰文。婺本者，岳氏《……沿革例》所引，有婺州舊本。[3]

附釋音尚書注疏二十卷 宋

即世所稱十行本。

尚書注疏二十卷 金刊

[1] 點校記：『丁東撰』：莫氏此脱『易』字，作者名當為『丁易東』。此可以莫氏自己所著《郘亭知見傳本書目·經部一》為證：『《周易象義》，宋丁易東撰。《四庫》著録係《大典》本，缺《豫》《隨》《無妄》《大壯》《睽》《蹇》《中孚》七卦及《晉卦》後四爻。《张目》有殘宋本，自《豐》至《未濟》。凡二卷，則《中孚》卦可補閣本之缺。《豐》，易東尚有《大衍索隐》三卷，今存二卷，係二老閣寫本。』莫氏此箋亦可補此鈔《四庫》之缺漏。

[2] 傅增湘《藏園訂補郘亭知見傳本書目·經部二》注是書：『題孔安國傳，宋巾箱本，半頁十行，行二十字，注雙行同，細墨口，四周單闌。常熟瞿氏鐵琴銅劍樓藏。』

[3] 點校記：莫友芝此岳氏《……沿革倒》一書之全稱為《九經三傳沿革例》。

篇題同十行本。《説命中》『惟天聰明』節注疏，各本脱。

山井鼎據古本宋板《正誤》補闕，載之《考文》。此本與之合。

杏溪傅氏禹貢集解二卷 宋

傅寅。即傳是樓本。通志堂刻所據。

重刊明本書集傳附音釋六卷 元

題『朱子訂定，蔡氏集傳，鄱陽鄒季友音釋』。『明本』者，宋之明州本。明州，今寧波府也。

尚書要義二十卷 舊鈔

明人精鈔，無闕卷。

書集傳十二卷 或問二卷 宋

陳大猷撰。《宋史·藝文志》不載，惟見葉氏《菉竹堂書目》及西亭王孫《萬卷樓書目》。通志堂搜访不獲，僅刻《或問》二卷。今傳本絶稀。此猶完好如新，洵秘笈也。《四

庫》未録《集傳》。[三]

尚書通考 十卷 元

黄鎮成撰。字迹清整，是天曆間舊刻。

毛詩二十卷 宋

南宋巾箱本。分卷與《唐石經》同。『匡』『殷』『桓』『覯』『慎』省筆，『敦』不省，孝宗時刻也。

詩集傳二十卷 校宋本

吳門袁廷壽藏此宋本。此即其所校録。

詩集傳 殘本一卷 宋

《集傳》今皆八卷。《宋志》云二十卷。此僅《文王之什》，稱卷十六，與《宋志》合，

[三] 點校記：莫友芝《郘亭知見傳本書目·經部二》『《尚書集傳》《或問》二卷』：宋陳大猷撰。通志堂本。昭文張氏有舊鈔。陳氏《尚書東齋集傳》十二卷，宋刊本，禾中胡氏有之。《四庫》未見。』傅增湘《藏園訂補郘亭知見傳本書目·經部二》注是書曰：『海虞瞿氏藏，號稱宋本，然此固僅存孤本，正不必侈言宋本以取重也』。

猶朱子舊第也。

呂氏家塾讀詩記三十二卷 宋

前朱子，後尤袤《序》，俱題『淳熙壬寅九月』，爲邱宗卿刻本。

毛詩要義 鈔

卷一《詁》《傳》不脱『傳』字。《關雎傳》『雎鳩之有别』，不誤『關雎』，與岳本同。

叢桂毛詩集解二十一卷 舊鈔

廬陵段昌武武子集。其所引説『曹曰』尤詳。《困學紀聞》引曹氏説四條，《宋志》有曹粹中《放齋詩説》三十卷，蓋即其書。胡氏《纂疏》間引之。朱氏《經義考》謂爲未見，[1]于此可窺梗概。

詩集傳附録纂疏二十卷 元

《四庫》未收。[2]

[1] 點校記：『朱氏《經義考》』：莫氏於此『《經義考》』之上多一個『經』字，今予校删。

[2] 點校記：莫友芝《郘亭知見傳本書目·經部三》有記曰：『《詩集傳》附録《纂疏》二十卷，元胡一桂撰。《四庫》未著録。

周禮注殘本六卷 宋

存一、三、五、六、十、十一，缺六卷。小字本。

纂圖互注周禮十二卷 宋

其《經》《注》，勝通行注疏本，與宋巾箱本同。

周禮句解十二卷 宋

題『魯齋朱申、周翰。』麻沙，宋末刻。

周禮補亡六卷 元

元丘葵承俞廷椿、王與之之説，雜取『五官』，以補《冬官》，與二家間有出入。

儀禮圖十七卷 儀禮旁通圖一卷 元[三]

楊復撰。昭武謝子祥刻。

元泰定刊本。』可補此箋記之略。

[三] 點校記：莫友芝《郘亭知見傳本書目·經部三》對此書另一元刊本有記曰：『宋楊復撰。路小洲有元余志安勤有堂刊本。於《自序》後有《崇化余志安刊于勤有堂》木印。』

儀禮要義五十卷 影宋鈔

卷第悉依賈疏原本。今傳景德單疏本，多闕佚，分卷幾不可知。核此猶可考見。

禮記殘本五卷 宋

鄭注。後有楷書墨圖記云：『婺州義烏酥溪蔣宅崇知齋刊』，即《石經考文提要》所謂南宋巾箱本也。

禮記二十卷 宋

南宋附《釋文》本，闕卷一至四。黄復翁收得南宋巾箱本，足之。

禮記單注殘本一册 宋

僅《投壺》《儒行》二篇，當是南宋書林刊。

禮記釋文四卷 宋

淳熙四年撫州公使庫本，附二十卷注本後者。

禮書一百五十卷 元

陳祥道。是書元祐刻本，久佚。今世流傳僅有是本。

儀禮經傳通解 集傳集注殘本十一卷 宋

存《家禮》五卷，《邦國禮》二卷，《王朝禮》四卷。

纂圖集注文公家禮十卷 宋

題『門人秦溪楊復附注』。

春秋經傳集解三十卷 宋

卷末『淳熙柔兆涒灘中夏初吉閩山阮仲猷種德口刊』[三]。乃宋孝宗淳熙三年丙申也。

春秋經傳集解二十三卷 宋

此宋槧小字不全本。高宗上諸帝諱皆省筆，而『慎』字不闕，蓋南渡時初刻也。

附釋音春秋左傳注疏六十卷 宋

南宋時刻。即阮氏所稱《注疏》中六十卷本之最善者也。

[三] 點校記：『種德』與『刊』之間莫氏寫脱『堂』字，此以『口』號示脱。莫友芝《郘亭知見傳本書目·經部五春秋類》對此書有記曰：『淳熙種德堂小字本。』

附釋音春秋左傳注疏三十卷 宋，明修

宋刻明修，板心有『正德年』字。

春秋公羊經傳解詁十二卷 宋

《序》後有余氏題識云：『紹熙辛亥孟冬朔日建安余仁仲敬書』。阮氏《校刊記》稱：『鄂州官書經注本最爲精美。今考此本，足參訂鄂本者頗多。』[1]

監本附音春秋公羊注疏二十八卷 宋

首載景德二年六月日中書門下《牒》；後有結銜四行：（『工部侍郎參知政事馮、兵部侍郎參知政事王、兵部侍郎平章事寇、吏部侍郎平章事畢。』）

春秋穀梁傳殘本六卷 宋

存《宣公》以後六卷，前後闕六卷。卷末曰『余仁仲校正』。[2]

---

[1] 點校記：莫友芝《郘亭知見傳本書目·經部五春秋類》對此書有記曰：『《張氏志》：《春秋公羊經傳解詁》十二卷，臨何氏校余仁仲本，後有『經傳注音義字數』三行，『余仁仲刊于家塾』一行。宋刊本《公羊注》，余仁仲本最貴。』

[2] 點校記：莫友芝《郘亭知見傳本書目·經部五春秋類》對此書有記曰：『惠氏校宋余仁仲《春秋穀梁傳注疏》十二卷，每頁廿二行，行大字十九，小字雙行行二十七。又有建安余氏萬卷堂刊本。』此可補莫氏恬裕齋所記之略。

監本附音春秋穀梁傳注疏二十卷 宋

何氏煌謂宋南雍本，[三]是也。

春秋名號歸一圖二卷 宋

馮繼先。

古文左傳十二卷 鈔本

王應麟撰。是書諸家書目俱未著録。吴中惠氏有鈔本，其輯《左傳補注》皆本之。

此絶可疑。（莫友芝手稿天頭眉批語。）

春秋諸傳會通二十四卷 元

盧陵進士李廉輯。

春秋屬辭十五卷春秋左傳補注十卷春秋師説三卷 元

新安趙汸。

[三] 點校記：。莫友芝《郘亭知見傳本書目·經部五春秋類》對此書有記曰：『《天禄後目》有宋刊《監本附音春秋穀梁傳注疏》二十卷，二部。宋板每半頁十行，行大十八字，小廿三字。』此亦可補莫氏怙裕齋所記之略。

孝經一卷　影宋鈔

唐元宗御注。從相臺岳氏本影寫。

論語一卷　元

專刻聖經白文，有句讀、切音，足正俗讀之訛。

論語鄭氏注二卷　鈔本

鄭氏原書十卷，見《唐·藝文志》。《宋志》不載，則亡于五代時。此本出深寧叟搜輯，亦未見諸家書目。乾隆時江寧嚴用晦從秦中王端毅家録得，遂有傳本。

論語集解義疏十卷　日本刊本 [三]

魏何晏《集解》，梁皇侃《義疏》。日本根遜志校正。其國寬延庚午春正月刻成。

大學章句一卷附大學或問二卷中庸章句一卷附中庸或問二卷論語集注十卷孟子集注十四卷　宋

經文字句有與通行本不同處，俱與《唐石經》合。其注之異于今本者，足資訂證。此朱

[三] 點校記：莫友芝《郘亭知見傳本書目·經部八·四書類春秋類》記此書爲：『《論語義疏》十卷，魏何晏等注，梁皇侃疏。日本國寬延庚午年根遜志原刊本，當康熙二十九年。』此刻可作莫氏恬裕齋所記參考。

子晚年定本。

論語集成二十卷 宋

不著纂輯（者）姓氏。次行陰文題『諸儒集成之書曰《朱子集注》《朱子集義》《朱子或問》《朱子語録》《南軒張氏注》《黄氏通釋》《蔡氏集疏》《趙氏纂疏》。』案：宋吴真子有《四書集成》，此本殆即其書僅存者歟？

四書通二十六卷 元

胡炳文。書中注與今通行本有異文異句，爲朱子晚年定本歟？

祐本《四書》合。

聖宋皇祐新樂圖記 影宋鈔

阮逸、胡瑗奉聖旨撰。

樂書二百卷 元

至治重刻。陳暘。[三]

爾雅三卷 元

郭璞注。《釋音》附每卷後。郭注中某音某音者，完然無缺，與嘉靖間吴元恭翻刻宋本同。

爾雅新義 影宋鈔

陸佃。經文尚是北宋相傳本，較今行本爲善。

急就篇四卷 舊鈔

顔注單行本。

説文解字繫傳殘本十一卷 宋

『慎』字減筆，是孝宗以後刻。

[三] 點校記：至治：莫友芝《郘亭知見傳本書目·經部九樂類》記作『至正』，且箋記曰：『《樂書》二百卷，宋陳暘撰。……元至正丁亥刊本。……郘亭有殘本，存《目録》一卷，一之八，十七之四十四，百三十三之百三十九，百五十四之百七十二，百八十七之二百，僅七十六卷，卷末《跋》書林子冲，《目録》前題名作字冲。』另，莫友芝《郘亭行篋書目》六十號書箱藏記曰：『《樂書》，宋陳暘。二百卷。十二册。殘，今存《序目》及卷一之八，十七之四十四，百卅三之百卅九，百五十四之百七十二，百八十七之二百。宋刊。』極其珍貴。

玉篇三十卷 元

顧野王。

新集古文四聲韻五卷 宋

舊爲雁里草堂沈氏藏。

切韻指掌圖一卷 影宋鈔

末有温公四世從孫《跋》云：『刻於紹定庚寅』。此即《竹汀日記》所謂毛鈔宋本者也。

押韻釋疑五卷 宋

歐陽德隆撰。嘉熙己亥四明余天任刻。

韻補五卷 元

吴棫《韻補》始刊於嘉禾，明人已云罕見。此本行款字畫猶有宋人舊式，當是元書肆本。

龍龕手鑑 四卷 宋

遼釋行均，字廣濟。集（首載）統和十五年丁酉燕臺憫忠寺沙門智光，字法炬《序》。

丁酉當宋至道三年。[三]

恬裕齋藏書目録

史部

正史

史記集解一百三十卷 宋

『敬』『鏡』『殷』『匡』『恒』『貞』『徵』字省筆，『頊』字不省，神宗以前刊本也。

此與震澤王氏本及今本異者。如：《殷本紀》有『炮格之法』，不作『炮烙』。《秦始皇本紀》『至於萬世』，不作『千萬世』。此類不可枚舉。舊爲傳是樓藏。

史記殘本十四卷 宋

[三] 點校記：莫氏在『集』和『統和』之間似脱『首載』二字，否则句子不通，此有莫氏在上所箋記『龍龕手鑑四卷影鈔本　瞿』爲證，并藉此可作箋補：

『遼釋行均撰。其卷題云：《龍龕手鑑平聲卷第一》。釋行均，字廣濟，集首載統和十五年丁酉七月燕臺憫忠寺僧沙門智光《序》。遼聖宗統和丁酉，當宋太宗至道二年。其所據影之本甚大，蓋似明刻金人《五音集韻》《篇海》。每半頁十行，行容大字十八，容小字雙行可三十六；其當摺縫上角多缺字。』莫友芝記瞿氏藏影鈔本《龍龕手鑑》四卷『遼聖宗統和丁酉，當宋太宗至道二年』有誤，當以此記『當宋至道三年』爲是。

集解。

史記殘本七十六卷 元

三家注。存《本紀》四至六；《表》一至四、七至十；《書》一至八；《世家》八至十二；《列傳》二十九至七十。其《十二諸侯年表》有墨圖記云：『安成郡彭寅翁鼎新刊行。』[一]

漢書一百二十卷 宋

明監本多脱訛。以此本校之，如：《王侯表上》『畢梁侯』訛作『卑梁』。『永始三年光禄勛韓勛爲右將軍』，脱『韓勛』二字。《古今人表》杞東樓公原在第五，訛列『第六』。此類不可枚舉。錢宫詹云：『景祐本即此。』

太平新刊漢書一百卷 元

是書刊於大德乙巳十有二月。《目》後有太平儒學教授曲阜孔文聲《跋》。其書出自景

[一] 點校記：元板《史記》殘本，《郘亭知見傳本書目·史部一正史類》之《史記》下有記曰：『又元本《史記集解索隱正義》殘本，十二諸侯年表後有木印，』云：『安成郡彭寅翁鼎新刊行』，不著年月，驗板式蓋元板也。『此記與恬裕齋所藏《史記》殘本當爲元代同一版本。』

祐本，訛謬尚少。[三]

後漢書一百二十卷 宋

是書各本多訛脱，如《郭泰傳》云：『初，泰至南州』以下七十四字，儳入正文。此本作『章懷注』。足徵其善。

後漢書一百二十卷 元

題款與宋刊同。《志》三十卷，題『劉昭注補』，猶出自景祐本。謬訛亦少。

晋書一百三十卷音義三卷 宋

此宋刻十行本。何超《音義》，宏農楊齊宣正衡《序》。《宋志》作『齊宣撰』者誤。

隋書殘本三卷 宋

僅存八十三至八十五。末三卷後有『天聖二年《勅》』。

隋書八十五卷 元

[三] 點校記：《郘亭知見傳本書目·史部一正史類》對元太平新刊《漢書》有補記：『元太平路新刊《漢書》，有太平路儒學教授孔文聲《跋》，云用板二千七百七十五，始大德乙巳仲夏，終十有二月二十四日。』此記可補此記之略。

至順間瑞州路學刊。

南史八十卷 元

元大德丙午年刊。

北史一百卷 元

大德間刊。

舊唐書殘本六十一卷 宋

『慎』『敦』不闕，蓋刻在高宗時。又校勘有紹興府教授朱倬名。考倬忤秦檜出爲教授，是在紹興初年也。

唐書二百五十五卷 元

此元刻十行本。

五代史記七十五卷 宋

舊爲汲古閣藏。

五代史記七十五卷 元

元時宗文書院刊。

宋史四百九十六卷 明刊

絳雲樓舊藏。

遼史一百十六卷 元

元刊十行本。

金史一百三十五卷 元

大德間杭州路刊本。

編年

漢紀三十卷 影宋鈔

從紹興錢塘刻本 影寫。

資治通鑑二百九十四卷 宋

題『司馬光奉敕編集』。同修者：劉攽、劉恕、范祖禹。檢閲文字者：司馬康。元豐八年九月十七日，准尚書省劄子奉聖旨重行校定。元祐元年十月四日，奉聖旨下杭州鏤板，紹興二年七月初一日刊板，紹興三年十二月二十日畢工。書中『敦』『慎』『郭』字有闕筆，疑出寧宗時修板印行。

資治通鑑二百九十四卷 元

胡注。此元興文書院刻。舊爲文文肅公及嚴思庵藏本[三]，皆有題識。

呂大著點校標抹增節備注資治通鑑殘本七十九卷 宋

麻沙本。諸家書目不載，惟見《千頃堂書目》。

通鑑釋例一卷 舊鈔

有乾道丙戌司馬伋《後跋》。

資治通鑑釋文三十卷 影宋鈔

[三] 點校記：『文文肅公』：疑莫氏此處手寫衍一『文』字，當删。

乾隆間吴中出宋刻本，此從之。

通鑑釋文辨誤十二卷 元

胡三省。

歷代紀年十卷 宋

宋晁公邁撰。刊于紹興壬子。[三]

續資治通鑑長編一百八卷 影宋鈔

海寧吴氏藏。中有槎客校字。

資治通鑑綱目五十九卷 宋

武夷詹光祖重刊於月崖書堂。建安宋慈惠甫校勘。張月霄謂惠甫即編《提刑洗冤集録》者，爲淳祐間人，遂定爲淳祐本。

通鑑綱目五十九卷 元

[三] 點校記：《郘亭知見傳本書目·史部二編年類》記有另一收藏宋本：『《歷代紀年》十卷，宋晁公邁撰。昭文張氏有宋紹興年間刊本。』

舊爲楊五川萬卷樓藏。

續宋中興編年資治通鑑十五卷 元[1]

劉時舉。

中興兩朝編年綱目十八卷 影宋鈔

不著撰人。藏書家俱未著録，惟見《文淵閣書目》。

續編兩朝綱目備要十六卷 影宋鈔

亦不著撰人。諸家書目皆未載。世所傳者，出《永樂大典》。此猶原本也。

通鑑續編廿四卷 元

陳桱。明成化年間詔商輅等續修《綱目》，雖有删定，即襲用之。[2]

紀事本末

[1] 點校記：莫友芝《郘亭知見傳本書目·史部二編年類》箋記是書名爲：『《續宋編年資治通鑑十五卷》，宋劉時舉撰。元刊本，……《目録》後有「陳氏餘慶堂刊」六字。』可補此記之略。

[2] 是書作者陳桱爲元明間人，所著《通鑑續編》廿四卷有元至正廿一年刊本。《郘亭知見傳本書目·史部二編年類》：『《通鑑續編》二十四卷。孫星衍云：「桱雖入明，而書成於元時，故題元人。」郘亭亦有元至正刊本，字畫絶工。』

通鑑紀事本末 四十二卷 宋

是書初刻于淳熙乙未，爲嚴陵小字本。此爲大字本，乃趙節齋刻于寶祐五年。

蜀鑑 十卷 舊鈔本

不題撰人。李文子《序》。世亦謂李文子作。此影寫宋本，爲吴方山藏，較明初蜀本爲勝。

汲冢周書十卷 元

晋孔晁注。此書在宋有李文簡、陳正卿藏本。東徐丁黼校刊于嘉定十五年。元至正甲午，四明黄玠復《序》而刻之，即此本。

古史 六十卷 宋

蘇轍。『桓』字減筆，蓋南宋時刊。

通志二百卷 元

三山郡庠刊。

蜀漢本末三卷 元

趙居信集録。至正乙丑刊。

雜史

戰國策校注十卷　元[1]

吴師道。至正二十五年平江路刊。

五代史補五卷　舊鈔

陶岳。卷末有『野竹齋藏本』五字。

詔令奏議

西漢詔令十二卷東漢詔令十一卷　宋[2]

林虙編西漢。樓昉續編東漢。此紹定本也。

---

[1] 點校記：莫友芝《郘亭知見傳本書目·史部五雜史類》箋記是書曰：『《戰國策校注》十卷，元吴師道撰。陽湖孫氏有元至正十五年平江路學刊本，每頁廿二行，行二十字。』可補此記之略。

[2] 點校記：此書南宋合刊，又名《兩漢詔令》。《郘亭知見傳本書目·史部六》：『《兩漢詔令》二十三卷。《西漢》十二卷，宋林虙編。《東漢》十一卷，宋樓昉編。』

注陸宣公奏議十五卷 元

宋郎曄注。至正甲午仲夏刊。

國朝諸臣奏議一百五十卷 宋

趙汝愚編。蜀中有刻本，旋兵毁。淳祐間忠定孫必愿出家藏稿本，重刻之，即是本也。

傳記類

東家雜記二卷 宋

首列紹興甲寅三月辛亥四十七代孫孔傳《序》。首列《杏壇圖》等，與《敏求記》所載悉合，即遵王所見本也。

孔氏祖庭廣記十二卷 蒙古刊本

題『五十一代孫元措謹續編』。書成于金正大四年丁亥，蒙古壬寅年重刻。

晏子春秋八卷 影元鈔

即全椒吴氏刊本底稿。

鄂國金陀粹編二十八卷 續編三十卷 元[三]

此書舊有嘉禾刊本，歲久脱壞。至正二十三年朱元祐求得其本，重刊于西湖書院。

新刊名臣碑傳琬琰之集 影宋鈔

杜大珪編。苕溪嚴氏從宋本傳録。

重刊宋南渡十將傳十卷 元

不題撰人。曹倦圃藏書。

國朝名臣事略十五卷 元

蘇天爵輯。後有『元統乙亥余志安刊於勤有書堂』一條。案：元統止癸酉、甲戌，無『乙亥』，誤記耳。

史鈔

[三] 點校記：莫友芝《郘亭知見傳本書目·史部七傳記類》箋記是書名爲：『《金陀粹編》二十八卷，《續編》三十卷，《金陀》書當時初編刻于檇李，續編刻于南徐，端平甲午合刻于廟塾，元季重刊于西湖書院。』莫友芝《持静齋藏書紀要·卷之上》箋記是書又曰：『元時，嘉禾板已無存，至正二十三年，吴門朱元祐重刊于西湖書院。』可補此記之略。

十七史詳節二百七十三卷 元

世傳爲吕成公輯録。而公弟監倉子約所撰《年譜》不載。其誤始于建陽劉宏毅刻本，概題爲『東萊先生某史詳節』；且《漢書》中雜引胡致堂《讀史管見》語。致堂猶子大壯跋《管見》，書成于嘉定十一年。成公安得預見而采之？其非公作明矣。此刻仿南宋巾箱本。

漢雋十卷 宋

宋林鉞撰。《自序》不作『越』，可證延祐庚申袁桷刻本之誤。此嘉定間趙氏原刻。

載記

吴越春秋十卷 元

卷末有『大德十年，歲在丙午三月音注，越六月書成刊板，十二月畢工』二行。

十六國春秋略十六卷 舊鈔

馮已蒼以朱筆校過。

東國史略六卷 舊鈔

不著撰人。乃朝鮮人紀其國之事，萬曆間趙常清得其本，録傳中國，遂有其書。

地理

三輔黄圖一卷 校宋

《隋》《唐志》皆作一卷，明刻析而六，非舊第矣。此毛斧季校本。

宫殿

太平寰宇記二百卷 舊鈔

此秀水朱氏所藏殘本，後以傳是樓本補之，尚闕七卷。蓋世無完本矣。

總志

吴郡志十五卷 宋

范成大。前有紹定二年趙汝談《序》。

金陵新志十五卷 元

張鉉輯。至正三年成，明年刊。

都會郡縣。

水經注四十卷 舊鈔

明鈔本。

河渠

北邊備對 鈔本

程大昌。成于紹興三年。

邊防。

會稽三賦三卷 宋

王十朋。此《三賦》不載《忠文集》中。

雜記。

政書

通典二百卷 宋

『貞』『《徵』『殷』『敬』『恒』『桓』『完』字損筆，而『構』字不闕，尚是北宋刻。

文獻通考三百四十八卷 元

初刻于泰定元年。至正五年，浙江儒學提舉余謙重刊。

大唐開元禮一百五十卷 鈔

蕭嵩等奉敕撰。中有朱筆詳校。不著何人。

太常因革禮一百卷 鈔

題『歐陽修等奉敕編』。案：宋時禮書有《開寶通禮》《禮閣新編》，已佚。此書傳本亦尟。《四庫書目》未載。近有好古之士訪求鈔藏，已闕卷五十一至六十七，共十二卷。安所得淳熙刻本而補足之？[三]

政和御製冠禮十卷 五禮新儀二百二十卷 鈔

鄭居中等奉敕撰。首載局官纍上諸札。徽宗叠降《御筆指麾》，歷七載而後成書。北宋

[三] 點校記：《郘亭知见傳本書目》卷六曰：『《太常因革禮》一百卷，宋歐陽修等撰。阮氏有鈔本，缺五十一至六十七，凡存八十三卷，亦多缺文，曾以進呈，以《四庫》未收也。』可補此記之缺。

典章略備于是編。

大金集禮四十卷 鈔

不著撰人。《千頃堂書目》謂金章宗明昌六年，禮部尚書張暐所進。上典禮。

補漢兵志一卷 影宋鈔

錢文子。

律十二卷音義一卷 影宋鈔

《律》文不題名。《音義》題孫奭等撰。案：隋文帝開皇初，定新律十二門，唐亦因之。此十二卷，每門爲一卷，即《唐律》本文也。法令。

目録

秘書省續編到四庫闕書二卷 鈔

舊題『紹興年改定』。案：此書見《直齋書目》及《玉海》。經籍。

金石録三十卷 校宋本

顧澗薲校定。

籀史一卷 鈔

宋翟其年撰。曹倦翁藏。上金石。

史評

致堂讀史管見三十卷 宋

胡寅撰。嘉定十一年刊。

恬裕齋藏書目録

子部

儒家

孔氏家語十卷 影宋鈔

王肅注。完善無訛，足以訂正毛刻。

纂圖互注荀子二十卷 元

楊倞注。元人翻刻宋書，肆本。

説苑二十卷 元

舊藏昭邑馮氏。

纂圖互注楊子法言十卷 元

李軌解，唐柳宗元注。宋宋咸、吴秘、司馬光增注。《纂圖互注》乃元時書肆依宋監本刻梓，卷首宋咸題名，上冠以『聖宋』猶仍其舊也。

中説十卷 宋

阮逸注。較元刻釋音本爲勝。

張子語録三卷 後録二卷 宋

卷末有『後學天台吴堅刊於福建漕治』二行。『敦』字有闕筆，光宗以後刻也。

龜山先生語録四卷後録二卷 宋

題款與《張子語録》同。

朱子成書十卷 元

題『廬陵後學黄瑞節附録』。案：瑞節，字觀樂，元時以薦授泰和州學正，未赴。輯朱子書在《四書》外者十種，曰《太極圖説》《通書》《正蒙》《西銘》諸解及《易啓蒙》《家禮校正》《律吕新書》《皇極經世指要》《參同契解》《校正陰符經》，每種爲一卷。至（正）元年刻。[三]

麗澤論説集録十卷 宋

此吕成公門人集録其師《經説》《史説》《雜説》，弟祖儉裒輯成編。子喬年刻。

黄氏日鈔九十七卷 元

此書刻于宋時。元至正間孫禮之重刊。

兵家

[三] 莫友芝手稿『至』字之下脱『正』字，今據此書《目録》墨圖木記『至正元年辛巳日新黨刊行』校補。

六韜六卷 影宋鈔

昭邑錢孝修鈔本。

武經七書 影宋鈔

是書爲宋時合刻。據《宋史》謂：『何博士去非爲武學教諭，校《兵法七書》』。是出何氏手校定也。

直說素書一卷 元

是書乃黄石公遺言，與《三略》異。其注未題名。案：注作于至正十四年，稱廣陵寡學王氏注。

神機制敵太白陰經十卷 舊鈔

此本較《四庫》著録少《宴娱》《音樂》二篇，而篇首《總序》及《天地無陰陽篇》不闕，猶存十卷之舊，爲可貴云。

火龍萬勝神藥圖一卷 鈔

不著撰人。言火攻之具甚詳。舊爲趙文毅手寫。

法家

管子二十四卷　宋 [三]

房元齡注。首列楊忱《序》，作于大宋甲申九月。按：甲申爲隆興二年，孝宗初立時也。大約刻在其時。趙文毅公刻本即從此出。

鄧析子二卷　宋

不題名。卷末有朱文方印，曰『世美堂印』。

商子五卷　舊鈔

此昭邑馮知十所録，以宋本校過。《漢志》稱《商君》，《隋志》始稱《商子》。

農家

[三] 點校記：莫友芝《郘亭知見傳本書目·子部三法家類》箋記是書詳于此：『《管子》二十四卷，黄丕烈有宋紹興刊本。黄丕烈宋本《管子》爲文衡山、王雅宜、季蒼葦遞藏，又歸汪閬源。今在昭文瞿秉淵敬之家。半頁十二行，行二十三、二十四字不等；注約四字抵正文三字不等。刊印甚精。前有楊忱《序》，署大宋甲申；後有張嵲巨山《讀管子》一篇，云紹興己未借本鈔藏于家。此刻又在其後，不能定年，是南宋佳本。』録此以補莫氏此記恬裕齋藏書之略。

齊民要術 **十卷** 校宋

昭邑陳子準以宋板殘本校正。

醫家

新刊補注釋文黄帝内經素問十二卷 元

題『啓元子次注』。至元己卯古林書屋刻。

新刊黄帝靈樞十二卷 元

此與《素問》同時刻。

劉涓之鬼遺方五卷 宋

齊龔慶宣編。有永明元年《自序》，其述涓之得書之由，在晋末用兵丹陽時，涉神異。

全書無宋諱，疑出五代、宋初所刻。

《敏求記》曰：『此書極爲奇秘，收藏家罕見。』然錢所藏是宋鈔。此則古刻，尤足珍也。

孫真人備急千金要方三十卷 元

今行皆《道藏》。合《翼方》之本，此亦罕見。

廣成先生玉函經一卷 宋

杜光庭撰。板刻不工，殆宋末麻沙本。

經史證類大觀本草三十二卷附刻本草衍義二十卷 金刊

宋唐慎微撰。金貞祐二年所刊。

洪氏集驗方五卷 宋

不題名。後有乾道庚寅十二月十日番陽洪遵《跋》。

衛生家寶産科備要八卷 宋

宋朱端章編。卷末《自記》云：『長樂朱端章以所藏諸家産科經驗方編成八卷，刻板南康郡齋。淳熙甲辰歲十二月初十日』。

天文算法

周髀算經二卷音義一卷附術數記遺一卷 舊鈔

趙君卿注。[三]甄鸞重述。李淳風釋。李籍《音義》。徐岳《記遺》。

乾象通鑑一百卷 舊鈔

宋李季撰。世鮮傳本。此書向藏昭邑錢氏。

五曹算經 影宋鈔

《四庫》本鈔自《永樂大典》。此猶出自宋槧。卷末有『秘書省』三字。

緝古算經一卷 影宋鈔

與《五曹》同時刻者。卷末，校定上進督刊諸人結銜姓氏皆同。

術數

太玄集注 舊鈔

題涑水司馬光撰。此書久無刊本，舊爲唐伯虎藏書。

潛虛一卷附潛虛發微論一卷 影宋鈔

[三] 點校記：莫友芝《郘亭知見傳本書目·子部六天文算法類》箋記是書：『《周髀算經》二卷、《音義》一卷，古本莫知誰作，趙爽注。《隋志》作趙嬰，未詳孰是。』録此備考。

司馬光撰。張敦實《發微》。上數學。

唐開元占經一百二十卷 舊鈔

唐瞿曇悉達撰。占候。

地理新書十五卷 影金本

王洙奉敕删修。此本刊于金明昌間。影寫甚精。相宅相墓。

易林四卷 校宋本

明刊本。以絳雲樓宋本校。

新刊圖解玉靈聚義占卜龜經四卷 元

王洙撰。占卜。

五行精紀三十三卷 鈔

宋廖中撰。

三曆撮要一卷 宋

此書舊藏邑中張氏。陰陽五行。

藝術

宣和博古圖三十卷 元

宋王黼撰。至大中刻本。

雜家

呂氏春秋二十六卷 元

高誘注。至正間刊。[三]

淮南鴻烈解二十一卷 校宋

顧澗蘋校定。

續顔氏家訓殘本三卷 宋

晁氏《讀書志》題『董正功撰』。《直齋書録》題『李正公』，此一本卷首已闕，未詳

[三] 點校記：《郘亭知見傳本書目·子部十雜類》記：『《呂氏春秋》二十六卷，元有嘉禾學宮本，半頁十行，行二十字。平津館有元至正中吴興謝氏刊補本，即嘉禾學宮本，《目録》後有慶湖遺老記一段。』可補此記之略。

孰是。雜學。[1]

白虎通德論 元

大德九年劉平父刻。

容齋續筆十六卷 宋

紹熙刻本。

困學紀聞二十卷 元

泰定二年，弟子袁清容《序》而刻于慶元路學[2]。上雜考。

論衡三十卷 元

至元間宋文瓚重刻。

風俗通義十卷 元

---

[1] 傅增湘《藏圖訂補《郘亭知見傳本書目·子部十上》記曰：『《續家訓》八卷，宋董正功撰。宋刊本，十行二十字，白口，左右雙闌。書中先列顏氏文，續者加陰文《續曰》二字。黄丕烈《跋》。海虞瞿氏藏。』

[2]《郘亭知見傳本書目·子部十》記曰：『《困學紀聞》二十卷，《天禄後目》有慶元路儒學胡禾監刊本。張金吾云：《紀聞》元泰定刊本有「孫厚孫，寧孫校正」「慶元路儒學正胡禾監刊」二條。』可補此記之略。

大德丁未刻。

愧剡録十五卷 宋

相臺岳珂有《自序》。上雜説。

類書類

北堂書鈔一百六十卷 舊鈔 [1]

世行明本，改失原書面目。此猶舊傳真本，即王厚齋所云趙安仁家之本。

新刊監本册府元龜殘本九卷 宋 [2]

舊爲宋内府、明内府藏。繼藏汲古毛氏。

山堂先生群書考索前集六十六卷後集六十五卷續集五十六卷別集二十五卷 元。

宋章如愚撰。延祐庚申刊。

[1] 點校記：莫友芝《郘亭日記》同治六年（1867）六月初五日記云：『細閲瞿氏《書目》中有《北堂書鈔》《乾象通云》，極罕見。』《郘亭知見傳本書目·子部十一》又記曰：『《北堂書鈔》，孫淵如，嚴鐵橋，張金吾并有舊鈔本，未經增改。』

[2] 點校記：《郘亭知見傳本書目·子部十一類書類》記：『《册府元龜》，又有北宋刊殘本九卷，每頁二十六行，行二十字。又有南宗刊本四百八十三卷，每頁二十八行，行二十四字，汲古閣舊藏。』

玉海二百卷附詞學指南四卷 元。

元至元六年刊。當時修改未竟，逮至正十二年校正誤漏六萬，遂爲完書。

小説類

桯史殘本七卷 宋

岳珂。

雜事。

山海經十八卷 校宋

郭氏傳。從士禮居黄氏校宋本臨。異聞。

道家

老子道德經四卷 宋

河上公章句。建安虞氏刊。『慎』字有減筆，當在孝宗後刻。

莊子口義十卷 元。

林希逸。

恬裕齋藏書目録

集部

楚辭

楚辭八卷 宋

朱子集注。字句與《文選》所録有互異處。[一]

離騷一卷 宋

錢杲之集傳。毛子晋舊藏。

別集

陶淵明集八卷 宋

[一] 點校記：莫氏《持静齋藏書紀要》卷上就是書作者箋注曰：『宋朱子以王逸本重編而爲之注。』《郘亭知見傳本書目·集部一楚詞類》又記：『《天禄書目》宋本《楚詞集注》八卷，《目録》後載朱子《序》前有宋㬢荷、向文龍二《序》，……刊于度宗咸淳三年丁卯。』可補此記之略。

宋曾集刊于紹熙壬子，去《五孝傳》以下《四八目》雜著，具詳曾氏《自題》中。

分類補注李太白詩二十五卷 元。

宋楊齊賢集注。元蕭士贇補注。成于至元辛卯，旋即刊行。

杜工部草堂詩箋殘本二十六卷 宋[1]

嘉興魯訔編次。

新刊校定集注杜詩三十六卷[2] 宋

宋郭知達編集。《直齋書録》謂：『福清曾噩刻板五羊漕司，最爲善本』。即此書也。

劉文房集殘本六卷 宋

劉長卿。

陸宣公集二十二卷 明刊本。

[1] 點校記：莫友芝《郘亭知見傳本書目·集部二 別集類一》：『《草堂詩箋》五十卷，宋魯訔撰。近湘潭袁芳瑛得宋刊殘本，自廿三卷至五十卷，係汲古閣毛表所藏，聞其後又獲前半宋殘本，合之以全』。可與此合觀。

[2] 點校記：『注』：莫友芝手稿筆誤爲『杜』字，此徑校正爲『注』。

錢求赤藏，以宋本校過。

朱文公校昌黎先生文集四十卷外集十卷遺文一卷 元

晦庵考異。留耕音釋。

五百家注音辨唐柳先生文集殘本十一卷 宋[一]

魏仲舉編。舊藏吴中文氏。

劉夢得文集殘本四卷 宋

款式與《文房集》同。

皇甫持正集六卷 舊鈔

以錢遵王本校過。

李文公集十八卷 明

成化間校刊。

[一] 點校記：莫友芝《郘亭知見傳本書目·集部二别集類一》箋記是書曰：『《天禄書目》：新刊《五百家注音辨唐柳先生文集》，魏仲舉集注正集二十一卷，附録二卷，外集二卷，新編外集一卷……實爲宋本，亦足珍也。』今録以附參。

歌詩編四卷 金

李賀。此本與宋本俱同，惟少《集外詩》一卷。

白氏文集七十一卷 宋

不題名。此紹興初年刊。

孫可之文集十卷 明

正德間震澤王氏刊。顧澗薲以宋本校過。

甲乙集十卷 宋

羅隱。

范文正公集二十卷別集四卷 元

天曆戊辰改元重刊。

古靈先生文集二十五卷 宋。

陳襄。紹興三十一年四世從孫輝重刻。

清獻公文集十六卷 宋

趙忭。景定元年陳仁玉刻。

司馬太師温國文正公傳家集八十卷 明[三]

司馬光。

南豐類稿五十卷 明

成化壬辰刊。

曾南豐先生文粹十卷 明

不著編輯姓氏，惟題『盱江張光啓校』。

文潞公文集四十卷 明

嘉靖間平陽守王濟刻。

[三] 點校記：《郘亭知見傳本書目·集部三别集類》記：『《天禄目》有明板《司馬太師温國文正公傳家集》，八十卷，云陳氏《書録解題》載《傳家集》一百卷，晁公武言光州有集本，與陳氏語同，亦爲一百卷，且云劉嶠刊板上之。此本僅八十卷，已非宋槧之舊。』可補此記之略，亦可明，『八十卷』本與『一百卷』之差異。

濂溪集六卷 明

正德間刻。

歐陽文忠公集一百五十三卷 明

天順間陳宗重刊。

欒全先生文集四十卷 舊鈔

書中『慎』字注『御名』，蓋從宋本過録。

范忠宣公集二十卷 元

范純仁。

嘉祐集十五卷 校宋

蘇洵。

臨川先生文集一百卷 宋

紹興間刻。

集注東坡詩前集殘本四卷 宋

舊不題名。此南宋麻沙本也。

東坡全集一百十五卷 元

宋時杭州刊本。此從之翻雕。

欒城集殘本二十一卷 宋

『敦』字不闕筆，當爲光宗前刻。

豫章黄先生文集九十七卷 明

嘉靖時刻。

豫章先生遺文十二卷 影宋鈔

較《豫章文集》中《别集》，字句有異同。

后山詩注十二卷 宋

天社任淵。書中『筐』『恒』『樹』『桓』字省筆，字句有勝于官刻本者。

增廣箋注簡齋詩集三十卷無住詞一卷。 宋

竹坡胡穉仲孺箋。字句互異處，足以訂正官本甚多。

豫章羅先生文集十七卷 元

羅從彦。至正乙巳秋，沙陽豫章書院刊。

晦庵先生文集一百卷 宋

考成化本黄仲昭《跋》云：『《晦庵朱先生文集》，閩浙舊皆有刻本』。此浙本也。夫世寶宋本，雖殘編猶珍同拱璧，况百卷巨帙，首尾完具，則也是翁所稱『驚人秘秘』[三]，當無逾此矣。

東萊吕太史文集十五卷别集十六卷外集五卷文集附録三卷拾遺一卷麗澤論説集録十卷 宋

『貞』『桓』『敦』『廓』字闕筆，寧宗時刻本。

象山先生文集二十八卷外集四卷 元。

[三] 點校記：『秘秘』：莫友芝此上天頭有眉批：『下秘字恐誤』。核之黄仲昭《跋》，下『祕』字果爲『笈』字之誤。是書宋本爲寧宗後刻本，『遇』『擴』『廓』等字皆缺末筆，無序跋。

象山十世孫和刊。

誠齋集一百三十三卷 影宋

舊淳熙刻本，今不傳。此出端平刻本。

松雪齋文集十卷外集一卷 元

趙孟頫。

魯齋遺書六卷 元

大德刻本，較明刻少訛字。

静修先生文集二十二卷 舊鈔

至順間有刻本，宋蔚如從之影寫。

馬石田文集十五卷 元

馬祖常。至元五年刻。

揭文安集十卷 舊鈔。

此出楊文貞家藏本。

淵穎吴先生集十二卷 元

至正十二年刻。

黄文獻公集二十三卷 元

此集在元刻本有二：一爲《金華集》，刻時文獻猶在；一爲是本，公歿後五年，金華令胡惟信所刊。

雁門集八卷 元

至正間刊。

滋溪文稿三十卷 舊鈔

蘇天爵撰。刊本久絶。是本以閣本參校，允爲善本。

總集

文選六十卷 宋

題『梁昭明太子撰』，次行題『唐李善注』，次二行題『唐五臣呂延濟……注』[三]。舊傳趙松雪、王弇州所藏宋本，今入内府，外間不可得見。是本同出一板，固自可珍。

中興間氣集二卷 校宋

何義門以蔣文肅所藏舊鈔宋本校。

古文苑二十一卷 宋

嘉熙丙申刻，淳祐丙申修。

西溪文類殘本五卷 宋

宋陶叔獻編。原本四十卷，今存卷三十六至末。末有『紹興十年四月臨安府雕印』一行。

文粹一百卷 元

明刻已改行款，是猶仍宋舊。

樂府詩集一百卷 元

[三] 點校記：唐五臣：莫友芝此處僅寫『呂延濟』一人，用虛點省略另外四人，他們是：劉良、張銑、呂向、李周翰。李善和這五臣所注蕭統之《文選》，世稱『六臣注本』。

毛子晋以宋本校過。

三蘇先生文粹殘本十一卷 宋

原書七十卷，此僅存老泉文。

新雕聖宋文海五卷 宋

宋江鈿編。原書一百二十卷，今存卷四至卷九。是書《文鑑》底本。

皇朝文鑑一百五十卷 舊鈔

題『吕祖謙奉聖旨詮』。取崑山葉文莊公從端平刻《舉傳録》，足正明本之脱誤。

文鑑殘本六卷 宋

端平初元新安刻本，存卷十八至二十三。

文章正宗二十四卷 宋

『桓』『完』『樹』字減筆。板刻清朗。《天禄琳琅書目》所謂『寬行大字，用筆整肅者也』

東漢文鑑二十卷 元

宋陳鑑編。至正間刻。

中州集十六卷 元

此仁宗延祐二年再刻本。

國朝文類七十卷 元

至正十二年，杭州路西湖書院所刻大字本。

[一]（今補録莫友芝《郘亭日記》記録常熟瞿秉淵恬裕齋所藏一書之箋記于下）

[一] 點校記：此據《郘亭日記》同治七年（1868）四月十七日所記，補録莫友芝對常熟瞿秉淵恬裕齋所藏一書之箋記：

《讀漁洋評點定宋荔裳入蜀詩卷有懷》

瞿唐雙闕與雲齊，巴字江迴更向西。北宋清詩餘蜀道，南明歸夢引猿啼。游踪前後誰勍敵，古誼譏彈認舊題。使我飄蓬憶强伴，望山風雨草萋萋。（今按：莫友芝所題此詩，後收入《郘亭遺詩》卷八）。

此卷面題『蠶尾山房鈔本』。卷中評陟利病分明，於《三閭大夫廟》《北帝城》兩篇，輒舉已作律詩，謂足爲勍敵否，以俟後之攬者。卷端《識略》云：康熙壬子，余與荔裳先後入蜀，不及相見。明年荔裳入覲，卒於京師。甲寅、乙卯家居，嘗得其《入蜀詩》一卷，寫留笥中，久之，失其本。庚辰秋，予官刑部尚書，荔裳之子思勃自萊陽至，投一卷，正《入蜀詩》也，亟録存之。先是辛亥歲，荔裳在京師。屬余選定其集，次爲二十卷，携以入蜀，今此本不可復睹矣，惜哉！庚辰十一月十九日。按：庚辰爲康熙三十九年。漁洋辛卯年卒，年七十八，則是年六十七矣。此卷虞山瞿秉淵藏。

漁洋評點定宋荔裳《入蜀詩卷》爲常熟瞿秉淵所收藏，今補録莫友芝所作箋記于此尤有意義。

讀書敏求記逸文[1]

周易十卷

北宋刻本。經、傳一之六，王弼注。《繫傳》七之八，《説卦》《序卦》《雜卦》九，韓康伯注。《略例》十，邢璹注。卷首有貞元伯雅二圖記。知是鳳洲先生藏書也。

王弼周易略例一卷

北宋槧本。鏤板朴雅，洵足動人。

[1] 點校記：《讀書敏求記》的作者是錢曾（1629-1701），字遵王，自號也是翁，常熟人，係清初大文豪錢謙益牧齋的族孫。『門人加親屬』的關係，使得錢曾深得牧齋所傳學問。牧齋也很欣賞錢曾，其絳雲樓藏書被火焚燒之後，餘盡古籍善本皆贈與錢曾。錢曾認真用心地箋記自己所得所藏六百三十四種古籍圖書，著成《讀書敏求記》一書手稿。錢氏所著《讀書敏求記》，後來成爲流傳古今的目録版本學名著。錢曾本人當時并未將手稿刊刻問世。莫友芝得讀錢氏手稿。其《郘亭知見傳本書目·史部十四目録類》有記：『《讀書敏求記》四卷，國朝錢曾撰。乾隆十年趙氏刊本。六十年重刊本。阮氏道光時刊本，多數條。友芝于丁禹生許見遵王手稿本，校兩刊又多十餘條。又有《述古堂書目》鈔本，未分卷。』莫氏《持静齋藏書記要》卷下亦有記曰：『《述古堂書目題詞》一册，國朝錢曾手稿，蓋即其《讀書敏求記》未編類之初本也，有可補趙、阮兩刻之遺者十許條。』錢曾《讀書敏求記》被人傳鈔出來，所以有多種版本面世，詳略亦有異文。最早刊刻行世的版本是清雍正四年趙孟升松雪齋刻本。莫友芝此所録記之《讀書敏求記逸文》十六種，當是指雍正四年趙氏松雪齋第一個刻本、乾隆十年趙氏刊本、六十年重刊本和阮氏道光時刊本所逸之書，是莫氏從《述古堂書目題詞》錢曾手稿中摘記而得的結果，因爲莫友芝明確記説：『《述古堂書目題詞》一册，國朝錢曾手稿，蓋即其《讀書敏求記》未編類之初本也，有可補趙、阮兩刻之遺者十許條。』故而極其珍貴。不知莫繩孫鈔録整理《宋元舊本書經眼録》何以删除？

京氏易傳三卷

《京氏易傳》，陸績注[三]。予藏舊鈔本四種，其一書法甚佳。

關氏易傳一卷

關朗《易傳》。天水趙蕤注。秦西嚴取楊五川、陳抱冲兩先生善本對録者，爲弟一。

尚書孔氏傳十三卷

婺州義烏酥谿蔣定崇知齋本。

毛詩鄭氏箋二十卷

南宋刻本。首載《毛詩舉要圖》。

成伯璵毛詩指説一卷

分《興述》《解説》《傳授》《文體》四篇，亦約略指説之，無異聞特解也。乾道壬辰，建安熊克題於後。

[三] 點校記：《郘亭知見傳本書目·子部七術數類》：『《京氏易傳》三卷，漢京房撰。錢遵王云：《注》，陸績撰。』

周禮鄭氏注十二卷

建安余仁仲校刊本。

禮記鄭氏注二十卷

建安余仁仲校刊本。

春秋經傳集解三十卷

南宋刻本。首列《二十國年表》，音義視他本較詳。《初學集》載牧翁所跋宋版《左傳》，其《經傳》十四至三十卷已歸天上；《圖説》二卷、《經傳》一至十三卷，尚存人間，幸爲予得之，復視《跋》語所云，在在處處應有神物護持，良不虚也。墨迹如新，古香醃薆。逐本前後頁，每條注某本作字某，應從某本是正。此等書勿論其全不全，譬諸藏古玩家，收得柴窑殘器半片，便奉爲天球拱璧，而况鎮庫典籍乎[三]？

[二] 點校記：莫友芝鈔録遵王《讀書敏求記逸文》之《春秋經傳集解》三十卷十分清楚，不知道爲何又用筆圈删，而在此天頭上有眉批曰：『此條阮刻有，惟改「牧翁」爲「魚山」。』莫氏此指『阮刻』，當是指道光年間阮元所刻錢遵王《讀書敏求記》。爲保存莫書手稿原貌，今均予點校保留。牧翁是指錢謙益，字牧齋，錢曾尊稱其爲『牧翁』。牧齋翁教其學問，又將絳雲樓被火焚後所餘古籍善本書贈與錢曾。

春秋穀梁傳范寧集解十二卷

建安余仁仲校刊于萬卷堂。

聖宋皇祐新樂圖記三卷 于志頒降歲月下，分録一切。仿皇祐五年十月初二日，奉聖旨開板印造。原本廿二字滅去。

至元辨僞録五卷

元憲宗時，道家出一書曰《老君化胡成佛經》及《八十一化圖》，鏤板流布。毁經滅教，國師福祐奏聞。上命僧、道二家面相辨析，黄冠辭屈，遂令焚僞經。僧、道衆獨留《老子》《道德》兩篇。至元二年，大都路道者山云峰寺沙门祥邁，奉敕撰《辨僞録》，破斥八十一化之妄談，釋教由兹再振。此法運升降之一大關也。此書流傳絶少，今之釋子有志續慧命者，宜翻雕之。垂良導于永久，俾護法者有觀焉。

三氏星經二卷

商石申氏紅星、天鏡；魏巫咸氏黄星、地镜；齊甘德氏黑星、人镜，諸星即以三色圖之爲記。流俗本星象混淆，不復界以紅、黄、黑色，且十存其二，非完書也。

昭示奸黨三録三卷

天啓乙丑，牧翁削籍南還，托錦衣胡芝山於内閣典籍鈔《昭示奸黨三録》三卷。是時逆奄用命，標題有『奸黨』二字，繕寫者摇手咋舌，早晚出入閣門，將鈔書夾置褲襠中而出。丁卯四月始卒業。鈔寄之難如此。予嘗見叢書堂所藏，止寥寥數頁，此則三厚本，聖祖御製《序》，特敕刑部條列亂臣情辭曉示中外者。不知三百年來何以失傳？牧翁據此考定《開國功臣事略》。今《事略》稿本已同絳雲餘燼蕩爲劫灰矣。此獨留天壤間。予奉之爲拱璧，以俟秉筆者采擇焉。

御製紀非録一卷

《紀非録》，洪武二十年春二月十六日聖祖御製。前列歷代藩王爲惡者；後著秦、周、齊、譚、魯、及靖江纍惡不悛事狀甚詳。祝允明録一條入《九朝野記》中。此則内府本也。

集犯諭一卷

《集犯諭》，録吏民之罪，聖祖命翰林編修吴沈爲之《序》。蓋欲警戒將來，非徒齊之以刑也。

【北京圖書館藏】[三]

[三] 點校記：莫友芝《宋元舊本書經眼録》手稿至此頁結束。整部手稿莫友芝没有鈐印，但是確爲莫氏手筆，手稿首頁首行書名之下，『郘亭眲叟』之莫友芝手書即可爲證。點校者研究莫友芝數十年，十分熟悉莫氏手筆，特别是莫氏晚年著作手筆，向來没有發現有人造假者。莫友芝手稿首頁右下角和此末頁所鈐『北京圖書館藏』朱文方印，證明莫友芝《宋元舊本書經眼録》手稿爲中國國家圖書館所藏。

圖書在版編目（CIP）數據

莫友芝《宋元舊本書經眼録》復原考論 /（清）莫友芝著；梁光華，曹源，劉金芝考論點校．— 貴陽：貴州人民出版社，2022.6
ISBN 978-7-221-17097-2

Ⅰ．①莫… Ⅱ．①莫… ②梁… ③曹… ④劉… Ⅲ．①古籍－圖書目録－中國－宋代②古籍－圖書目録－中國－元代 Ⅳ．① Z838

中國版本圖書館 CIP 數據核字 (2022) 第 106880 號

責任編輯：劉澤海

裝幀設計：温力民

莫友芝《宋元舊本書經眼録》復原考論

[清] 莫友芝 / 著　　梁光華　曹　源　劉金芝 / 考論點校

出版發行：貴州人民出版社有限公司

社址郵编：貴陽市觀山湖區會展東路 SOHO 辦公區 A 座　550081

印　　刷：貴陽精彩數字印刷有限公司

開　　本：889mm × 1194mm　1/32

字　　數：195 千字

印　　張：12

版　　次：2022 年 6 月第 1 版

印　　次：2022 年 6 月第 1 次印刷

書　　號：ISBN 978-7-221-17097-2

定　　價：78.00 圓